[개정판]

4차 산업혁명시대와 인공지능시대의 창의적 · 도전적 혁신인재 육성의 지침서

기업가정신과 창업실무

이형곤 유진혁 공저

STARTUP SUCCESS ROADMAP

양 성 원

서문

4차 산업혁명과 인공지능이라는 키워드는 더 이상 추상적인 슬로건이 아니다. 컴퓨터 밖을 튀어나온 IT, 스스로 알아서 움직이는 로봇, 인간의 지능과 몸을 대체하는 기계, 가상공간과 현실공간의 결합, 유전자 장기의 등장, 강철보다 단단한 신소재의 등장 등 인류 역사를 통틀어서 존재하지 않았던 새로운 기술들이 본격적으로 무대의 주인공으로 등장함을 의미한다. 이러한 다양한 기술들이 서로 융합되어 우리가 아는 세상의 모습을 빠르고 혁신적으로 바꾸는 것이 바로 4차 산업혁명과 인공지능의 본질이다.

이러한 4차 산업혁명 시대와 인공지능 시대에 누가 우리나라의 미래를 책임질 것인가? 결국, 예전보다 창업팀 및 중소벤처기업에서 일하는 많은 인재들의 역할이 더욱 중요해질 것이다. 저자들은 Industry 4.0과 AI 2025 시대에 부합하는 Human 4.0의 인재들을 기르고자 하는 목적에서 본서를 집필하였다. 새 시대의 변화를 이끌 미래인재로 창업팀과 중소벤처기업의 기업가들을 생각하며 본서를 기획하였으며, 이는 이들이 구상하고 있는 사업이 성공하기 위해 무엇을 알아야 하고 무엇을 준비해야 할지를 고민하는 것에서부터 출발하였다. 창업팀 및 중소벤처기업들은 4차 산업혁명과 인공지능의 파고를 넘을 수 있도록 차별화된 분야를 찾는 것이 주요 과제이다. 하지만, 현실은 어떻게 전략을 세우고 어디서부터 출발해야 할지 몰라 어려움을 겪고 있는 경우가 대부분이다. 본서는 이에 대해 실질적으로 참고할 수 있는 정보들을 모으고 현장에서 적용할 수 있는 분석도구들을 제시하고자 하였다.

대학은 산업현장의 변화를 주도할 미래인재 육성의 요람이다. 이는 대학에서 4차 산업혁명과 인공지능의 변화에 대응하고 중소벤처기업과 창업의 미래를 선도할 인재를 양성하기 위해 보다 적합한 교육내용 및 방법을 필요로 한다는 것을 뜻한다. 저자들은 대학교에서 창업을 꿈꾸는 학생들을 기업현장의 요구에 부합하는 실력을 갖춘 인재들로 양성할 수 있도록 본서를 구성하였다. 즉, 대학생들의 졸업 후 진로로써 창업은 물론 취업 및 진학의 방향을 찾는 것에 중요한 도움을 주고자 하였다. 더 이상 스펙 쌓기 위주의 교육으로는 기업의 요구에 제대로 부응할 수 없다. 기업들은 주도적이면서도 협업을 통하여 기업이 가지고 있는 현장의 문제를 해결할 수 있는 인재들을 바라고 있다. 이에 따라 저자들은 사업을 기획하고 실행하기 위해 갖춰야 될 핵심적인 기초 소양부터 심화내용 까지 다룸으로써 실무현장에 활용 가능하도록 하였다. 현재 창업교육은 필수과목으로 지정되어 가고 있는 추세이다. 필수과목으로서의 창업은 기본적인 이론만 다루는 것으로 그쳐서는 안 되며, 취업이나 진로에 필수적인 기획 및 자기표현 등의 주요한 역량을 다루는 것이 중요하다.

이러한 취지를 살리기 위하여 저자는 본서를 몇 가지 원칙에 따라 구성하였고 내용을 채웠다. 먼저, 주입식, 획일식 교육의 내용을 따르는 것을 지양하였다. 실습 중심으로 내용을 구성함으로써 창업에 대한 흥미와 체험식 교육의 비중을 높이는 것에 초점을 맞추었다. 둘째, 취업에 적용할 수 있도록 내용을 확장하였다. 즉, 창업뿐 아니라 대학생들의 진로를 고려하여 취업에 적용가능하고 도움이 될 수 있는 내용들을 함께 기술하였다. 셋째, 교양과 필수 과목으로써 다양하게 활용될 수 있도록 내용들을 채웠다. 창업프로세스에 따라 필수적으로 갖추어야 될 내용 중간 중간에 리더십, 협상, 토론, 커뮤니케이션, 조사 분석 등 본서에서 제시된 내용을 충실하게 학습하고 실습한다면 산업현장에서 필요로 하는 소프트스킬 함양에 도움이 되도록 하였다.

무엇보다 중요한 것은 현장에서 사용되는 것이라는 '실사구시(實事求是)의 관점에서' 본서는 "창업성공을 위해 고려해야 될 핵심 영역들은 무엇인가?"에 대해 해답을 목차로써 정하고 각각의 내용들을 실무적인 관점에서 채워나갔다. 즉, 본서의 목차는 다음의 6가지를 창업의 순서대로 나열함으로써 본서를 따라가면 자연스럽게 창업을 준비하는 데 실질적인 도움을 받을 수 있도록 하였다.

- 1부 태 도 : 기업가정신의 이해 및 창업준비
- 2부 창업팀 : 창업자 분석 및 팀 구성
- 3부 아이템 : 창업아이템 발굴 및 검증
- 4부 시 장 : 창업환경 및 전략방향 분석
- 5부 가 치 : 비즈니스 모델링
- 6부 실 행 : 창업계획서 작성 및 실행

창업의 성공은 누구도 장담할 수 없다. 하지만, 창업의 실패를 줄이고 성공에 다가갈 수 있는 지름길은 있다. 그리고 이는 엄청난 비법이 아니라 창업의 정석을 따르는 것이다. 많은 창업자들이 실패의 늪에 빠져 고생하는 많은 이유는 자신의 생각과 기술에만 몰입하기 때문이다. 정작 시장의 상황과 창업기업이 갖추어야 할 필수적인 요소들에 대해서는 잘 모르거나 '어떻게든 되겠지'하는 생각에 별다른 준비 없이 창업하고 실패를 반복한다. 저자들은 본서에서 기술한 내용만 충실하게 수행하여도 창업에 성공할 확률이 훨씬 더 높아지리라 생각한다. 더욱이 창업을 포함한 미래의 진로에 대해 고민하고 있는 대학생들이라면 첫 단추부터 제대로 끼울 필요가 있다.

지금 우리가 사는 시대는 기술적으로, 사회적으로 안정된 시기가 아니다. 4차 산업혁명 시대와 인공지능 시대의 도래는 기존에 우리가 알던 업무만 충실하게 수행해서는 더 이상 성공을 보장받지 못함을 의미한다. 주도적, 창의적 인재가 필요한 시대이므로 저자들은 '성공적인 창업 준비'라는 컨셉하에 진로의 방향을 제대로 찾으려 하는 많은 대학생들과 창업에 관심 있는 모든 사람들이 본서를 통해 스스로 변화에 잘 적응할 수 있도록 도우려는 마음이 크다. 창업에 대해 여러 가지 생각과 의견이 분분하지만, 창업의 정석은 하나로 통한다고 생각한다. 저자들은 본서를 읽는 모든 사람들이 4차 산업혁명 시대와 인공지능 시대의 변화의 흐름을 파악하고 창업자가 갖추어야 할 역량과 창업 준비의 단계를 습득하여 자신의 업무와 진로에 적용함으로써 보다 낳은 미래를 설계할 수 있기를 진심으로 기대한다.

2026년 1월

저자 일동

Contents

PART 4

시장: 창업환경요인 및 전략방향 분석

PART 5

가치: 비즈니스 모델링

PART 6

실행: 창업계획서 작성 및 실행

PART 01

태도: 기업가정신의 이해 및 창업준비

시대환경의 변화 및 대응

CHAPTER 1

창업의 흥망성쇠는 주어진 사업의 환경동향을 잘 파악하여 이에 대해 창업자가 어떻게 대응하느냐에 따라 달라진다. 즉, 창업자는 우리가 살고 있는 시대가 어떻게 변화하고 있는지, 고객은 어떤 새로운 요구를 하는지, 경쟁자는 어떻게 움직이고 있는지, 정부의 정책과 제도는 어떻게 달라지고 있고 어떤 유용한 기술이 발전하고 있는지, 다양한 환경의 변화를 파악해야 한다. 그리고 이러한 창업환경 속에서 창업자는 올바른 선택을 해야 하는데 이러한 선택에는 창업자의 가치와 철학이 반영될 수밖에 없다. 창업자마다 가치와 철학은 각각 다를 것이다. 하지만 창업자들을 올바른 방향으로 이끄는 가치와 철학에는 중요한 공통분모가 있다. 이는 바로 기업가정신이다.

기업가정신은 창업자의 철학이자 사업 방향을 정해주는 나침반이며, 창업자를 성장시키는 데 꼭 필요한 자양분과 같은 것이다. 이것이 없이는 시시각각 들어오는 외부의 변화에 따라 수면 위의 부표처럼 흔들릴 수밖에 없다. 필자는 이러한 기업가정신이 창업자 등 기업을 경영하는 사람뿐 아니라 동 시대를 살아가며 자신의 주관하에 인생을 개척하는 모든 사람들에게 필요하다고 생각한다. 대표적인 경우가 구직자들이다. 취업을 하기 위해서는 많은 난관과 다양한 변수들이 작용한다. 요즘 같은 경우 실력과 함께 이러한 난관을 해쳐나갈 수 있는 도전정신과 열정을 보여주어야 하며, 이러한 도전정신과 열정을 뒷받침 해주는 것이 바로 기업가정신이다. 필자는 무슨 일을 하던 현재의 급변하는 시대환경 속에서 기업가정신이 없이 효과적으로 자신만의 길을 개척하기란 매우 어렵다고 생각한다.

1. 우리가 살고 있는 시대환경의 변화

기업가정신이 도대체 무엇이길래 이렇게 중요하다는 것일까? 이를 이해하기 위해서는 기업가정신에 담긴 뜻을 살펴보기 전에 우선 우리가 어떠한 환경, 어떠한 시대 속에서 살고 있는가에 대한 시대배경을 이해해 볼 필요가 있다. 우리가 사는 시대는 한마디로 말해 400년에 달하는 자본주의 역사상 가장 급격한 변화가 동시다발적으로 등장하는 시대, 즉 '혼돈의 시대'이다.

우선, 우리는 일찍이 없었던 혁신적인 기술 변화가 사방에서 일어나고 있는 전방위 기술혁신의 시대에 살고 있다. IT(Information Technology), BT(Bio Technology), NT(Nano Technology), RT(Robot Technology), CT(Culture Technology), ST(Space Technology) 등 다양한 기술영역에서 다음에 예시한 것처럼 무서우리만큼 빠른 속도의 변화가 가시화되고 있다.

- 자율주행 기능의 무인 전기자동차
- 물건배송, 농업, 기후 변화 측정 등에 사용될 드론
- 바둑에서 우리를 놀라게 하고는 의료 · 법률 · 회계 등 기존 사무직과 전문직을 대체하기 시작한 인공지능
- 쇼핑 · 교육 · 실험 · 게임 및 엔터테인먼트 등의 다양한 분야에 변화와 혁신을 가져올 VR(Virtual Reality)과 AR(Augmented Reality) 기술
- 유전자 분석 및 치료
- 3D 프린터
- 탄소나노튜브 등 나노 단위의 신소재 혁명
- 가정용 휴머노이드 로봇 등

이러한 기술들은 불과 5년 전만해도 '이게 될까?'하고 의심을 했었던 것들이다. 앞으로 수년 이내에 우리 생활 속에서 보다 쉽게 접할 수 있는 형태로 진화하리라는 예상이 지배적이다. 이러한 기술 변화로 인해 발생하고 있는 대표적인 현상 중 하나가 바로 전통산업의 경계 파괴일 것이다. 이것이 바로 근래에 회자되고 있는 4차 산업혁명의 실체이다.

지난 2016년 세계적인 경제석학들과 CEO가 모인 다보스포럼에서 화두가 된 것이 바로 '4차 산업혁명'이었다. 4차 산업혁명이 부상하는 것은 기술발전의 '속도'와 '융합'의 정도가 이전과는 판이하게 다르기 때문이다. 기존 모바일 혁명의 시대에서 IT 인프라가 가상현실, 인공지능과 융합하며 새롭게 발전하고 있고 여기에 BT, NT, RT 등 이전에는 개별적인 기술영역으로 인식되며 각각 발전해오던 영역들의 경계가 파괴되고 새로운 형태로 융합되고 있다. 이에 따라 다양한 산업의 기술혁신, 생산공정혁신 및 비즈니스 혁신의 수준이 이전과는 다른 차원과 속도로 빠르게 전개되고 있다.

이중에서도 산업 간의 경계파괴를 앞장서고 있는 선도 기술은 바로 IT이다. 전통적인 시계사업의 맹주인 스와치그룹과 리치몬드그룹은 스마트워치의 도전을 크게 받고나서 역으로 NFC 기반의 스마트워치를 선보였다. 이는 시계산업과 IT산업과의 융합이 본격적으로 시작되었음을 의미한다. 시계를 시간보는 데만 쓰지 않고 IT기기로 활용하려는 변화가 일어나고 있는 것이다. 자체적으로 스마트워치를 제작하고 있는 스와치그룹 및 리치몬드그룹과는 달리 LVMH그룹은 구글 및 인텔 등 IT기업과 손을 잡고 스마트워치를 만들고 있다. 태그호이어는 시계의 기계식 메커니즘만을 만들고 있으며 프로세서 칩셋은 인텔이, 운영체제(OS)는 구글이 담당하고 있다.

자동차 산업도 현재 산업경계의 파괴가 진행 중인 대표적인 영역이다. IT기업인 애플과 구글이 무인자동차를 만들고, LG화학과 삼성 SDI는 BMW, 폭스바겐, 포르쉐, 피아트 등 세계 주요 완성차 업체에 전기차 배터리를 공급하고 있다. 세계 전기차 시장이 2015년 233만 대에서 2020년 600만 대까지 늘어날 전망이며, 이에 따라 자동차 생산원가에서 전장부품이 차지하는 비율이 2004년 19%에서 오는 2020년에는 50%를 돌파할 것으로 보고 있다. 이러한 친환경 · 무인 · 자율주행 자동차로 대변되는 자동차업계의 변화는 IT, 자동차, 소재업체 간에 업종의 벽을 넘으며 무한대로 확장될 것임을 의미한다.

전통산업에 대한 IT기술의 침범은 아예 전통산업의 생존을 위협하는 지경에 도달하고 있다. 국내 배달 애플리케이션 업체인 '배달의민족', '요기요', '배달통' 등의 사업 성장세로 인해 전단지나 상가수첩 제작 업체가 큰 타격을 입은 바 있다. 가상현실기기 업체 오큘러스의 헤드 마운트 디스플레이(헬멧 형태로 된 디스플레이 장치)나 마이크로소프트의 홀로렌즈(증강현실 장치)는 기존의 놀이공원이나 영화관에서 시간을 보냈던 사람들이 가상의 공간에서 더 많은 시간을 보내도록 놀이시간을 빼앗아 가고 있다.

또한 최근에 대중적으로 활발하게 활용되고 있는 인공지능(AI)의 발전은 창업 환경과 비즈니스 모델에 새로운 패러다임을 제시하고 있다. 이 가운데 생성형 AI(GAI: Generative Artificial intelligence)의 등장은 기술 혁신의 정점으로 자리잡으며 다양한 산업과 창업 생태계에 획기적인 변화를 불러오고 있다. 이러한 시대적 흐름을 이해하는 것은 창업자와 중소벤처기업가들이 변화하는 환경에 효과적으로 대응하고 새로운 기회를 포착하기 위한 필수적인 과정이 되었다.

이제, 생성형 AI은 4차 산업혁명 시대의 핵심 기술로서 다양한 산업과 창업 생태계에 혁신적인 변화를 일으키고 있다. 이러한 기술을 효과적으로 활용하기 위해서는 기술적 이해뿐만 아니라 윤리적, 사회적 합의와 책임감이 동반되어야 한다. 생성형 AI는 단순한 도구를 넘어 창업자와 중소벤처기업가들에게 무한한 가능성과 기회를 제공하는 시대적 전환의 중심에 서 있다.

이러한 전방위 혁신기술의 발전과 산업의 경계파괴가 궁극적으로 의미하는 것은 변화의 방향을 가늠하기 어렵게 만드는 '불확실성의 확산'이다. 특히, 기업 간 경쟁의 범위가 글로벌과 온라인 공간의 전방위로 확장되면서, 변화가 일어나는 곳과 형태가 너무 다양하여 무엇을 어떻게 대응해야 할지 예측하기 어려워지고 있다. 전방위 경쟁이란 한마디로 소비자, 공급자, 제휴사, 유통업체, 글로벌 경쟁사 등 모든 방향에서 빠르고 강한 경쟁압력이 도처에서 발생한다는 뜻이다.

이로 인해 경쟁자가 어디서 어떤 방향으로 튀어나올 것인지 예측하는 것도 어려워지고 있다. 이전의 협력사가 경쟁사로 변하는 일이 종종 생기며, 하청업체로 생각했던 공급사는 어느새 경쟁사에게도 물량을 제공하고 있다. 유통업체와 소비자는 모바일 기기와 SNS의 비약적 발전의 도움으로 인해 똑똑해진 정보력을 최대한 동원하여 이전에는 엄두도 못 내던 고가의 물건도 당당히 할인 압력을 행사하고 있다. 상시 구조조정의 트렌드가 밀어주는 M&A열풍은 어제의 후발주자를 순식간에 선두그룹으로 변신시켜 기존 1, 2위 업체들의 위상을 위협하고 있다. 정부에서 대기업들의 중소기업 상권 진입을 막는 제도를 강하게 추진하고 상생경영을 논해왔는데, 이는 거꾸로 말해 대기업들이 중소기업의 영역에 들어와 강하게 압박하고 있는 현실을 반증한다. 게다가 세계 각국과의 FTA로 시장이 개방되면서 한국 기업들은 준비가 덜 된 상태에서 이전보다 한층 더 치열한 세계 일류기업들과의 전면전에 직면한 상황이다.

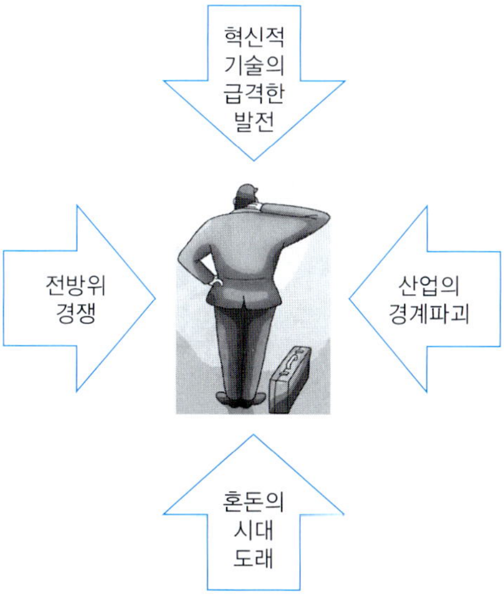

그림 1-1 혼돈의 시대에 살고 있는 우리의 모습

2. 안전지대로 이동하기

지금까지 제시한 시대의 모습은 '급격한 변화로 인한 혼돈의 확대'라는 키워드로 정리할 수 있다. 그런데 이러한 시대 변화에 대응하는 우리 인간의 모습은 크게 두 가지이다. 혼돈에 직면하여 이를 위기로 인식하고 두려움을 피해 안전지대로 숨거나, 혼돈으로 인한 여러 가지 위협에도 불구하고 이를 무릅쓰고 새로운 길을 개척하는 것이다.

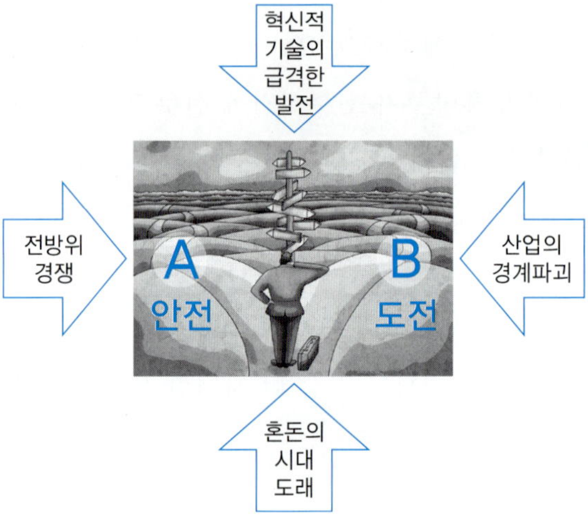

그림 1-2 혼돈의 시대에 대응하는 두 가지 길

이 중 혼돈과 불확실성의 위협에 대처하는 가장 일반적인 반응은 무엇일까? 위기를 피해 보다 안전한 지대로 숨는 일일 것이다. 어찌 보면 이것은 당연한 반응이다. 매슬로의 욕구단계이론에 따르면 생리적 욕구나 안전 욕구와 같은 하위단계의 욕구가 충족이 되어야 비로소 소속의 욕구, 존경 및 자아실현과 같은 상위단계의 욕구가 발생한다고 하였다. 하위단계 욕구 중에서 먹고, 마시고, 쉬고 성적인 욕망을 해결하는 가장 원초적인 '생리적 욕구'를 제외하고 인간이 해결해야 할 가장 우선순위가 바로 '안전의 욕구'이다. 불확실성과 혼돈이 주는 위협을 피해 안전을 도모하는 것은 인간의 당연한 반응이며, 위험에 대처하는 중요한 수단이 될 수 있다.

그림 1-3 매슬로의 욕구단계이론

이러한 안전의 욕구가 발현된 대표 사례로 '공무원 직업의 높은 인기'를 들 수 있다. 2016년 4월 전국의 국가공무원 9급 필기시험에는 사상 최대인원인 22만 명이 몰렸다. 이는 2015년 대비 무려 16%가 증가한 것으로 수학능력시험 다음으로 가장 많은 응시인원에 해당한다. 2015년 5월 기준 취업준비생 63만 3,000명과 비교 시 1/3이 넘는 인원이 9급 공무원 시험을 준비한 셈이다. 정년이 확실히 보장되는 공무원 직업의 안정성에 대한 선호도를 잘 알 수 있는 내목이나.

공무원시험의 인기가 언제부터 시작되었는지를 보면 이를 보다 확실히 알 수 있다. 우리나라 경기활황기였던 1990년대 중반까지만 해도 대학 졸업생들이 선호하는 직장은 월급을 훨씬 많이 주는 대기업이었다. 그런데 1997년 IMF 외환위기 이후부터 공무원 취업준비의 인기가 올라갔으며 2007년 미국발 전세계 금융위기 이후에도 공무원 열풍이 한층 더 올라갔다. 2016년까지 최근 5년 동안 공무원시험의 합격자는 1만 8,510명에 불과한데, 응시인원은 무려 총 127만 명으로 나타나 안정적 직장에 대한 높은 열망을 대변해 주고 있다(인사혁신처, '국가공무원 채용시험 합격자 통계 현황').

불확실성 회피성향은 취업준비생에게만 국한된 것이 아니다. 이미 창업에 성공한 경험을 가진 기업들도 불확실성 속에 몸을 움츠리고 있다. 우리나라의 대표적인 10대 그룹 상장사의 사내유보금은 2016년 6월 말 기준 550조 원으로 계속 증가세이다. 물론, 사내유보금 중 현금 비중은 대략 20% 정도이며 재고와 시설, 토지 등에 재투자된 것도 포함된 측면이 있다. 하지만 현금만 살펴보더라도 6월 말 현재 시중통화량(M2) 잔액 2,337조 3,880억 원 중 기업이 보유한 금액은 614조 7,399억 원으로 기업이 보유한 현금 등 시중통화량이 600조원을 넘어선 것은 처음이다. 보다 직접적인 지표로 기업들의 설비투자는 지난해 같은 기간보다 3.1% 감소했으며, 제조업 전체의 취업자 수도 4년여 만에 감소하면서 취업자 수 증가 폭이 기존 30만 명대에서 20만 명 대로 급감하였다. 특히, 청년실업률은 2016년 상반기에 10% 내외의 높은 수준을 기록하였다. 이와 같은 기업의 투자축소 성향은 글로벌 금융위기 이후 지속적으로 나타나는 현상으로 우리나라뿐 아니라 전 세계적으로 유사하다.

이상의 사례에서 보듯이 사람은 불확실성과 혼돈으로 인한 두려움이 커질수록 본능적으로 위협을 피해 자신만의 안전지대를 구축하는 경향이 있다. 사실, 안전한 지대를 찾으려는 노력 자체가 나쁜 것은 아니다. 위협을 느끼고 미리 대비하려는 본능 때문에 생존이 가능한 측면이 있기 때문이다. 문제는 안전추구 성향이 너무 지나친 경우이다. 막연한 두려움에 휩싸여 대다수가 안전지대로만 달려가고 있는 형국은 바람직하지 않다.

3. 기업가정신으로 불확실성에 도전하기

여기서, 잠깐 멈추고 생각해보아야 할 질문이 있다. "정말 안전을 보장하는 곳이 있는 것일까?" 100세 시대를 말하고 있는 지금, 평생 안전을 보장해 줄 수 있는 곳이 과연 존재할까? 안정된 직장에서 주어진 일을 하는 직업을 찾는 것 자체도 경쟁률이 매우 높지만, 그렇게 해서 확보된 안전은 주어진 일만 반복하기 때문에 다른 도전을 할 여력이 줄어드는 결과를 낳는다. 반평생을 지나고 나면 50대에는 또 다른 인생의 후반부를 위한 도전에 직면해야 하는 것이 현실이다. 소위 철밥통이라고 이야기할 만큼 안정적인 직장으로 부각된 상당수의 공무원들도 55세 정도가 되면 등에 떠밀려서 퇴직을 걱정해야 하는 상황이 되었다.

취업의 트렌드를 보아도 고졸 공개채용, 청탁전화 금지 등 능력 및 인성 중심의 채용 성향이 점차 강해지면서 학력과 인맥에만 의존하는 시대가 조금씩 바뀌어 가고 있다. 기존의 학력, 자격증 등의 스펙을 중요시하는 기업들은 여전히 많이 있지만, SK그룹, 현대차그룹, KT, 네이버, 홈플러스 등 유수한 대기업들을 중심으로 스펙을 의도적으로 감추고 발표, 프로젝트, 오디션 등의 형태로 실무능력을 직접 검증하려는 시도가 늘어나고 있다. 채용의 결과가 실제 회사의 문제를 해결하는 데 도움이 되지 않기에 스펙보다는 인성과 직무능력을 중심으로 선발하려는 경향성이 높아지고 있는 것이다.

우리나라의 경우 과거 양적인 성장을 추구할 때는 주어진 일을 잘하는 검증된 인재가 필요했기에 스펙이나 인맥을 통해 안정적으로 인력을 수급하려는 경향성이 강했지만, 앞으로는 실제 조직이 직면한 문제를 해결하려는 사람, 열정을 가지고 도전하고 새로운 아이디어를 내면서도 주변과 화합될 수 있는 인재가 부상하게 될 것이다.

이러한 변화는 무엇을 의미하는가? 우리나라에서 더 이상 현실에 안주하여 주어진 일만 묵묵히 수행하는 사람만 찾기보다는 현장에서 시시각각으로 벌어지는 불확실성에 도전하여 새로운 아이디어를 낼 수 있는 인재가 필요하다는 뜻이다. 한마디로 집만 지키는 방어형 인재가 아닌 공격형 인재에 대한 수요가 늘어나고 있는 것이다. 이러한 인재상은 기업가정신과 일맥상통한 측면이 있다.

혼돈의 시대에 더 이상의 안전지대만을 찾는 것도 점차 소용이 없어지고 있다. 앞서 설명했듯이 기술의 변화로 산업 간 경계가 파괴되고 글로벌 경쟁이 치열해지면서 철밥통이라고 생각했던 나만의 영역만 붙들고 있다가는 서서히 가라앉기가 십상이다. 이러한 상황 속에서 기업들이 불확실성과 혼돈이 주는 위협을 무릅쓰고 새로운 도전의 길을 개척하기 위해서는 기업가정신이 필수적이다. 그것이 앞서 설명한 것처럼 대부분의 사람들이 행하는(안전지대로 피신하는) 넓은 길이 아니고 소수의 사람들만이 과감하게 선택한 좁은 문일지라도 말이다.

이러한 기업가정신이 가장 필요로 하는 대표적인 분야 중 하나가 바로 창업이다. 앞서 대기업들의 투자가 주춤하고 있는 사이, 벤처기업들은 기업가정신을 바탕으로 무섭게 성장하고 있다. 2015년 말 기준으로 우리나라의 벤처기업 3만1,260개가 2016년 올린 매출 총액이 약 216조 원으로 삼성전자의 매출액에 상당하는 200조 원을 웃도는 것으로 나타났다. 벤처기업의 최근 매출액 성장세는 평균 8% 이상을 기록하고 있으나 대기업은 매출액은 4~5% 대로 감소하고 있다. 벤처기업은 단순히 매출액 등 외형의 성장세뿐만 아니라 기술혁신에의 투자와 일자리 창출에 있어서도 선도적인 역할을 하고 있다. R&D투자에 있어 대기업의 경우 매출액의 1.5%를 투자하는 반면, 벤처기업들은 매출액의 평균 2.4%를 투자하고 있다. 3만여 개의 벤처기업에 종사하는 인력이 72만8,000명으로 비슷한 규모의 매출을 올리는 삼성전자의 국내 채용규모가 10만 명 정도인 것에 비교해 일자리 창출 효과가 높다. 유망 벤처기업을 1만 개 만들면 청년층 일자리가 24만 개 더 생긴다고 하니 앞으로 한국 경제의 활력은 벤처기업에서 앞장설 것이라고 해도 과언이 아니다.

결국, 불확실성과 혼돈이 주어질 때 회피하려는 성향이 만연되어 있지만, 벤처기업의 사례에서 보듯이 기업가정신을 가지고 정면돌파하는 사례도 늘어나고 있음을 알 수 있다. 이처럼 불확실성과 혼돈에 맞서 새로운 아이디어와 용기로 정면 돌파하는 것은 기업가정신의 중요한 속성이다. 지금 우리가 사는 시대는 이러한 기업가정신을 가진 사람들을 필요로 하고 있다.

Practice 1-1 불확실한 상황에 대한 가상의 내용 선택하기

불확실한 미래에 대하여 미리 생각하고 대비하지 않으면 마음속에 불안감만 높아지거나 갑자기 예기치 못한 일의 발생으로 당황하게 될 수도 있다. 아래 실습표를 활용하여 3~5년 후 나의 미래와 관련하여 눈앞에 펼쳐질 수 있는 중요한 상황이 무엇인지 생각해 보고 이에 대해 선택하고 논의해 보자.

3~5년 후 나의 미래와 관련된 불확실성 요소	미래에 대한 나의 선택	나의 선택으로 인해 예상되는 파급 효과		향후 추진계획	
	(안전지대로의 이동)	긍정적		지속 방안	
		부정적		개선 방안	
	(기업가정신으로 불확실성에 도전)	긍정적		지속 방안	
		부정적		개선 방안	
※ 3~5년 후 불확실성 요소: 어떠한 미래가 펼쳐질지 예상하기 어려운 상황 1가지를 기술할 것 예①〉 고시공부 vs 창업 예②〉 부모님으로부터 주거 독립 vs 부모님 집에서 계속 거주	※ 미래에 대한 나의 선택: 불확실성 요소에 대해 안전지대로 이동할 경우와 기업가정신으로 불확실성에 도전할 경우 각각 어떠한 선택을 하게 될지를 요약하여 기술할 것	※ 나의 선택으로 인해 발생되리라 예상되는 파급 효과를 긍정적인 측면과 부정적인 측면에서 요약하여 기술할 것			

Practice 1-2 창업 개념 정의하기

아이디어 맵핑 기법을 활용하여 창업에 대한 생각과 개념을 정리하고, 창업 단어에 대해 연상되는 개념을 확장하여 생각함으로써 창업에 대해서 스스로 표현하고 정의해 보자.

[아이디어 맵핑 : 창업 키워드 연상하기]

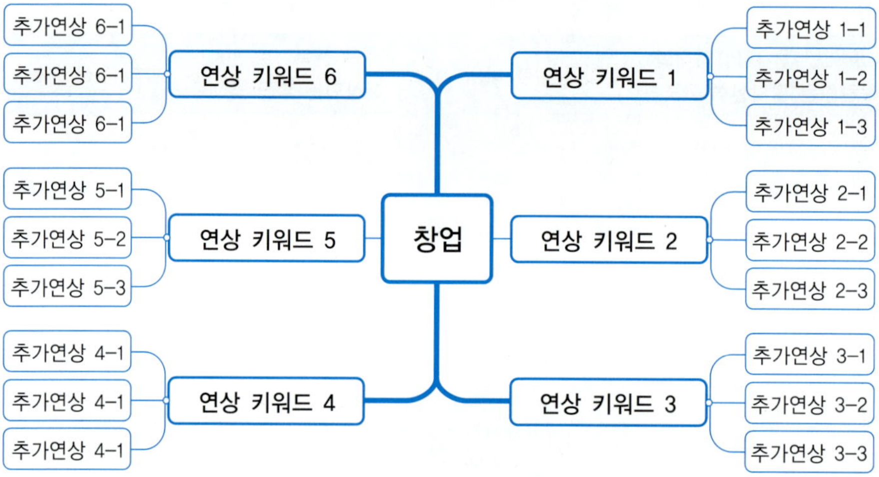

기업가정신과 창업

CHAPTER 2

여기 세 가지 유형의 기업이 있다고 가정하자. 첫 번째 유형의 기업은 창업을 통해 이익을 극대화하려는 명확한 목표가 있다. 창업자 스스로가 금융업계 출신으로 자본과 인맥이 풍부한 편이다. 그는 주변의 네트워크를 통해 괜찮은 아이템에도 불구하고 자금 부족으로 사업을 중단한 기업을 소개받아 싼 값에 회사의 아이템을 이전받았다. 이후 인맥을 총동원하여 구매의향서를 확보하고 추가 자금을 지원받았다. 제품 자체의 큰 경쟁력은 없으나 기본적인 성능은 확보하고 있기에 주변에 알고 있는 홈쇼핑 채널 등을 활용하여 약점은 감추고 강점을 최대한 홍보하여 밀어내기 식으로 초기 매출 물량을 확보하였고 이를 바탕으로 적당한 시점에 회사를 매각할 궁리를 하고 있다. 필요하다면 투자사에게 보여 줄 수치를 조정하여 가급적 밝은 전망을 보여 줌으로써 지분 참여를 설득할 생각이다.

두 번째 유형의 기업은 창업을 취업을 위한 경력관리의 수단으로 여기는 대학생들이 설립한 창업기업이다. 이들은 기존의 스펙을 쌓아 제시하는 것만으로는 취업이 어려워지는 추세를 간파하고 하나의 돌파구로서 창업을 생각하고 있다. 중소기업청, 고용노동부, 서울시 등에서 창업교육, 경진대회, 사업화 지원 등의 다양한 방식의 지원이 있기 때문에 이를 최대한 활용하여 사업을 추진할 생각이다. 이것이 성공하면 좋지만 그렇지 않아도 최대한 창업을 통한 경험을 쌓아 활동 내역을 잘 정리하여 취업에 활용하면 된다고 생각하고 있다. 어차피 창업의 성공률 자체가 높지 않다는 것을 알고 있기 때문이다.

세 번째 유형의 기업은 돈도 중요하고 자신의 미래 경력관리도 중요하지만, 그보다는 사회의 문제를 자신과 동료가 가진 기술 및 아이디어로 해결하고 싶은 열망에 가득 차 있다. 관련 분야의 기존 제품이나 서비스는 진부하며 새로운 시대 변화를 반영하지 못하고 있다고 판단하고 있다. 따라서 차별적인 솔루션으로 고객에게 더 나은 가치를 제공함으로써 고객과 기업이 상생하고 궁극적으로 우리가 사는 이 사회를 더 좋게 변화시키고자 한다. 물론, 이를 통해 적정규모의 수익을 창출해야겠지만 수익이 적게 나더라도 자신의 가치를 실현할 수 있다면 괜찮다고 생각하고 있다. 이를 위해 자신이 가진 모든 지식, 자원 및 열정을 쏟아 붓고 난관에 부딪치더라도 포기하지 않겠다는 각오가 되어 있다. 실제로 창업에 사항들을 차근차근 준비하고 있는 중이다.

이쯤 되면 이 세 가지 기업 중에서 어떤 기업이 바람직한지는 충분히 짐작이 될 것이다. 첫 번째와 두 번째 유형과는 달리 세 번째 유형의 기업 창업자가 바로 기업가정신을 가지고 있는 사람이다. 여기에는 인공지능을 활용해 예약기능을 돕고 업무를 보조하는 첨단기술 벤처기업도 해당되지만, 특별한 기술이 없어도 O2O서비스를 이용하여 세차사업을 하거나 세탁물 수거 및 배달서비스를 하는 생활 속의 아이디어를 현실로 만들고자 노력하는 기업들도 포함될 수 있다.

예를 들어, 세탁물 배달서비스를 제공하는 모 기업 A는 고객이 원하는 시간과 장소로 30분 내에 출동해 세탁물을 수거하고, 다음 날 배달까지 해주는 모바일 세탁물 수거 배달 서비스를 하고 있다. 이를 통해 1인 가구, 직장인 뿐 아니라 주부들에게 고품질의 빠른 세탁서비스를 제공하면서도 동네 세탁소의 가격 권장표를 벗어나지 않는다. 다른 예로 인공지능 비서를 솔루션으로 제공하는 모 기업 B는 사람들이 서로 만나기 위해 시간을 합의하고 장소를 고르는 데에 생각보다 많은 시간이 걸린다는 점에 주목하였다. 핵심은 메일을 여러 번 주고받지 않고도 기존 데이터, 현재 위치, 교통 상황 등을 종합하여 최적의 약속 시간과 장소를 제시하는 데이터 분석 중심의 인공지능 솔루션을 제공하는 것이다.

이러한 기업들의 사례에서 공통적으로 찾을 수 있는 것은 이러한 사업 아이디어를 통해 사회적 문제를 해결하고 더 낳은 세상을 만들겠다는 발상과 이를 실천하기 위한 추진의지이다. 이러한 생각 자체를 접했을 때 독자 여러분도 기업 창업자들의 열정이 느껴지는가? 혹시 나도 이들처럼 혁신적인 아이디어나 기술을 가지고 세상을 변화시키겠다는 생각에 가슴이 뛰기 시작한다면 기업가정신이 여러분 속에서 자라나기 시작한 것이다.

1. 기업가정신의 핵심개념: 슘페터의 기업가정신

기업가정신의 핵심적인 개념(core concept)을 알기 위해서는 먼저 기업과 기업가에 대해서부터 알 필요가 있다. '기업'의 전신은 중세시대 이전에는 군대를 의미했다고 하며, 영어로 Enterprise, Company, Venture 등의 단어를 쓰고 있다. 'Enterprise'가 모험적인 기획이나 계획 또는 진취적인 정신, 모험심의 의미를 가지고 있으며, 'Venture'의 사전적 의미가 위험을 무릅쓰고 과감히 해보는 의미를 가지고 있다는 점이 기업이 군대에서 기원한 것과 일맥상통하다. '기업가(entrepreneur)'의 어원은 프랑스어이며, 이에 대한 해석은 시대의 변천에 따라 다양하다. 하지만 결국 '기업을 세우려는 의지를 가지고 실천하는 사람'이라고 요약할 수 있다. 이러한 의미에서 창업자와 기업가는 공통된 의미를 가지고 있다.

기업가정신의 의미가 가시화된 것은 산업혁명 이후 독립적으로 사업을 일으켜 시장이 필요로 하는 것을 발명하고 부를 창출하려는 사람이라는 의미가 확산되면서부터이다. 현대에 이르러 기업은 사회와 더불어 살아야 한다는 사회적 책임이 점차 강조되고 있다. 기업가정신을 정의함에 있어 독일 출신의 저명한 경제학자인 슘페터(1883~1950)를 빼놓고 설명할 수는 없다. 그는 기업가정신의 의미로 혁신의 개념을 강조하면서 '사회 속에서 함께 주고받으며 나누어야 할 가치를 실천하는 것'이라고 하였다. 즉, 그는 기업가는 이윤 극대화뿐 아니라 이윤이 아닌 동기에 의해서도 움직일 수 있는 존재라고 생각했다. 그러한 생각이 개념화된 것이 바로 기업가정신이다. 하지만 이러한 기업가정신의 의미를 단순히 윤리적으로 올바르고 사회적으로 기여하는 정신이라는 뜻으로 한정지을 수는 없다.

오히려 기업가정신의 본질은 1930년대 대공황을 극복하기 위한 슘페터의 해법으로 이해하는 것은 적합하다. 슘페터는 불황을 타계하기 위하여 기업가에 의한 기술혁신이 일어나고 이로 인해 새로운 시장이 창출되어야 한다고 하였다. 그는 이러한 과정에서 '창조적 파괴'가 일어나며 이것이 경제발전의 새로운 원동력이 된다고 하였는데, 이러한 기술혁신이 소멸되지 않고 지속적인 혁신으로 발전하기 위해서 필요한 것이 '기업가정신'으로 보았다. 즉, 슘페터는 기업가가 이러한 창조적 파괴를 주도하며 불황을 타개하고 새로운 경제발전을 주도한다고 생각한 것이다. 이는 불황의 국면에서 고전하고 있는 작금의 대한민국 현실에 시사하는 바가 크다.

창조적 파괴와 기업가정신의 개념을 이해하기 위해 스티브잡스와 피카소의 예를 들어보자. 스티브 잡스와 피카소의 공통점은 무엇일까? 스티브 잡스는 길거리에서 이동하면서 전화받는 용도에 불과했던 핸드폰을 이동중에 사용하는 컴퓨터, 카메라, MP3의 복합기로 만들었다. 즉, 사람들이 기존의 핸드폰이 가지고 있던 기술적 특성과 용도를 완전히 새로운 개념으로 바꾸는 데 성공한 것이다.

파카소는 기존 사실주의에 입각하여 그림을 매우 정밀하고 객관적으로 그리려는 생각을 과감히 포기했다. 정밀하게 그린다는 것은 특정 시점과 지점에서 보이는 멈춰진 것을 그리는 것이다. 하지만 실제 우리는 사물을 볼 때 한쪽만 보기보다는 3차원적으로 다면적으로 본다. 또한 피카소는 세상의 모든 것이 움직이고 변하듯이 그림도 멈춰 있는 사물 그 자체가 아니라고 생각했다. 오히려 역동적인 관점에서 보는 사람의 시각을 거쳐 느끼는 상을 구현하고자 하였고 그렇게 하여 피카소의 입체주의가 탄생했다.

슘페터는 스티브 잡스와 피카소의 발상이 이루어 낸 결과처럼 기술이 발전하여 새로운 개념이 등장하면서 기존의 기술체계를 파괴하고 새롭게 정립한다는 뜻으로 창조적 파괴의 개념을 정의하였으며, 이를 가지고 역동적인 자본주의를 설명하려고 하였다. 그리고 이러한 창조적 파괴를 주도한 스티브 잡스와 같은 역할을 한 사람을 기업가라고 하였다.

여기서 독자들은 스티브 잡스는 기업가로 쉽게 인정할 것이지만 피카소를 기업가로 인정하는 것에는 의문이 들 수 있다. 하지만 이는 그의 행적을 보면 충분히 수긍이 갈 것이다. 피카소는 죽기 전에 수억 달러 이상의 부동산을 남겼다. 틀어박혀 자신의 작품에만 몰두하는 이미지를 가진 가난한 미술가들과는 달리 그는 사회적 네트워크의 특성을 잘 알고 이를 적극적으로 활용했다. 정치가, 시인, 소설가, 예술가 등과의 교분을 통해 부자들과의 끈을 유지하였고 이러한 네트워크를 기반으로 자신의 작품과 피카소 자신을 이슈로 만드는 노력을 멈추지 않았다. 시인과 소설가들을 중시했던 이유는 그들의 화려한 표현을 빌어 자신의 그림을 홍보하기 위한 목적이 포함되어 있으며, 자신을 이미지메이킹하기 위해 화장도 하고 베레모를 쓸 정도로 적극적인 태도를 보였다. 만약 그가 자신의 그림을 적절한 이슈, 스토리, 표현으로 포장하고 알리지 않았다면 그림의 가치가 그렇게까지 널리 알려졌을까?

"예술은 비즈니스다. 예술은 무한한 화폐의 흐름과 같다."라고 한 그의 표현처럼 그는 예술을 상업화하는 데 있어서 재능이 있었고 부단한 노력을 계속했다고 볼 수 있다. 이러한 측면에서 피카소는 단순한 예술가가 아니라 상인의 재능을 가지고 있는 기업가라고 할 수 있다. 스티브 잡스의 경우도 단순히 비즈니스맨으로 그를 치부할 수 없다. 아이폰의 디자인을 디테일한 부분까지 신경쓰면서도 단순성의 미학 안에 이를 녹이려는 장인정신과 서예를 배워 동양적인 아름다움을 비즈니스에 적용하려는 노력을 지속하였다는 점에서 스티브 잡스는 사업을 예술과 융합시켰다고 표현할 수 있다.

이러한 측면에서 기업가정신은 예술가와 상인의 마인드가 융합된 형태라고 볼 수 있다. 즉, 기업가는 시장에서 수요를 촉진하고 새로운 기술이 상업화되도록 노력하는 상인임과 동시에 기존의 질서를 무너뜨리고 새로운 가치를 제시하여 새로운 질서와 삶의 방식을 만들어 내는 창조적 파괴를 이끌어 낸다는 측면에서 예술가라고 볼 수 있는 것이다. 또한 기업가는 예술가처럼 타인이나 기관의 지원에 의존하지 않고 스스로를 독립적으로 책임지며 새로운 사업기회를 열어가는 사람인 것이다.

이렇게 볼 때 슘페터가 말하는 기업가정신의 핵심 키워드는 '혁신'이다. 끊임없이 새로운 상품과 서비스를 개발하여 기존의 상태를 깨뜨리고 창조적 파괴를 가져오는 혁신마인드가 바로 슘페터가 말하는 '기업가정신'이다. 『블랙 스완』과 『안티프래질』의 저자 니콜라스 탈레브가 말하듯 경제 성장은 위험을 무릅쓰고 아이디어를 실현하려는 극소수의 사람들을 늘리는 데서 나온다. 이들의 상상력과 용기에 의해 세상은 새롭게 바뀌게 된다. 지금 이 시대에 우리에게 필요한 것은 슘페터가 말하는 '혁신'과 니콜라스 탈레브가 말하는 '상상력과 용기'를 갖춘 인재일 것이다.

2. 기업가정신의 확장개념 : 드러커의 기업가정신

피터 드러커(1909~2005)는 슘페터의 기업가정신을 발전시킨 현대 경영학의 대부이다. 드러커가 말하는 기업가정신의 개념에서도 '혁신'이 중심에 놓여있다. 그는 창업에서도, 성장한 기업의 경영관리에서도 혁신을 실천하는 것이 중요하다고 했으며 기업가정신과 혁신을 별개로 떼어 놓을 수 없다고 하였다. 혁신에 성공하기 위해서 변화를 탐색하고 대응하는 과정 속에서 기회를 포착하고 참신한 아이디어와 방법으로 포착된 기회를 통해 이윤을 창출하는 것이 기업가정신이라고 하였다. 이러한 관점에서 볼 때 기업가정신은 단순히 마인드 셋과 태도를 넘어 기존의 것과 다른 새로운 것을 만들어 내는 능력까지 포괄하고 있는 개념이라고 볼 수 있다.

피터 드러커의 기업가정신은 슘페터에 비해 몇 가지 차이점이 있다. 먼저, 슘페터에 비해 불확실성과 위험을 감수하는 것의 중요성을 훨씬 더 강조하였다. 그는 기회를 포착하고 이윤을 창출하기 위해서는 위험을 감수해야 한다고 하였다. 확실성이 높았던 시대에서는 기업가정신보다는 경영관리가 더 중요할 수 있다. 확실성의 시대에서는 새로운 변화가 많이 일어나지 않고 수익이 일어나는 부분이 일정하기 때문에 새로운 것을 만드는 것보다는 기존의 것을 효율적으로 수행하여 높은 성과를 거두는 것이 중요하다. 하지만 오늘날 우리는 새로운 기술이 수없이 등장하고 다양한 변화가 휘몰아치는 시대에 살고 있다. 이러한 시대에는 관리 자체보다는 새로운 것을 창출하는 것이 중요하다. 이를 위해서 한 사람이 아닌 조직의 협업이 중요하다. 드러커가 말하는 기업가정신에는 새로운 것을 위해 조직을 창출하고 일을 처리하는 기준을 정하며 실행이 되도록 조직을 지휘하는 능력까지 포괄한다고 볼 수 있다.

불확실성과 혼돈의 시대 속에서 기회는 정해진 수행업무와 기존의 프로젝트만을 묵묵히 수행하기보다는 다른 일을 끊임없이 시도하는 '일탈 행위'

가 필요하다. 변화에 대응하는 혁신의 기회는 기존의 패턴에서는 예상하지 못하는, 평상시 사람들이 미처 깨닫지 못한 인식의 차이에서 얻어질 수 있다. 만약 그러한 일탈이 측정이 되고 관리가 될 수 있다면 이는 더 이상 새로운 혁신의 기회가 아닐 것이다. 계획적이고 조직적인 시각으로 볼 때 이러한 혁신의 기회는 혼란스럽고 눈에 잘 띄지도 않는다. 하지만 마치 나비의 날개 짓처럼 작게 시작된 새로운 변화는 거대한 폭풍으로 변해서 시장 전체를 좌지우지하는 새로운 기준이 될 수 있다. 이러한 의미에서 기업가정신에는 기존에는 눈에 띄지 않는 작은 기회 속에서도 새로운 변화의 원동력을 찾을 수 있는 통찰력까지 포함된다.

드러커는 이러한 기업가정신의 개념을 기업가로부터 모든 조직과 개인에게까지 확장시켰다. 이것도 슘페터의 기업가정신과 비교되는 다른 점이다. 드러커는 기업가정신은 한 사회의 모든 구성원이 가지고 있어야 할 자기혁신의 근간이라고 하였다. 이러한 드러커의 주장에 대해 드는 한 가지 의문은 모든 사람이 이처럼 새로운 기회를 찾기 위해서 노력해야 하는가이다. 세상이 혼돈스럽고 변화가 극심하다고 해도 오늘 할 일을 묵묵히 하는 많은 노동자, 공무원, 서비스제공자들이 전부 기업가정신을 가지고 기존의 시각과 다른 새로운 관점에서 새로운 기술을 도입하여 기존 체계를 파괴하려고 노력한다면 세상이 더욱더 어지러워지기만 하지 않을까?

물론 드러커가 모든 사람이 기술적 · 경영적 변화를 주도해야 한다고 말한 것은 아니다. 그럴 필요도 없다. 새로운 기술을 주도하여 거대한 변화를 일으키는 사람도 필요하지만, 묵묵히 일상의 업무를 수행하며 주어진 임무를 완수해내는 다수의 힘을 무시한 것도 아니다. 그는 기업가정신이란 일종의 과학도, 기술도 아닌 오직 '실천'이라고 강조한 바가 있다. 즉, 주어진 자신의 업무 속에서도 끊임없는 변화와 새로운 시도를 접목해나가는 노력을 강조한 것이지, 새로운 거대 변화를 통해 사회에 창조적 파괴를 주도해야 한다는 뜻은 아니다. 드러커는 이러한 '실천'의 기업가정신은 기업, 공공서비스 등 사회 각 분야에 필요하다고 하였다. 그는 각계, 각층에서 자신의 분야를 끊임없는 혁신을 추구해 나갈 때 이 사회가 진보해 나갈 수 있다고 하였다.

이러한 관점에서 드러커는 기업가(entrepreneur)에 대해 변화를 탐구하고, 변화에 대응하며, 변화를 기회로 이용하는 자라고 정의하였다. 드러커가 슘페터와 달리 대기업 외 중소기업, 공공기관 및 비영리단체에까지 기업가정신이 필요하다고 한 것은 이를 사회에 사는 개인들이 가져야 할 자기혁신 도구로 봤기 때문이다. 드러커에 따르면, 불확실하고 혼돈이 가득한 시대를 사는 학생, 공무원, 회사원, 시민단체 회원을 포함한 개인들 모두에게 필요한 기본정신이 바로 기업가정신이라고 하였다.

현실적으로 생각해 봐도 우리가 살고 있는 환경의 변화를 파악하고 이에 대해 올바른 판단과 선택이 필요한 것은 창업자에게만 국한되지 않는다. 진로탐색, 취직을 앞둔 대학생, 이미 사업을 하고 있는 기존 기업의 임원, 공직자 등 중요한 의사결정을 앞둔 사람들이 앞으로 나아가야 할 방향을 찾기 위해서는 급변하는 시대 변화를 읽고 이에 올바르게 대응하는 기업가정신이 무엇인지 알 필요가 있다.

슘페터와 피터드러커 외에도 기업가정신과 관련하여 연구한 학자들의 개념정의를 다음과 같이 정리해 놓았다. 이는 기업가정신의 바탕이 된 주요 기업가적 특성에 대한 것이다. 기업가가 가지고 있는 내면적 기질과 표출되는 태도 및 행동을 이해하는 데 도움이 될 것이다.

[학자들이 정의한 대표적인 기업가적 특성]

McGrath & MacMillan(2000)의 정의

- 열정적으로 기회 탐색(passionately seek opportunities)
- 거대한 원칙을 가지고 기회 추구(pursue opportunities with enormous discipline)
- 최상의 기회만을 추구(pursue only the very best opportunities)
- 상황에 맞는 실행을 중시(focus on execution-specifically, adaptive execution)
- 모든 사람의 능력을 활용(engage the energies of everyone in their domain)

Timmons & Spinelli(2009)의 정의

- 헌신/몰입과 결단성(commitment and determination): 결단성, 규율/원칙성, 끈기, 전적인 몰입, 자발적 희생
- 용기(courage): 도덕성, 두려움 없는 실험 정신, 실패나 갈등을 두려워하지 않는 용기, 호기심
- 기회에 대한 집착(opportunity obsession): 기회 파악 능력, 고객 욕구에 대한 지식, 시장 지향성, 가치 창조 및 확장에 대한 집착
- 위험 · 모호성 · 불확실성의 수용(tolerance of risk/ambiguity/uncertainty): 계산된 위험 감수, 불확실성과 비체계적인 구조에 대한 수용/적응, 스트레스와 갈등의 수용, 문제 해결 및 대안 조정 능력
- 창의력 · 자신감 · 적응력(creativity, self-confidence, and ability to adapt): 비전통적인 열린 사고, 수평적 사고, 혁신성, 현 상태에 머물지 않고 끊임없는 변화 추구, 적응력, 개념화 능력과 꼼꼼함
- 남보다 앞서려는 동기(motivation to excel): 목표/결과 지향성, 성취와 성장에 대한 강한 욕구, 타인에게 경쟁자보다 지원자라는 인식을 주는 능력, 자신의 강점/약점 파악 능력, 자신의 주관과 유머 감각
- 리더십(leadership): 솔선수범, 내재론자(남의 탓보다 자신의 책임으로 생각하는 사람), 성실성과 정직성, 신뢰감, 인내력, 팀을 구축하고, 구성원들에게 영감을 주며, 영웅을 만드는 능력

3. 대한민국의 기업가정신과 창업의 필요성

드러커는 그의 저서『넥스트 소사이어티』를 통해 대한민국이 기업가정신이 가장 높은 실천국가라고 극찬한 바가 있다. 일제 치하의 식민지와 6·25 전쟁을 이겨내고 최고의 기업들이 등장한 것도 주어진 현실을 변화시키려는 기업가정신에서 비롯된 것이라고 하였다. 1950~60년대의 한국은 산업 기반시설도 없었으며, 자원도 없고 고등교육을 받은 사람도 없이 전쟁으로 초토화된 폐허만 남았다. 말 그대로 가진 자원도 능력도 없는 상태에서 출발한 한국이 현재 조선, 반도체, 휴대폰, 자동차 등 주요 분야에서 세계 선두권을 달리는 모습은 기업가정신을 제외하고는 설명하기 어렵다.

하지만 현재의 대한민국은 외우내환의 경제 불황의 위기 속에서 다시 한 번 도약하려는 노선과 혁신의 노력보다는 당면한 문제에만 치중하고 위험을 피해 안전지대로 숨으려는 모습만이 주목된다. 또한 불공정거래와 반기업정서 등의 이슈들만 봐도 기업하기 어렵다는 하소연이 가득함을 알 수 있다. 이에 대한 해답은? 기업가정신을 가지고 국가를 일으켰던 과거의 초심으로 되돌아갈 필요가 있다. 한국의 기업가정신을 극찬했던 드러커가 우리나라의 대표적인 기업가로 관심을 가졌던 사람이 바로 현대그룹을 일으킨 정주영 회장이다. 1977년 10월 한국을 방한한 피터 드러커는 12일 정주영 회장을 만나 이러한 말을 한다. "정 회장님께서 발휘하신 기업가정신이 제가 주창하고 가르쳐 온 핵심입니다.", "제가 한국경제와 정주영 회장님을 뵙고 깨닫게 된 것은 경영은 학식과 머리로만 하는 것이 아니라는 겁니다. 이론과 머리는 극히 일부분에 불과하다고 생각합니다. 기업가정신은 머리가 아니라 가슴과 기질에서 나오는 것 같습니다."

드러커가 정주영 회장이 기업가정신의 표본이라고 한 이유는 그의 행적을 기록한 사례에서 잘 이해할 수 있다. 1970년대 중반 중동에서 사회인프라 건설을 통해 오일달러를 벌어들일 좋은 기회가 왔을 때, 정부의 많은 사람이 반대했다. 공무원들의 조사 결과 날씨가 너무 더워서 낮에는 일할 수 없고 무엇보다 비가오지 않아 먹을 물과 공사에 필요한 용수 부족으로 건설공사가 불가능하다는 것이었다. 그런데 정주영 회장의 생각은 달랐다. 비가 오지 않으니 1년 내내 공사를 할 수 있고 부족한 물은 배를 통해 실어오면 된다고 한 것이다. 대신 건설에 필요한 모래, 자갈이 현장에 바로 있으니 자재 조달이 쉽다는 점에 주목했으며 열사로 인한 더위는 낮에는 천막을 치고 자다가 밤에 일을 하면 된다고 보았다. 이러한 생각으로 현대그룹은 중동 진출에 앞장섰으며 여러 가지 난관을 이겨내고 결국에는 우리나라 산업의 발전사를 다시 썼다.

이상의 사례에서 무엇이 느껴지는가? 남들이 위기라고 느낄 때 그 안에서 새로운 기회를 발견하고, 그 기회를 활용해서 성공하기 위해 남들이 생각하지 못한 해결책을 구상하며, 이를 끈질기게 추진하여 성공을 만들어 내는 도전정신과 창의성, 난관을 돌파하는 실행력이 돋보일 것이다. 이것이 피터드러커가 당시에 정주영을 만났을 때 많은 불확실성과 위험요소, 난관이라는 안개로 가리워진 먼 앞의 사업 기회를 날카로운 예지력을 가지고 간파해 내고 이를 강력히 실천해 내는 리더십과 결행력을 가진 사람으로 평가한 이유이다.

지금 우리나라는 과거 산업화의 변화와 6·25전쟁 전후의 위기에 맞서 '한강의 기적'이라는 도약을 만들어 냈듯 4차 산업혁명이라는 새로운 변화와 글로벌 금융위기와 글로벌 경쟁력 약화라는 위기에 맞서 새로운 도약을 만들어 내어야 하는 시기이다. 당시에 정주영을 비롯한 많은 기업인들이 산업화 시대의 벤처기업과 같은 역할을 했듯이 지금이 바로 기업가정신을 가지고 새로운 돌파구를 여는 벤처기업인들이 필요한 시기이다.

이를 위해 핀란드의 대표적인 기업 노키아의 몰락과 핀란드 경제부활의 사례에 주목할 필요가 있다. 노키아는 제지업으로 시작, 고무업에 이어 모바일기기 제조업 등 계속된 변화를 유지하면서 환경에 적응하고 세계적인 기업으로 성장했다. 세계 휴대전화 점유율 1위를 기록한 노키아의 몰락은 스티브 잡스에서 시작된 스마트폰의 새로운 패러다임에 쫓아가지 못한 것에서 비롯되었다. 악화일로를 거듭하던 노키아는 2013년에 휴대전화 사업부를 마이크로소프트에 매각하고 기술자들을 포함한 많은 수의 직원들이 실업자로 거리에 내몰렸다. 핀란드 경제의 3분의 1을 떠맡았던 노키아의 몰락은 당시 핀란드 경제에 큰 위기로 다가왔다.

우리가 관심을 가져야 할 부분은 이러한 위기에 핀란드가 어떻게 대처했는가이다. 핀란드는 위기를 맞아 안전지대로 움츠러들지 않았다. 기업가정신을 가지고 위기 속에 숨어 있는 새로운 기회를 찾아 적극적으로 움직였다. 노키아에서 떨어져 나온 사람들이 창업한 신생 기업이 300개가 넘었으며, 이중에는 '앵그리버드'처럼 성공한 기업이 많이 나왔다. 이에 대해 핀란드 정부는 어떠한 역할을 했을까? 2008년 대학개혁이 대표적인 혁신 사례이다. 헬싱키기술대학, 헬싱키경제대학, 헬싱키 아트와 디자인대학을 합친 알토대학이 2010년 탄생하면서 각종 창업이벤트와 조직을 확산하였고 창업 붐을 조성했다. 또한 노키아에서 퇴사한 고급인력들이 창업뿐 아니라 중소기업에 들어가면서 핀란드의 중소기업 경쟁력이 크게 강화될 수 있도록 노동시장이 유연성을 발휘하도록 하였다. 무엇보다 기업가의 출현을 시장이 가로막지 않도록 신경썼으며, 이외에도 기술혁신투자청(TEKES), 벤처캐피털 펀드 핀베라 등을 통해 핀란드 정부는 자금 지원 및 네트워크 형성을 통해 위기를 극복하고 포착된 기회를 성공으로 이끄는 여정의 구석구석을 효과적으로 지원하였다.

노키아는 끊임없이 혁신하지 않으면 세계 1위의 지위도 순식간에 무너질 수 있음을 보여 주지만, 기업가정신을 가지고 노력하면 다시 성공할 수 있음도 보여 준다. 노키아는 10년간 주력 사업이던 휴대폰 사업을 과감하게 포기한 후, B2B 통신 네트워크 장비 주력 회사로 체질 개선에 성공하였다. 현재 노키아는 통신 장비 시장에서 30%에 가까운 점유율을 차지하며 매출과 영업이익을 전성기 수준으로 회복시켜 놓았다. 결국 노키아와 핀란드 사례가 우리에게 말해주는 시사점은 피터 드러커의 말처럼 개인과 기업과 정부도 자신의 위치에서 중단 없는 변화의 노력을 지속해야 한다는 것이다. 핀란드가 반부패지수 1등, 글로벌 경쟁력 3위, 국민소득 4만 5,500달러의 선진국이 되었듯이 우리나라도 기업가정신을 바탕으로 중단 없이 노력할 때 재도약이 가능하리라 믿어 의심치 않는다.

Practice 2-1 성공기업 사례 분석을 통한 기업가정신 살펴보기

성공기업의 사례를 통해 기업가정신과 관련한 핵심성공요인을 찾아보고 이에 대한 자신의 의견을 정리하여 토론해 보자.

기업 사례	기업가정신과 관련한 핵심 성공요인	나의 의견 (내 삶에 적용할 점들을 중심으로)

Practice 2-2 성공기업가의 사례 분석을 통한 기업가정신 살펴보기

성공기업가에 대한 사례를 통해 기업가정신의 주요 특성 및 이에 대한 나의 의견을 작성하고 논의해 보자.

기업가 사례	기업가정신과 관련하여 발견한 주요 특성	나의 의견 (내 삶에 적용할 점들을 중심으로)

Practice 2-3 기업가정신 실사례 동영상 시청을 통한 기업가정신 소감 공유하기

- 커리어넷의 창업가 동영상 시청을 통해 창의적 기업가 사례를 본 소감을 공유해 보자.

  (커리어넷(www.career.go.kr) → 미래의 직업세계 → 직업인 인터뷰(창의적 기업가))

  http://www.career.go.kr/cnet/front/base/job/jobMovie/jobCreativeMovieList.do
- 한국청년기업가정신재단의 창업가동영상 시청을 통해 기업가의 사례를 본 소감을 공유해 보자.

성공적인 창업을 위한 준비

CHAPTER 3

기업가정신을 가지고 창업의 길을 들어서기로 결심했다면 먼저 무엇을 어떻게 시작할지 계획을 세우는 것이 필요하다. 창업은 누가 만들어 놓은 길을 따라가는 것이 아니다. 내가 스스로 길을 개척해야 한다. 창업은 마치 아무것도 없는 백지에 그림을 그리는 것과 같기 때문에 머릿속에 무엇을 어떻게 그릴지에 대한 생각이 명확하지 않으면 제대로 된 그림을 그리기 매우 어렵다.

제대로 된 길을 잘 아는 사람은 엉뚱한 길로 잘못 들어가서 헤매지 않고 목적지에 도착하는 최적의 경로를 선택해서 가장 빠르게 도착할 수 있다. 마찬가지로 성공창업을 위해 가야 할 길을 알고 있는 사람은 무엇을 해야 할지 알고 이를 어떤 순서로 해야 좋은지를 판단할 수 있다. 즉, 집중해야 될 분야가 무엇인지를 구분하고 이 중 어떤 것이 먼저이고 어떤 것을 나중에 해야 하는지의 순서도 안다.

저자의 경험상 이러한 창업 준비를 제대로 하지 않고 창업했다가 엉뚱한 것부터 먼저 벌려놓아 시간과 돈만 낭비하는 경우를 많이 보았다. 반대로 꼭 필요한 것을 먼저 하지 않아 처음부터 다시 해야되어서 역시 시간과 돈을 중복 투자하게 되는 경우도 많이 보았다. 기술만 믿고 경쟁 상황을 제대로 분석하지 않은 채로 제품을 출시했다가 대기업에게 기술만 가로채이는 경우가 허다하며, 시장의 니즈를 제대로 파악하지 않아 제품을 보완하느라 고생만 하다가 사업을 중단하게 되는 경우도 부지기수이다.

올바른 순서를 안다고 해서 반드시 창업에 성공한다는 보장이 있는 것은 아니다. 하지만 한술 밥에 배부르지 않으며 급하게 밥을 먹으면 체하기만 하는 것처럼 창업의 순서를 무시한다면 실패를 향해 빨리 달려가는 격이 될 것이다. 올바른 순서를 가지고 창업을 단계적으로 추진한다면 쓸데없는 곳에 돈과 시간을 낭비하거나 사업의 어려움을 극복하지 못하고 주저 앉는 실패의 가능성을 현저하게 줄일 수 있을 것이다. 또한 성공창업으로 가는 길에 놓여 있는 기회를 놓치지 않고 제대로 활용할 수 있을 것이다.

앞서 정주영 회장의 사례만 보면 기업가는 계획적인 사람이 아니라 순간적인 통찰력을 바탕으로 과감하게 결정하여 밀어붙임으로써 성공을 달성하는 사람으로 보인다. 과연 그럴까? 현대에서 오랫동안 일했던 전직 임원이 평한 정주영 회장의 평가는 일반적인 시각과는 다르다. 그는 정회장이 돈 500원짜리에 찍힌 거북선 그림으로 영국 로이드은행 사람들을 설득시켜 거액의 차관을 빌려 조선소를 지은 것이나 서산간척지 공사의 최종 물막이 공사 때 낡은 유조선을 들이대 성공시킨 일 등은 신화적인 부분만을 지나치게 강조한 것이라고 말하고 있다.

그는 정주영 회장의 무모해 보이는 배짱 뒤에는 치밀한 계산이 숨어 있다고 지적하고 있다. 영국은 세계 금융의 중심으로 로이드은행 같은 세계적인 은행이 극동에서 온 이름 없는 사업가에게 500원짜리에 찍힌 거북선 그림 때문에 거액의 돈을 빌려주는 일은 있을 수 없다고 말하고 있다. 즉, 정회장과 함께 간 전문가들이 기술적, 상업적으로 완벽한 계획서를 제시하고 설명을 하여 그들에게 신뢰를 얻어낸 부분이 빠져 있다는 것이다.

결과적으로 정주영 회장이 이룩한 성공 뒤에 숨은 준비와 노력을 보지 못하고 그를 신격화하는 것은 옳지 못하다는 것이다. 창업의 원리도 이와 같다. 성공의 단꿈에 빠져서 밀어붙이거나 반대로 두려움에 고민만 하고 앞으로 나아가지 못해서는 안된다. 기업가정신을 가지고 철저한 준비를 꾸준하게 할 때 비로소 성공의 길이 열린다는 것을 기억해야 한다.

1. 무엇을 준비해야 하는가?

성공적인 창업을 위해 준비해야 할 것들을 파악하기 위해서는 다음의 질문에 대한 답이 필요하다. "창업성공을 위해 고려해야 될 핵심요소들은 무엇인가?" 이를 대답하기 쉽도록 다른 표현으로 바꾸어 보면 "창업자가 창업을 통해 매출과 이익의 목표 등 성과달성을 위해 반드시 고려해야 할 것들은 무엇인가?"이다. 이는 어찌 보느냐에 따라 쉬운 대답이 될 수도, 어려울 수도 있다. 중요한 것은 올바른 창업은 이러한 핵심요소들에서부터 출발하기 때문에 이를 명확하게 규정해야 한다는 사실이다. 이러한 핵심요소는 거창한 것이 아니라 어찌 보면 너무도 당연한 기본에서 비롯된다.

먼저 '창업기업'이 있어야 한다. 기업이 없다면 기업의 성과 자체도 존재할 수 없다. 이를 보다 명확하게 표현하면 창업자가 있는 '창업팀'이 있어야 한다. 창업은 시작부터 창업기업의 형태로 출발하지 않기 때문이다. 기업가정신을 가지고 일을 추진하는 창업자에서부터 시작된다고 보는 것이 정확하다. 그런데 1인 기업이 아닌 이상 창업자 혼자서는 모든 것을 감당할 수 없다. 기술을 개발하고 자금을 조달하고 제품이나 서비스를 팔기 위한 조력자와 함께 일해야 한다. 즉, 창업자는 창업팀을 구성하고 창업팀과 어울려 일할 때 비로소 제대로 된 일을 시작해 볼 수 있다. 따라서 초기 상태에서 우리는 '창업기업'이라는 표현보다는 '창업팀'이라고 표현하는 것이 정확하다.

창업팀이 있어도 이들이 성과를 내려면 팔기 위한 제품에 해당하는 '아이템'이 있어야 한다. 유형의 재화가 아닌 무형의 서비스나 솔루션을 제공하는 것일지라도 결국 고객이 구매하는 것은 창업자나 창업팀 자신이 아니라 그들이 제공하는 서비스나 솔루션에 해당하는 '아이템'이다. 이러한 아이템은 어디에다 판매되는가? '시장'이다. 시장에는 고객도 있지만 경쟁자도 있으며 고객과 경쟁자를 둘러싼 사업환경이 있다. 아이템을 구매할 고객이 없다면 아이템 자체도 무의미하므로 고객이 반드시 있어야 한다. 자본주의 시스템 내에서 고객에게 아이템을 팔려고 하면서 고객, 경쟁자와 이를 둘러싼 사업환경을 무시할 수 있는 경우는 거의 없다. 따라서 고객보다는 이러한 경쟁자와 사업환경을 통칭한 '시장'이라고 표현하는 것이 정확할 것이다. 이상의 핵심영역들을 도식화하면 **그림 3-1**과 같다. 왜 이러한 당연한 요소들을 언급하는가? 이러한 기초들부터 제대로 준비하지 않고 무턱대고 창업부터 시작하는 행태가 만연해 있기 때문이다.

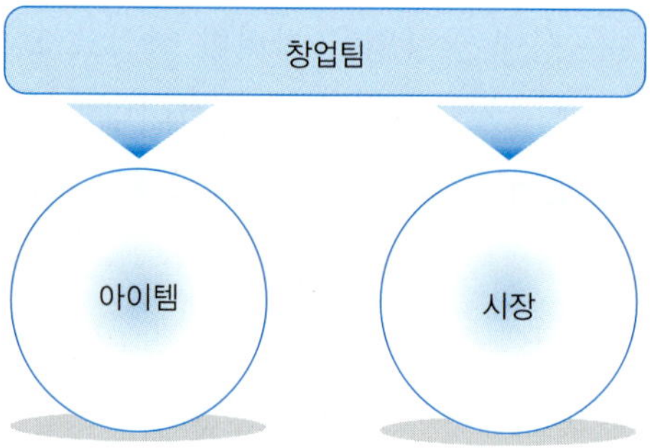

그림 3-1 창업 준비의 핵심영역 1

그런데 이상의 요소들만 가지고 과연 창업자가 매출과 이익의 목표달성이라는 소기의 성과를 달성할 수 있겠는가? 다시 말해, 창업팀이 있고 창업팀이 만든 아이템이 있고 구매력이 풍부한 시장만 있다면 성과는 나오는가? 여기서, 창업 시 고려해야 할 가장 중요한 영역이 나온다. 바로 '가치'이다. '가치'란 시장에서 창업팀의 아이템에 대해 시장 내에 있는 고객들이 느끼는 혜택을 말한다. 시장 내에 있는 고객이 이러한 가치를 가진 아이템을 구매하기 위해서는 최소한 2가지 조건을 만족해야 한다.

- 고객이 아이템에 대해 지불하려는 가격 < 창업팀이 제공하는 아이템의 가치
- 경쟁자가 제공하는 가치 < 창업팀이 제공하는 아이템의 가치

이러한 조건이 만족될 때, 비로소 창업팀이 제공하는 아이템은 시장에 수용될 수 있을 것이다. 마지막으로 이러한 '창업팀', '아이템', '시장', '가치'가 있어도 이것이 매출과 이익이라는 소기의 성과로 나타나기 위해서는 여러 가지 과정을 거쳐야 한다. 자금도 필요하고, 판로도 있어야 하고 창업하는 과정을 도와줄 외부 지원자도 필요하다. 이러한 과정을 통칭하여 '실행'의 영역이라고 정의할 수 있다.

이상의 창업에 필요한 5가지 영역을 최종적으로 도식화하면 **그림 3-2**와 같다.

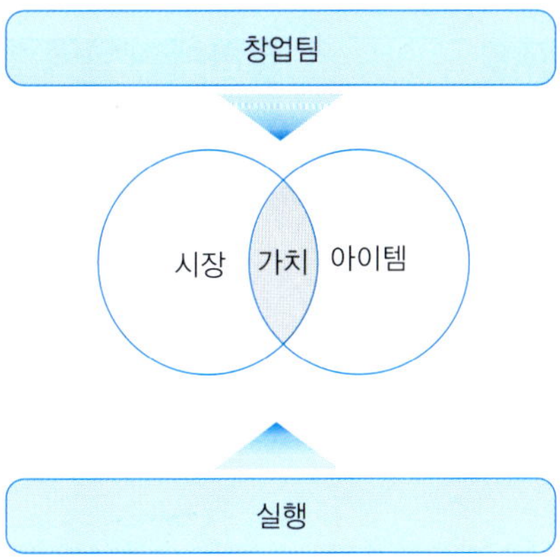

그림 3-2 창업 준비의 핵심 영역 2

창업에 성공하기 위해 가치를 구현하기 위해서는 비즈니스 모델을 작성하는 것이 필요하다. 이는 뒤에 나오는 비즈니스 모델 작성하기에서 구체적으로 설명할 것이다. 지금은 일단 '창업팀', '아이템', '시장', '가치', '실행'의

5가지 영역을 고려하여 창업을 준비해야 하며 가치구현을 위해서는 비즈니스 모델을 작성할 필요가 있다는 사실만 기억하자.

2. 어떻게 준비해야 하는가? (창업 프로세스)

구슬이 서말이어도 꿰어야 보배이다. 이상의 5가지 영역을 알고만 있어서는 의미가 없다. 어떤 순서로 창업단계를 실행해야 될지에 대한 '창업 프로세스'를 파악하고 있어야 한다.

가장 먼저 시작해야 될 것은 '창업팀' 영역에 대하여 창업자를 분석하고 팀을 구성하는 것이다. 먼저 창업자 자신의 가치와 역량에 대해 충분히 분석해야 창업을 위한 방향이 분명히 선다. 그리고 나서 자신의 가치와 역량에 맞는 창업팀을 구성해야 창업을 시작할 수 있다.

본격적인 창업의 시작은 '아이템' 영역에 대하여 아이템을 발굴하고 검증하는 과정에서 비롯된다. 뒤에서 자세하게 설명하겠지만 시장과 관련된 사업환경 분석을 먼저 하지 않고 아이템 선정을 먼저 하는 이유는 일반기업과 달리 창업팀(창업기업)에게 주어진 자원이 제한되어 있기 때문이다. 아이템을 선정하고 이와 관련된 사업환경을 분석하여야 아이템의 성공 가능성과 수정방향을 빠르게 도출할 수 있다.

세 번째로 '시장' 영역에 대하여 창업환경과 전략방향을 분석함으로써 아이템을 평가하고 이를 시장에 출시하기 위한 전략방향을 도출할 수 있다. 앞서 설명했듯이 시장에는 고객과 경쟁자가 있고 이에 대응하여 창업팀(창업기업)이 적절한 전략을 수립하여야 하기 때문에 먼저 고객과 경쟁자를 포함하여 아이템 관련 창업팀의 제반 여건의 변화를 충분히 분석함으로써 창업팀이 나아가야 할 전략방향을 수립할 수 있다.

네 번째로 '비즈니스 모델' 영역에서는 고객에게 제공할 차별적인 가치를 발굴하고 확립하는 것이 중요하다. 이는 앞서의 환경 분석 및 전략도출 결과를 반영하여 비즈니스 모델을 구성함으로써 가능하다. 전략이 앞으로 나아가야 할 길을 제시하는 것이라면 비즈니스 모델링은 구체적으로 무엇을 준비하고 실행할지에 대한 기본 설계도를 수립하는 것에 해당한다. 이러한 설계도가 명확하지 않으면 시장이 원하는 가치가 명확하게 도출되지 않는다. 따라서 비즈니스 모델 수립과정에 충분한 시간과 노력을 기울여야 사업타당성이 확보된다.

다섯 번째로 '실행'영역과 관련하여 사업계획서를 작성하고 실행하는 과정을 거쳐야 한다. 시간과 돈과 인력을 들여 창업과정을 실행하기 위해서는 우선 사업계획서가 잘 작성되어야 한다. 제대로 된 사업계획서는 기술성, 시장성, 경쟁성 및 수익성의 핵심요소가 잘 전달되어 창업팀(창업기업) 내부와 외부의 이해관계자를 설득할 수 있는 내용이어야 한다. 이와 함께 해당 사업계획을 실질적으로 실행하기 위한 자금, 마케팅방안이 마련되어야 하며 각종 장애요소를 해결하기 위한 수단을 미리 준비해야 한다.

이상의 내용을 도식화 하면 **그림 3-3**과 같다. 이 책의 내용 구성(목차순서)도 이러한 단계별로 진행될 것이다.

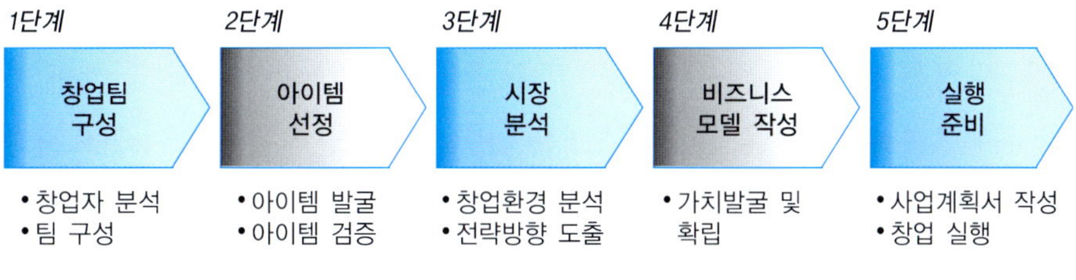

그림 3-3 5단계 창업 프로세스의 개요

성공적인 창업을 위해 창업 프로세스의 5단계를 적용하기 위해서 주의해야 할 내용이 있다. 반드시 앞 단계를 먼저 시작하고 나서 뒷단계로 나아가야 한다. 이는 글로벌 기업활동의 성공적인 기법으로 인정받고 있는 로버트 쿠퍼(Robert G. Cooper)의 '스테이지 게이트 모델'을 창업에 맞게 응용한 것이다. 스테이지게이트(Stage-Gate) 모델이란 성공적인 신제품개발을 위해 아이디어부터 제품 런칭까지 사전에 정의된 여러 스테이지를 하나의 청사진으로 제시한 것이다.

이때 중요한 부분은 각 스테이지 사이에 의사결정 지점인 게이트(Gate)를 설정해 프로젝트를 조직적으로 운영한다는 것에 있다. 즉, 앞의 스테이지에서 문제점이 해결되지 않으면 다음 스테이지로 나아가지 않는 것이다. 전문가에 따르면 일반기업에서 시장에 나온 상품의 30~50%는 실패하고, 상업적인 성공으로 이어지는 경우는 전체의 1/4 정도에 불과하다고 한다. 이 뿐만 아니라 개발비의 46%는 실패한 프로젝트에 투입된 돈에 해당되므로 부담이 만만치 않다. 이에 비해 스테이지게이트 기법을 적용할 경우 적용하지 않은 프로젝트에 비해 성공률은 40% 높고, 이익목표의 달성률도 88%가 증가되는 것으로 알려져 있다. 해외 선진기업인 다우케미칼, 듀폰, 휴렛패커드, P&G 등 수많은 기업들이 기법을 성공적으로 적용하고 있다.

창업도 마찬가지이다. 앞서 제시한 창업프로세스의 각 단계를 지키는 것이 성공의 지름길이다. 시장에서 검증되지 않은 아이템의 출시, 가치가 검증되지 않은 사업전략의 수행을 막기 위해서는 창업프로세스의 5단계에 따라 수행하여야 한다. 다만, 창업기업은 일반기업과 달리 유연성이 필요하기 때문에 제반 여건에 따라서 일단 진행하면서 앞의 단계를 보완하는 방식으로 진행할 필요는 있다. 즉, 창업팀 구성에 있어 아이템이 구체화되어야 이에 대한 개발자 등을 찾을 수 있는 경우도 있으므로 처음부터 너무 완벽한 팀을 찾을 필요는 없다. 하지만 그렇다고 이러한 상황이 5단계의 순서를 마음대로 바꿀 수 있다는 것을 의미하지는 않는다.

성공에 급급하거나 제한된 자원 때문에 제품이나 서비스 출시를 급하게 서두르려 해서는 안 된다. 스테이지 게이트라고 표현한 것처럼 현 단계의 준비가 어느 정도 충분하게 되지 않으면 다시 되돌아가서 앞단계의 완성도를 높인 후 다음 단계로 진행해야 한다. 이러한 창업 프로세스의 특징을 반영하여 **그림 3-4**와 같이 최종 도식화하였다.

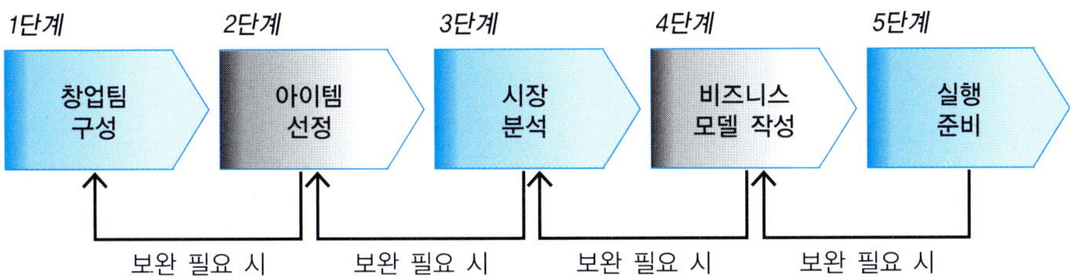

그림 3-4 스테이지 게이트의 개념을 반영한 5단계 창업 프로세스

03 성공적인 창업을 위한 준비

Practice 3-1 창업 프로세스 단계별 체크리스트 작성하기

창업 프로세스대로 창업준비를 하기 위해서는 현재 나의 역량으로 수행이 가능한 것과 수행이 어려운 것으로 구분하고, 현재 수행이 어려운 것은 정부기관, 학교, 기타 외부의 인맥이나 정보원을 통해 어떻게 도움을 받을 것인지를 미리 정리하는 것이 바람직하다. 이를 위해 다음의 각 단계별 체크리스트를 작성해 보자.

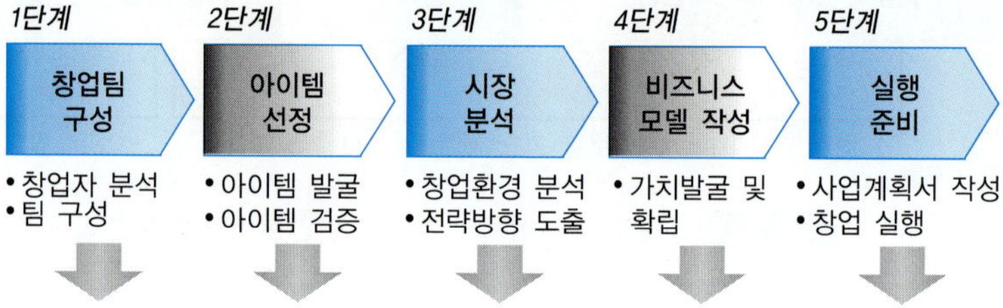

독자 수행이 가능한 항목					
독자 수행이 어려운 항목					
누구에게 어떻게 지원받을 것인가?					

PART 02

창업팀: 창업자 분석 및 팀 구성

Chapter 04 창업자 분석, 먼저 나 자신을 알라

Chapter 05 창업팀 구성, 보물찾기 팀을 만들어라

창업자 분석, 먼저 나 자신을 알라

CHAPTER 4

창업을 시작하기에 앞서 가장 먼저 파악해야 할 것은 나 자신이다. "내가 창업을 해야 한다면 그 이유는 무엇인가?", "내가 창업을 통해 추구하려는 가치는 무엇인가?", "나는 창업자로 성공하기 위해 어떠한 자질과 능력을 갖추고 있는가?" 이러한 질문에 대해 스스로에게 명확한 답변을 할 수 없다면 창업을 계획하고 실행하는 과정 내내 스스로에게 계속 의구심이 들 수밖에 없다. 더욱이 생각하는 주체인 나 자신이 흔들리게 된다면 내가 생각한 팀, 아이템들도 함께 흔들릴 수밖에 없기 때문에 먼저 자신에 대한 이해를 분명히 해야 한다. 이를 통해 내 스스로에 대한 주관과 철학이 명확하게 세워질 때 비로소 외부의 정보를 이해하는 관점도 명확해질 수 있다.

만약 창업자로서 자신의 주관과 철학이 분명하지 않다면 외부환경의 변화가 생길 때마다 부평초처럼 함께 흔들리는 자신의 모습을 발견하게 될 것이다. 100% 완벽한 답을 할 수는 없더라도 충분히 시간을 들여 자기 자신에 대한 자문자답을 통해 창업자로서 나의 위치를 먼저 찾아야 한다. 길을 잃지 않기 위해서는 나의 위치를 먼저 찾아야 창업의 여정 앞에 놓인 안개가 조금씩 걷히고 앞으로 나아가야 할 방향도 조금씩 보이게 될 것이다.

1. 창업, 나 자신에서부터 시작하라

자신에 대한 이해를 위해 먼저 창업에 대한 오해를 풀 필요가 있다. 많은 사람들이 무의식적으로 창업에 타고난 소양은 따로 있어서 자신은 창업을 할 수 없다고 생각한다. 성공한 기업의 사례를 볼 때마다 과단성 있는 결단력과 카리스마로 보통 사람은 할 수 없는 능력을 가지고 있는 것처럼 표현하고 있기 때문에 더욱더 그러한 생각이 든다. 대표적인 오해가 창업자의 성향은 외향적이어야 한다는 주장이다. 과연 그럴까?

다음은 어느 언론에서 말하는 3명의 유명 CEO의 성격에 대한 설명이다. "내성적인 성격에다 속마음을 잘 드러내지 않고 약간 괴짜기질이다", "전형적으로 수줍음이 많고 처음보는 사람들은 그가 친절하지 않다고 생각하는 경우가 종종 있다.", "나는 데일 카네기의 '인간처세학', '인간관계론' 세미나를 등록하고 싶을 정도로 처세술이 부족하다고 생각한다." 이 세 사람은 차례대로 구글 CEO인 래리 페이지, 페이스북 CEO인 마크 주커버그, 버크셔 해서웨이 CEO인 워런 버핏이다. 래리 페이지의 경우 심지어 대중 앞에 나서는 것을 피할 정도의 성격을 가지고 있다. 과거 백신연구소를 창업했었던 안철수 전 대표도 본래 외향적이고 적극적으로 표현하는 성격이 아니다. 스스로를 경영자로서는 50점짜리밖에 되지 않는다고 평가하고 있을 정도이다.

물론, 외향적인 성격을 가지고 있으면 보다 실행에 적극적이고, 과단성 있는 결정을 하거나 외부와 우호적인 관계를 구축하는 데 유리할 수 있으나 어려운 문제에 깊숙이 성찰하지 못하고 외부의 반응에 쉽게 흔들릴 수도 있다. 창업을 하기 위해 내가 영웅적인 특성을 가지고 있어야 한다는 생각은 전적으로 오해이다. 완벽한 능력이 없다고 미리부터 걱정할 필요도 없다. 나 자신의 성향과 역량을 파악해서 나의 부족함을 채워줄 수 있는 파트너를 만나면 되는 것이다.

창업에 대한 또 다른 오해는 창업에 성공할 수 있는 특정한 연령대 및 시기가 있다고 생각하는 것이다. 너무 젊은 나이에 창업하면 세상물정을 모르기 때문에 실패할 것이라고 생각하며, 나이가 너무 들 경우 열정이 부족하고 자식들 때문에 부담이 커져서 창업할 수 없다고 한다. 틀린 말만은 아니며 전부 일리가 있다.

하지만 최근에는 새로운 기술과 실험적 아이디어의 등장이 빈번해졌기 때문에 경험이 부족한 어린 나이도 큰 문제가 되지 않는다. 또한 평균수명이 100세를 넘어가고 있는 시대에 평생 동안 창업을 한 번도 안하기 어려운 세상이 되어가고 있다. 나이가 들었다고 반드시 열정이 줄어들지는 않는다. 나이에 비해 건강하고 열정이 가득한 사람이 있는 반면, 나이에 비해 건강도 약하고 열정도 부족한 사람들도 많다. 물론, 창업을 위해 좋은 여건과 적기라는 것은 있을 것이나, 미리 시간을 두고 체계적인 절차에 따라 준비해 나간다면 시간이 문제이지 누구나 충분히 창업할 수 있다.

결론적으로 누가 언제 창업해야 하는가? 창업에 대한 자신의 주관과 철학을 분명히 가지고 체계적인 준비를 거쳐 창업할 각오가 되어 있다면 누구나 바로 창업 준비를 시작할 수 있다. 필자는 한 발 더 나아가 누구나 이미 창업을 시작했다는 마음과 태도로 세상을 살아가야 한다고 생각한다. 앞서 피터 드러커가 언급한 기업가정신의 개념을 언급하지 않더라도 불확실성과 혼돈의 변화가 몰아치는 시대를 살아가기 위해서는 누구나 기업가정신에 따라 적극적으로 변화에 대응해야 할 필요가 있다.

스펜서 존슨이 저술한 『누가 내 치즈를 옮겼을까?』라는 책을 보면 변화하지 않고 현실에서 내가 누리고 있는 기득권(치즈)에 안주하고 있으려고 하여도 외부환경의 변화로 인해 언젠가는 기득권(치즈)이 점차 사라지고 만다고 하였다. 오히려 적극적으로 외부환경의 변화를 탐색하고 기회를 포착하여 새로운 수익을 찾아 적극적으로 움직여야 한다고 피력하였다. 필자는 이것이 바로 기업가정신의 요체라고 생각한다. 또한 누구나 이러한 기업가정신을 가지고 살아야 빠르게 변화하는 세상에서 지속적인 생존과 성장이 가능하다고 생각한다.

혹시, 내게는 세상에 내놓을 만한 특별한 아이템이 없다고 생각하고 있는가? 이미 우리들은 모두 중요한 아이템 하나를 세상에 내놓고 항상 평가받으면서 살고 있다. 그것은 바로 '나 자신'이다. 곰곰이 생각해보면 최소한 부모에게 기대는 어린아이가 아닌 성인 남녀라면 모두 누군가에게 나 자신의 가치를 알리고 내가 원하는 것을 얻어내려는 노력을 할 수밖에 없다. 이것이 바로 나 자신이 아이템이라는 뜻이다. 내 자신이 아이템이라는 것을 인정하는 순간 내 스스로가 1인 기업이 되어 이를 잘 경영할 필요성이 있음을 알게 될 것이다.

만약 내가 원대한 꿈을 가지고 창업하려는 생각이 없더라도 1인 기업으로서 스스로를 잘 관리하고 자신의 가치를 높여야 이 세상에서 효과적으로 살아남을 수 있다. 스스로 창업을 통해 기업가정신을 구현하고 적절한 수익을 만들어 내는 기업을 세우고 경영하기로 결심하였다면, 이 역시 자기 자신부터 잘 관리하고 가치를 높이는 노력부터 시작하여야 한다. '수신제가치국평천하(修身齊家治國平天下)'라는 말을 보더라도 나의 삶을 경영하지 못하고 기업을 경영하겠다고 하는 것은 말 자체가 앞뒤가 안맞기 때문이다. 이것이 바로 창업 프로세스에서 자기에 대한 이해가 무엇보다 중요한 이유이다.

'나 자신을 하나의 독립된 기업으로 생각하라.' 이는 나 자신을 아이템으로 경영하는 우리 모두가 1인 기업으로서 이 세상을 살기 위해 기본적으로 갖춰야 할 전제조건이다. 이를 기반으로 앞서 6가지 창업영역들을 생각해봐야 한다. "나의 가치와 성향은 무엇인가?", "나의 부족함을 채워주고 긴밀하게 도움을 주고받을 수 있는 창업팀을 누구와 함께 만들어 갈 것인가?",

"나와 나의 경쟁자가 만족시켜야 하는 고객은 누구인가?", "이는 어떠한 유형의 시장에 해당하는가?", "고객을 만족시키기 위한 나 자신의 차별화된 가치는 무엇인가?", "이러한 가치를 세상에 알리기 위해 나는 무엇을 실행해야 하는가?"

[참고 1: 창업과 취업 준비개념 유사성 비교]

나 자신이 아이템으로서 가장 명확하게 평가받는 시장이 바로 취업시장일 것이다. 취업도 창업과 마찬가지로 나라는 아이템을 구매하는 시장이 존재한다. 회사와 고용주가 바로 고객이며, 일감을 얻으려는 수많은 구직자들과 취업시장에서 경쟁하게 된다. 취업과 창업의 성공원리도 같다. 창업이 고객이 필요로 하는 아이템을 만들어 제공함으로써 수익을 창출하는 것이라면, 취업도 고객인 회사와 고용주가 필요로 하는 업무에 적합한 능력과 인성을 보여 줌으로써 연봉과 수당 등 수고한 대가를 받는다.

따라서 취업준비를 위해 고려해야 할 조건도 창업과 마찬가지로 분명하다. 고용시장 내에 있는 고객(고용주)이 '나'라는 아이템의 가치를 알고 구매하도록 하기 위해서는 최소한 2가지 조건을 만족해야 한다.

- 고객이 나를 채용함으로써 지불하려는 가격 < 고객이 원하는 일을 수행하는 나의 가치
- 고객이 원하는 일을 수행하는 다른 구직자의 가치 < 고객이 원하는 일을 수행하는 나의 가치

이러한 조건이 만족될 때, 나라는 아이템은 고용주에게 채택될 수 있는 것이다. 여기서, '나'의 의미는 나의 능력과 인성이다. 이전에는 나의 능력과 인성을 보여 주는 방법으로 스펙을 쌓아서 해당 일에 자신이 적합함을 보여 주는 것이 대부분이었다. 하지만 시간이 지날수록 스펙을 쌓아서 보여 주는 것보다 직접적으로 그 일 자체에 내가 적합하다는 것을 보여 주는 방식이 대두되고 있다. 즉, 내가 실제로 해당 일이 성과를 거두는 데 있어 어떠한 문제가 있는지 알고 있고 이를 해결하기 위해 어떠한 준비를 해왔는지를 프레젠테이션 하는 것이 중요하다. 나 자신을 아이템으로 놓고 보았을 때 이것이 보다 공정한 방식일 수 있다.

사람을 아이템으로 취급하여 취업에 대비하라고 하니 너무 냉정해 보이는가? 하지만, 철밥통으로 여겨지던 공무원 일자리도 더 이상 안전지대만은 아니라는 평가가 나

오고 있고, 취업시장의 문이 점차 좁은 문으로 변하고 있는 현실을 감안할 때, 이것이 현실적인 취업수단이 될 수 있다.

반대로 나 자신이 아이템으로서 나의 고객을 만족시킬 수 있는 준비가 되어 있다면 어떨까? 아무리 취업시장이 어렵다고 하지만 고용주가 원하는 일을 잘 수행할 수 있는 준비가 되어 있고 나의 차별화된 가치를 언제 어디서든 보여줄 수 있는 준비가 되어 있다면 당당하지 않겠는가? 더 이상 취업준비라는 생각에 얽매여 고용시장에서 요구하는 일률적인 스펙을 쌓는 것으로 경쟁력을 키우기 어려우며 더 이상 이러한 사고방식에 얽매일 필요도 없다.

제대로 된 취업준비는 나의 고객이 누구이며, 내가 수행할 일이 어떤 특성이 있는지, 어떠한 문제가 있고 이를 어떻게 해결할 것인지 생각해 보는 것에서 비롯된다. 가능하다면 최대한 업무현장에 가서 직접 확인하는 것이 좋다. 결국, 독립적인 '나 자신'이 업무 수행에 책임을 지고 '고객'인 고용주에게 차별화된 서비스(차별화된 일의 결과물)를 제공하겠다는 생각을 하는 것이 중요하다.

이를 위해서 평상시에도 무슨 일을 하던 나 자신이 이미 창업을 하고 있는 1인 기업이라는 생각을 갖고, '나'라는 아이템의 가치를 높이려는 생각을 하는 것이 중요하다. 평상시 생활에 있어 자기 주도적인 삶의 태도를 가져야 한다. 이를 위해 필요한 것은

- '나'라는 아이템을 둘러싸고 변화하는 환경 속에 기회를 찾으려는 창의적 발상의 전환
- 나의 고객이 누구인지를 명확하게 정의하고 그들의 문제를 해결하려는 고객지향 마인드
- 새로운 기회를 찾아 이에 적합한 솔루션을 갖추려는 도전정신
- 경쟁력을 높이기 위해 부단히 자기개발을 지속하려는 혁신 마인드이다.

이러한 주도적인 삶의 태도가 바로 1인 기업으로서 갖춰야 할 기업가정신인 것이다. 취업도 창업과 마찬가지로 기업가정신을 가지고 임해야 한다. 더 이상, 안전지대로 도피한다는 생각은 하지 말아야 한다. 설사 단기적으로 안정적인 직장에 취직한다고 쳐도 주도적인 삶의 태도가 없으면 직장생활 자체에 만족을 못 느끼고 몇 년 내에 직장을 그만두고 나올 가능성이 매우 높다. 직장에 남아 있는다고 해도 100세 시대에 대비할 수 있는 능력을 기르지 못한 상태에서 언제 그만 둘까 두려워하며 현실에 안주하거나, 생존을 위해 눈치만 보는 삶이 지속될 것이다.

[참고 2: 창업과 취업 준비과정 비교]

1. 창업 준비과정 절차

1단계 : 창업태도(Start-up Attitude)

→ 창업의 개념을 정확하게 이해하고 창업가정신을 함양함

2단계 : 창업기회(Start-up Item)

→ 아이템을 탐색하고 발굴하여 검증하고 평가함

3단계 : 창업환경(Start-up Environment)

→ 창업의 외부 및 내부 환경을 분석하고 시사점을 도출함

4단계 : 창업모델(Start-up Model)

→ 창업기업의 비전과 목표를 정하고 실행전략을 수립함

5단계 : 창업전략(Start-up Strategy)

→ 창업기업의 비전과 목표를 정하고 실행전략을 수립함

6단계 : 창업재무(Start-up Finance)

→ 창업자금을 조달하고 사업 손익을 예측하며 재무를 분석함

2. 취업 준비과정 절차

1단계 : 목표 산업/회사 조사 분석

2단계 : 관심 분야 회사 근무, 지인 만남

3단계 : 자기 진단 및 진로 설정

4단계 : 지원회사 사전조사

5단계 : 자기소개서 서류 준비

6단계 : 면접(인성, 프레젠테이션, 토론) 준비

이미 많은 20~30대들이 기업가정신을 발휘하며 창업에 뛰어들고 있다. 그 이유는 무엇인가? '취업' 때문이라는 시각이 많다. 일자리 창출은 되지 않고, 취업은 점점 더 어려워지고 있기 때문이다. 이런 상황에 직접 대한민국이 창업을 위해 발로 뛰고 있다. 청년은 창업을 위해 고군분투하고, 정부는 그들을 격려하며 투자를 아끼지 않고 있다. 필자는 "창업을 통해 청년들이 인재가 될 수 있다"고 강조한다.

창업은 사회인이 되기 위한 전인교육이다. 필자는 청년들이 창업을 통해서 사회에서 필요한 인재가 될 수 있으리라 본다. 대학생의 진로는 창업, 취직, 진학 등 크게 세 가지다. 근데 이게 다 사회생활이다. 창업을 하면, 스스로 생각하고 창의적인 아이템을 짜내기 위해 노력한다. 그리고 직접 발로 뛰게 된다. 자기주도, 문제해결, 팀워크, 프레젠테이션 능력 등 모든 것을 경험하게 된다. 모두 사회에서 필요로 하는 능력들이고 창업을 하면서 배우게 되는 것들이다. 대학생들은 창업을 하면서 자신들의 역량을 키울 수 있게 될 것이다. 그리고 사회에서 진정으로 필요로 하는 능력들을 개발하게 된다.

앞에서 1인 기업으로서 스스로를 잘 관리하고 자신의 가치를 높이기에 힘쓰라고 한 것은 이것이 창업을 위한 첫걸음이 되기 때문이다. 창업을 준비하는 개인으로서 자신에 대한 주관과 철학을 확고하게 하기 위해서는 1인 기업이 지녀야 할 기업가정신을 점검하는 것으로부터 시작하는 것이 맞다. 창업자로서 자신의 삶에 대한 결심이 섰다면 자신에 대해 체계적인 분석을 시작하는 것을 권장한다. 자신에 대한 분석은 크게 ① 자신의 가치 및 성향 분석에 대한 부분과 ② 자신의 역량 분석에 대한 부분으로 나누어 생각해 볼 수 있다.

2. 창업자 분석 1: 자신의 가치성향 분석

나 자신에 대해 스스로 정말 잘 알고 있는가? 자신에 대해 아는 것은 쉬운 것 같지만, 실상은 어려운 일이다. 집에 있을 때의 나와 밖에서 친구와 있을 때의 나, 일할 때의 내가 각각 조금씩 다르다. 나 자신은 똑같지만 주변의 환경이 바뀌게 되면 그에 대한 나의 태도와 관심사도 같이 바뀌기 마련이다. 이중에서 진짜 나의 모습은 무엇일까?

나 자신을 이해해야 하는 이유는 이것이 자기경영의 첫걸음이기 때문이다. 창업자로서 나 자신의 가치관 및 성격적 특성을 분명하게 파악할 수 있다면 창업하는 동안 발생하는 다양한 상황에 부딪혔을 때 내가 어떠한 태도와 행동을 하게 될지 예견할 수 있다. 즉, 나 자신을 올바르게 이해하여야 내 스스로가 엉뚱한 태도나 행동으로 이탈하지 않도록 나 자신을 올바르게 경영할 수 있다.

창업자로서 나의 가치와 성향을 분명히 해야 하는 또 다른 이유는 창업의 목표를 향해 스스로를 동기부여할 수 있기 때문이다. 그림 4-1의 (A)는 이탈리아에서 가장 큰 두오모 대성당이다. 14세기에 초석을 놓은 뒤 600년 가까운 공사 기간 끝에 20세기에 와서야 완공된 거대한 예술작품으로 고딕 양식 성당으로는 다섯 손가락 안에 꼽히는 세계적인 규모를 자랑하고 있다. 그런데 만약 이러한 성당을 짓는 사람이 (A)라는 이미지를 머릿속에 그리지 않고 그저 벽돌을 쌓아보자는 (B)라는 이미지만 머릿속에 가지고 있었다면 이러한 대성당이 만들어질 수 있었을까?

(A)

(B)

그림 4-1 가치성향의 차이

이와 관련, 가치의 중요성에 대해 널리 알려진 이야기가 있다. 세 명의 벽돌공이 뙤약볕에서 땀을 흘리며 열심히 일하고 있었다. 지나가는 행인이 보니 3명의 표정이 모두 달라서 호기심에 각각에게 물어보았다. 먼저 가장 불만이 섞인 표정을 짓고 있는 벽돌공에게 물어보았다. "지금 무슨 일을 하고 있나요?" "보면 모르쇼? 벽돌을 쌓고 있지 않습니까?"라고 말했다. 그다음

무덤덤한 표정을 짓고 있는 벽돌공에게 같은 질문을 했더니 역시 무덤덤한 표정으로 "그야 돈을 벌고 있는 것이지요."라고 했다. 마지막으로 행복이 가득한 표정으로 활짝 웃는 벽돌공에게도 똑같이 물어보았다. "나는 세상에서 가장 멋진 성당을 짓고 있답니다."

이는 가치가 담긴 비전의 중요성을 설명해주는 좋은 사례이다. 창업을 한다고 해서 갑자기 흥미진진한 일이 생기지는 않는다. 매일 매일 반복되는 일상을 꾸준히 보내면서 찾아오는 기회를 잡을 때 어느 순간 성공의 궤도에 올라타고 있음을 깨닫게 되는 것이다. 가치가 없다면 창업을 통해 일상의 지루함을 견디기 어려울 것이다. 돈을 벌기 위해 일한다면 돈에 집착한 나머지 고객에게 어떠한 차별적 가치를 줄 수 있을까에 대한 깊은 생각을 하기 어렵다. 물론, 적정한 수익을 통해 생존하는 것은 창업에서 매우 중요한 일이지만 가치가 빠져 있다면 역시 이 일을 지속하기는 어려울 것이다.

가장 바람직한 것은 내가 기여할 수 있는 분야를 정해 이에 대한 가치를 비전 선언문으로 만들고 그 다음에 이러한 가치가 돈이 될 수 있도록 아이템과 수익 모델을 구체화하도록 노력하는 것이 중요하다. 기억해야 할 것은 추구해야 될 순서이다. 돈이 먼저가 아니라 가치가 먼저이다. 이러한 가치를 찾기 위해서는 경력탐색 프로세스를 거쳐 자신의 가치, 흥미, 성격, 능력, 라이프스타일과 같은 나의 특성과 태도에 관한 정보를 적극적으로 수집하고 이를 바탕으로 자신만의 창업 목표를 찾아내는 과정이 필요하다.

창업자라면 이처럼 먼저 자신의 가치 및 성향 분석을 통해 내가 어떠한 사람인지 무엇을 좋아하고 어떠한 가치를 추구하고 싶은지를 명확하게 설정하여야 한다. 앞서 설명했듯이 창업자는 타고나는 것이 아니다. 성공하는 창업자가 특출나게 보이는 이유는 그 사람의 능력이 뛰어나서라기보다는 그 사람의 가치가 뚜렷하여 그것이 사명감과 열정으로 표출되기 때문이다. 가치가 명확하고 그것이 내 안에 내재화될 때 그것이 창업자에게 큰 에너지를 만들어 발전을 위한 방향으로 이끌며, 그것이 그 사람의 능력과 성과를 만들어 간다.

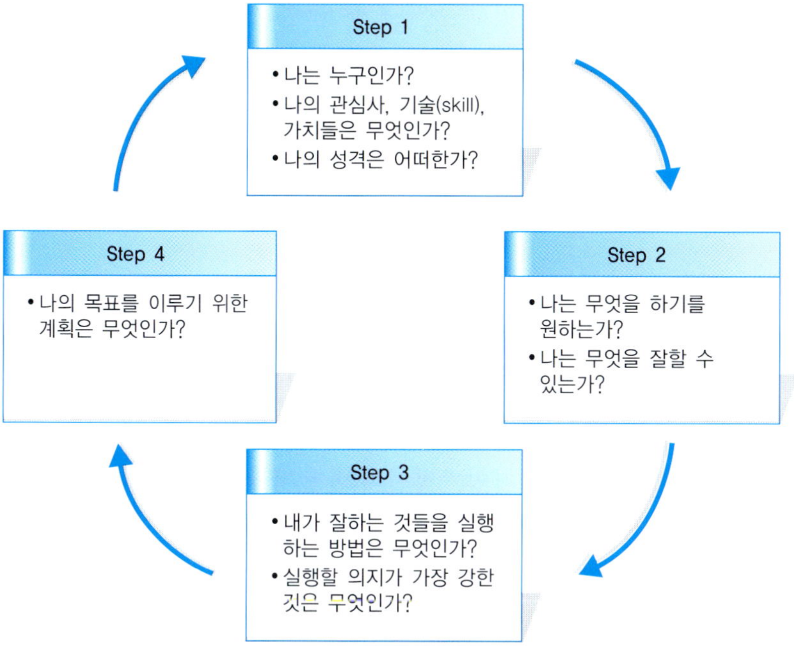

그림 4-2 가치성향을 기반으로 한 경력 탐색 프로세스

출처: 기업가정신의 이해(2014), (재)한국청년기업가정신재단

3. 창업자 분석 2: 자신의 역량 분석

창업자 자신의 가치와 성향에 대해 기본적인 분석이 되었으면 이제 자신의 역량에 대해 체계적인 분석을 하여야 한다. 아직 팀 구성이 되어 있지 않고, 창업 아이템도 만들지 않았으며 자금을 조달받지 못한 상태에서 가장 중요한 자산은 바로 나 자신의 역량이다. 초기 벤처기업 심사 시 많은 투자자가 가장 중점을 두어 평가하는 것은 아이템이나 시장규모 자체가 아니다. 이보다는 아이템을 만들어서 시장에 팔 수 있는 창업자의 가치와 역량이라는 것을 기억하여야 한다. 전문 벤처캐피탈리스트라면 이미 자신의 분야에 매력적인 아이템들을 많이 알고 있으며 필요하다면 이러한 아이템을 소개해 줄 준비도 되어 있다.

투자자들이 원하는 것은 믿고 투자를 할 수 있는 상대(창업자)이다. 즉, 창업자의 가치가 뚜렷하고 믿을 만한 인성을 가지고 있으며, 기업가정신을 바탕으로 창업을 추진할 수 있는 실력을 가지고 있다는 신뢰감을 심어줄 수 있을 때 비로소 투자자는 움직인다. 결국, 창업기업의 규모가 적정수준 이상으로 성장하기까지는 창업자의 역할이 가장 중요하다. 투자란 이러한 창업자를 상대로 하는 일이기 때문이다.

따라서 창업자는 현재 역량을 최대한 객관적으로 정확하게 파악하고 자신의 내면을 갈고 닦는 일을 게을리해서는 안 된다. 이러한 창업자 역량의 핵심은 바로 기업가정신과 기업가정신이 바탕이 된 기업가적 역량이다. 기업가적 역량(entrepreneurial competence)은 불확실성 속에 기회를 포착하여 끊임없는 혁신을 통해 기업의 성과를 달성하려는 기업가정신이 사고방식과 행동 양식으로 표출된 것을 의미한다. 이러한 기업가적 역량은 태도(attitude), 기술(skill), 지식(knowledge)으로 구분할 수 있다.

피터 드러커는『혁신과 기업가정신』이라는 그의 저서를 통해 기업가는 특별한 유전자를 가지고 있다라는 생각은 미신이며 기업가정신은 유전적 요소와는 전혀 관련이 없다고 하였다. 오히려 기업가정신을 실현하려는 의식적인 노력이 필요하며, 이를 위해서 원칙을 세우고 이에 따라 실천하기 위한 결단이 필요하다고 하였다. 즉, 기업가정신은 후천적으로 학습을 통해 습득할 수 있는 것이라고 할 수 있겠다.

이를 위해 (재)한국청년기업가정신재단에서는 기업가형 인재가 갖추어야 할 기업가적 역량의 대표적인 예로 다음의 역량 목록들을 제시하고 있다.

| 표 4-1 | 대표적인 기업가적 역량

구분	내용
창조력 (creativeness)	이질적 분야 간 창조적 결합 및 융합 시도를 통한 새로운 결과 산출
창의성 (creativity)	창의적이고 혁신 지향적임
위험감수(risk taking) 및 모험 도전(challenge)	계산된 위험을 감수하면서 도전함
인내 (endurance)	참을성을 가지고 끝까지 밀고 나감
자기 신념 (self belief)	자기 자신에 대한 믿음을 가짐
자율 (need for autonomy)	타인으로부터 통제받지 않고 자기 통제하에 일을 하고자 함
성취 욕구 (need for achievement)	높은 수준의 성취동기를 가짐
유연성(flexibility) 및 적응력(adaptability)	유연하여 적응력이 뛰어남
시장 기회 포착력 (market awareness)	시장 기회를 감각적으로 알아차림

이와 비교하여 실리콘 밸리의 벤처캐피탈에는 다음과 같이 창업가에 대한 7가지의 전통적 심사기준이 있다. 이는 일반적인 기업가가 아닌 창업가가 갖추어야 할 역량으로 간주할 수 있다.

① 정직성(Honesty)

성실성(Integrity), 충실성 혹은 믿음(Fidelity), 자기약속에 대한 충성심(Loyalty), 공정성(Equitability)이다.

② 목적지향성(Achievement)

욕심으로 사업을 수행하는 것이 아니라, 업적을 돈의 잣대로 평가받겠다는 자세이다.

③ 추진력(Energy)

어떤 일의 중심이 되어 특정 목적을 달성하기 위하여 밀고 나가 실행하는 힘으로 말과 행동을 일치시키는 능력을 말한다. 즉, 아이디어를 실제 행동으로 옮기고 구성원들의 행동을 실제로 유발하게 하는 실행 능력을 의미한다.

④ 지성(Intelligence)

합리성을 지니고 있으며, 복잡한 현상을 이해하고 올바른 해결방안을 찾는 능력으로 향후 보상(Reward)을 위해 지금 위험을 감수(Risk taking)할 수 있는 능력이기도 한다.

⑤ 지식(Knowledge)

이는 학력보다는 경험에 더 관심을 가지며 과거의 실패에서 어떤 교훈을 취득하는 것, 대상 산업에 대한 경험, 산업 관련 지식의 정도, 비판을 수용할 수 있는 능력을 말한다.

⑥ 지도력(Leadership)

지도력은 일반적으로 인간관계에서 표출이 된다. 책임감, 위험을 감당할 수 있는 용기, 자신감(Self-confidence), 적극적인 태도(Positive Attitude)를 포함한다.

⑦ 창의성(Creativity)

이는 목표와 방향을 만들어 가는 전략 수립에서부터 전술을 실행하는 모든 단계에서 창의성(Creativity)을 요구한다.

자신의 기업가적 역량을 보다 구체적으로 측정하기 위해서는 기존에 기업가정신을 측정하는 설문지를 활용할 수 있다. 티먼스 등(Timmons et al., 1997)은 기업가정신을 14개의 개인적인 특성과 관련된 문항 및 8개의 업무 역량과 관련된 문항으로 구분하여 제시하였다.

| 표 4-2 | 티먼스 등(1997)의 기업가정신 진단문항

구분	문항	예	아니오
개인적인 특성 (14문항)	오랜 시간 일을 추진할 수 있는 열정과 에너지를 가지고 있는가?		
	자신이 세운 목표를 달성할 수 있는 자신감이 충만한가?		
	일시적이 아니라 장기적으로 특정 사업에 참여하고 있는가?		
	금전을 평가의 척도로 사용하는가?		
	문제 해결에 끈기를 가지고 임하는가?		
	명확한 목표를 설정할 수 있는 능력과 결단력이 있는가?		
	자신의 노력으로 성공 가능성을 높일 수 있는 모험심을 가지고 있는가?		
	실패할 경우 실망하지 않고 문제점을 밝혀내고 배우려고 노력하는가?		
	피드백을 활용하여 개선하여야 할 문제를 파악하고, 시정 조치를 하는가?		
	독립심이 강하고 책임감을 갖고 있는가?		
	주변 자원의 활용을 위해 사내외의 상황을 적절히 이용할 수 있는가?		
	자신이 세운 목표와 경쟁을 하는가?		
	운명을 외적 요인으로 보지 않으며 개척할 수 있는 자신감을 가지고 있는가?		
	불확실성을 불안하지 않게 극복할 수 있는가?		
업무역량 (8문항)	사업과 가정을 잘 조화시킬 수 있는가?		
	창업을 자기 인생의 모든 것으로 보는가?		
	기업가로서의 창의성과 기술 혁신능력이 있는가?		
	업종에 대한 전문적인 지식을 갖추고 있는가?		
	경영 팀을 구성할 수 있는 능력이 있는가?		
	기업가의 자유 경제 체제에 대한 경제관이 확실한가?		
	기업 윤리관이 확실한가?		
	종합력을 갖추고 있으며 타인으로부터 신뢰를 얻고 있는가?		

창업자로서 자신의 역량을 보다 종합적으로 파악하고 싶으면 한국고용정보원에서 주관하는 워크넷의 직업심리검사 중 창업적성검사를 활용할 수 있다(www.work.go.kr 참조). 여기서 창업자로서의 12가지 역량을 진단하고, 그 역량을 기초로 1순위부터 3순위까지 적합한 업종을 추천해준다.

검사의 결과로 12가지 창업가의 역량 중에서 어떤 것이 충분하고 부족한지를 알 수 있으며, 창업 시 어떤 업종이 적합한지에 대한 정보를 알 수 있다. 단, 업종 적합도는 창업가의 역량만을 기초로 한 것이므로 실제 업종 선택 시에는 창업가의 가치관, 선호도, 경력, 자금여력, 시장 상황, 창업 장소 등 다양한 요소를 추가로 고려해야 정확한 판단이 가능하다. 아래는 창업적성검사의 예시이다.

[참고 3: 창업(적성검사 내용)]

① 창업적합성 진단 결과 (예시)

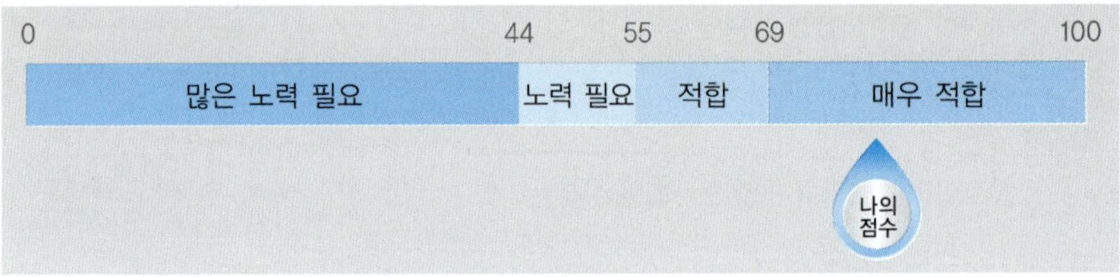

결과해석 (예시) : 귀하는 기업가로서 갖추어야 할 역량을 매우 높게 갖추고 있습니다. 따라서 귀하는 창업에 성공할 가능성이 매우 높은 편입니다. 그러나 이 결과가 창업을 하면 반드시 성공한다는 것을 의미하지는 않습니다. 창업의 성공은 자금이나 창업 아이템, 경기 등에 영향을 받으므로 여러 가지 변수를 신중하게 고려해야 합니다.

② 창업업종 진단결과

1순위 창업 적합 업종 : 정보처리 및 기타 컴퓨터 운영 관련업(72)

– 컴퓨터시스템 설계 및 자문업,게임 소프트웨어 제작업, 기타 소프트웨어 자문, 개발 및 공급업, 자료 처리업, 컴퓨터시설 관리업, 데이터베이스 및 온라인 정보제공업, 기타 컴퓨터 운영 관련업

귀하에게 가장 적합한 업종은 정보처리 및 기타 컴퓨터 운영 관련업(72)입니다. 다음은 제1순위 창업적합업종으로 추천된 업종에서 요구하는 역량수준과 귀하의 점수를 비교한 그래프입니다. 부족한 역량차원이 무엇인지 확인해 보시기 바랍니다.

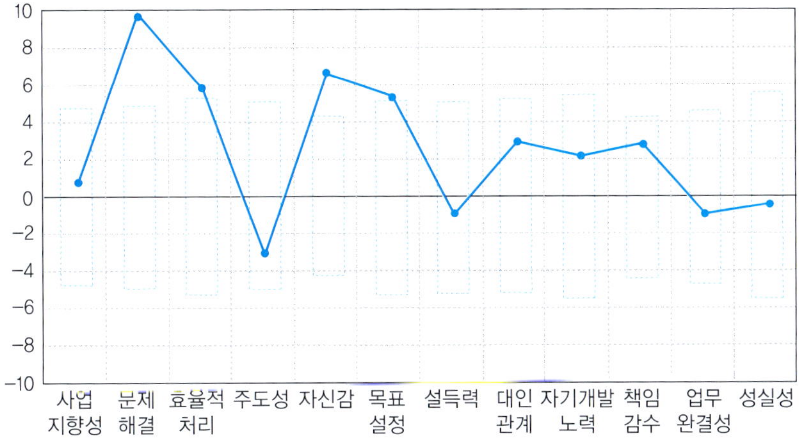

〈그래프 보는 방법〉

1. 귀하의 검사 결과는 꺾은선 그래프로 나타나 있습니다.
2. 그래프의 가운데 평균선은 추천된 업종에서 성공한 창업자들의 평균점수입니다.
3. 각 역량 차원에 표시되어 있는 막대모양은 ±1표준편차를 의미하며, 추천된 업종 창업자의 70%가 이 범위 안에 포함됨을 의미합니다.
4. 귀하의 점수가 ±1표준편차 밖에 위치한다면 매우 높거나 낮은 것으로 해석될 수 있습니다.

1순위 창업 적합 업종에 대한 결과로 가로축은 사업지향성, 문제해결, 효율적 처리, 주도성, 자신감, 목표설정, 설득력, 대인관계, 자기개발노력, 책임감수, 업무완결성, 성실성에 대한 척도를, 세로축은 -10~10까지 2단위로 점수를 나타냄

귀하는 정보처리 및 기타 컴퓨터 운영 관련업(72) 창업 시 다른 업종에 비하여 성공 가능성이 가장 높을 것으로 판정됩니다.
다음은 제1순위 업종 이외에 창업을 고려할 수 있는 2순위 및 3순위 창업적합업종입니다.

2순위 창업 적합 업종 : 출판, 인쇄 및 기록매체 복제업(22)
서적 출판업, 신문 발행업, 정기 광고간행물 발행업, 음반 및 기타 음악 기록매체 출판업, 기타 오디오 기록매체 출판업, 기타 출판업, 인쇄업, 스크린 인쇄업, 기타 인쇄업, 제

판 및 조판업, 제책업, 기타 인쇄 관련 산업, 기록매체 복제업

3순위 창업 적합 업종: 자동차 판매 및 차량연료 소매업(50)
중고 자동차 판매업, 자동차 타이어 및 튜브 판매업, 자동차 부품 및 내장품 판매업, 자동차 중고부품 및 중고내장품 판매업, 이륜자동차 및 부품 도매업, 이륜자동차 및 부품 소매업, 주유소 운영업, 차량용 가스 충전업

③ 역량 차원의 해석

창업진단검사의 12개 역량 차원에 대한 해석입니다. 결과표와 비교하여 참조하시기 바랍니다.

차원	정의	구분	특성
사업 지향성	자신이 참여할 혹은 참여하고자 하는 사업관련 분야에 호기심과 관심을 가지고 다양한 경험과 전문지식을 습득하고자 노력하는 정도에 관한 것이다.	높은 점수 특성	높은 점수를 받은 사람은 문제 접근 시 아주 다양하고 많은 정보원으로부터 필요한 정보를 얻으려 한다. 이윤과 비용을 항상 의식하며, 누가 경쟁자인지 잘 알고 새로운 사업기회를 끊임없이 추구한다. 따라서 이러한 사람들은 대개 정보통인 경우가 많다.
		낮은 점수 특성	낮은 점수를 받은 사람은 정보과부하로 인해 고생하거나, 또한 불필요한 자료를 얻느라 고생하지 않는다. 또한 새로운 아이디어를 추구할 때나 장기적인 관점에서 어떤 시도를 함에 있어서 재정과 손익에 관한 문제 때문에 제약을 받지 않는다.
문제 해결	직면한 문제에 대해 분석적 혹은 창의적 대안을 제안하는 것이다.	높은 점수 특성	높은 점수를 받은 사람은 문제의 핵심을 정확히 파악한다. 이용 가능한 정보로부터 가능한 한 최적의 결론을 이끌어 낸다. 이런 사람들은 문제를 효율적으로 진단하고 해결할 줄 아는 사람들이다.
		낮은 점수 특성	낮은 점수를 받은 사람의 장점은 문제에 대한 접근방식에 있어서 지나치게 논리적으로 생각을 하지 않고 유용한 직관을 사용할 수 있다. 또한 이른바 주위의 많은 정보를 해석하는 데 있어서 시간을 과도하게 사용해서 어떻게 행동할지 모를 정도로 분석에 매달리지 않는다.

효율적 처리	최소의 시간, 비용, 노력을 통해 최대의 수행효과를 내는 것에 관한 것이다.	높은 점수 특성	높은 점수를 받은 사람은 자신의 시간과 다른 사람의 시간을 가장 효율적으로 조직화시킬 수 있다. 그들은 일의 우선순위를 분명하게 정할 수 있으며, 목표달성을 위한 구체적인 활동들의 진행과정에 대해서 감독한다.
		낮은 점수 특성	낮은 점수를 받은 사람은 다소 자유방임주의자들이다. 그들은 자신의 활동계획을 지나치게 감독하려 하지 않으며, 시간에 얽매이지 않는다. 따라서 같이 일하는 동료들도 자신의 시간을 스스로 조직화시킬 재량을 갖게 되어 자신이 구속되어 있다는 느낌을 가지지 않는다.
주도성	독립성이 강하며 일을 스스로 적극적, 능동적으로 수행하여 완료시키려는 경향에 관한 것이다.	높은 점수 특성	높은 점수를 받은 사람은 각종 활동을 주도하고 새로운 체계와 절차를 개발하는 데에도 매우 능동적으로 참여한다. 그들은 기회를 포착하는 데 재주가 있으며, 그 기회를 발판으로 일을 추진해 나간다. 그들은 일이 일어날 때까지 수동적으로 기다리기보다는 오히려 적극적으로 리드하는 경우가 많다.
		낮은 점수 특성	낮은 점수를 받은 사람은 다소 수동적이나 모험을 감수하려는 경향이 적기 때문에 위험에 빠질 경우가 적다. 이런 사람은 의사결정의 책임을 다른 사람에게 남기는 경우가 많으므로, 일이 잘못되어 버리는 경우에도 책임을 지게 되는 경우는 거의 없다.
자신감	자신의 주관대로 일을 처리하며 성공에 대해 강한 의지를 갖고 있으며 확신하고 있는 정도에 관한 것이다.	높은 점수 특성	높은 점수를 받은 사람은 자신의 주도로 이루어지는 일은 성공할 것이라는 확신을 가지고 있다. 또한 반대에 직면해서도 자신의 입장을 견지해나간다. 이런 사람은 대개 독립적이고 자신에 의지하는 경향이 있기 때문에 다른 사람의 지지에 크게 의존하지 않는다.
		낮은 점수 특성	낮은 점수를 받은 사람은 자신의 행동과 태도에 자신이 없기 때문에 타인을 자극하려 하지 않으며, 이런 점 때문에 종종 겸손하며, 점잖은 사람으로 칭송받기도 한다.

목표 설정	과거 경험과 현재 상황를 바탕으로 미래를 위해 가장 중요한 일이 무엇인지를 선택하고 체계화하여 목표를 세우고 실천에 옮기는 것에 관한 것이다.	높은 점수 특성	높은 점수를 받은 사람은 자신의 목표를 분명하게 정의해놓고, 구체적인 행동단계들을 명시해놓은 완전한 계획을 만들어 낼 수 있다. 이런 사람들은 발생 가능한 문제들과 함정들을 미리 예상해서 대비할 수도 있다.
		낮은 점수 특성	낮은 점수를 받은 사람은 앞서서 계획을 세우는 것이 아니라 상황이 발생할 때마다 그에 맞추어서 그때그때 적응해나가는 스타일이다. 가능하면 쉽게 가려 하고 오는 상황들을 그저 받아들인다. 그러나 이러한 사람들은 변화하는 상황, 혹은 위급한 상황에서 쉽게 흔들리지 않으며 그때그때 기회를 포착하는 데는 상당한 재주가 있다.
설득력	제품, 서비스, 회사의 장점 및 회사의 목표에 대해 주장하여, 다른 사람을 설득하는 것에 관한 것이다.	높은 점수 특성	높은 점수를 받은 사람은 다른 사람들을 자기편으로 만들거나 혹은 그 사람의 의견을 수정해서 결국 자신의 의견에 동조할 수 있도록 하는 데 재주가 있다. 또한 각종 협상에서도 능력을 발휘한다. 이런 사람은 훌륭한 판매원이 될 자질이 충분하다.
		낮은 점수 특성	낮은 점수를 받은 사람은 자신의 목표를 달성하는 수단으로서 교묘한 설득을 사용하려는 경향이 비교적 적다. 그들은 종종 진실하고 겸손한 사람으로 비춰지며, 주도면밀하다기보다는 직접적이고 직선적인 사람으로 인정되는 경우가 많다.
대인 관계	타인과의 관계를 중시하며, 다양한 인간관계를 유지할 수 있는 능력에 관한 것이다.	높은 점수 특성	높은 점수를 받은 사람은 다양한 사람들과 쉽게 관계를 맺을 수 있다. 이런 사람들은 다른 사람이 편안함을 느끼게 하기 위해서 어떻게 말하고 행동해야 할 지를 잘 알고 있으며, 새로운 관계를 형성하는 데도 전혀 어려움을 느끼지 않는다.
		낮은 점수 특성	낮은 점수를 받은 사람은 대인관계적인 문제를 그냥 곧이곧대로 처리해 버리는 경향이 있어서 자칫 상대방을 화나게 만들기도 한다. 타협을 능사라고 생각하지 않기 때문에 많은 희생을 하면서 타인과의 갈등을 해결하려 하지 않는다.

구분	정의		특성
자기 개발 노력	자신의 한계를 인식하고, 현재의 성공에 만족하지 않으며 자신의 능력을 향상시키는 노력에 관한 것이다.	높은 점수 특성	높은 점수를 받은 사람은 자기 스스로의 개발요구를 확인하고, 다른 사람에게서 자신의 수행에 대한 피드백을 받고자 하며, 그 피드백에 근거해서 자신의 행동을 수정할 줄도 안다. 진보하려는 경향성이 강하며, 끊임없이 새로운 도전을 추구한다.
		낮은 점수 특성	낮은 점수를 받은 사람은 각종 개발기회를 찾으려고 그다지 노력하지 않는다. 자신이 지닌 현재의 역할에서 편안함을 느끼고, 자신을 계속해서 확인하고 증명시키기 위해서 노력할 필요를 느끼지 못한다. 그리고 스스로를 압력이 있는 상황 속에 밀어 넣으려 하지 않는다.
책임 감수	자신과 관련한 일들의 실패와 성공 모두가 자신의 통제와 영향력하에 있다고 믿는 것에 관한 것이다.	높은 점수 특성	높은 점수를 받은 사람은 성공, 성취 모두가 자신이 하기에 따라 달라진다고 믿고 있고, 또한 자신의 능력에 대해서 신뢰를 하고, 업무처리 시에 타인의 영향을 별로 받지 않는다
		낮은 점수 특성	낮은 점수를 받은 사람은 자신이 모든 것을 처리할 수 있다는 과도한 생각을 가지고 있지 않으며, 상황이 어려운 경우에는 현실적으로 생각을 할 수 있다. 또한 타인으로부터의 도움이 제공되는 상황에서 도움을 쉽게 받아들인다.
업무 완결성	어려움이 있어도 포기하지 않고 업무를 완수하기 위해 밀고 나가는 것에 관한 것이다.	높은 점수 특성	높은 점수를 받은 사람은 일을 견실하게 진행시키며, 항상 완결이 된 상태인지 아닌지에 관심을 가지며, 중심적인 목표가 달성되었는지에 관해서 관심을 집중한다.
		낮은 점수 특성	낮은 점수를 받은 사람은 절대 무리수를 두지 않고 매사를 순리대로 풀어가려는 경향이 있다. 따라서 너무 무리한 요구를 하는 사람이 될 가능성은 별로 없다.
성실성	부지런히 생활을 유지하고, 자신의 일을 꾸준히 하는 것에 관한 것이다.	높은 점수 특성	높은 점수를 받은 사람은 쉽게 낙담하지 않으며, 어려움 속에서도 꾀를 부리지 않고 자신의 과업을 지속시켜 나간다. 그리고 업무처리 시에 절차에 따라서 처리하며, 각종 어려운 상황하에서도 요령을 부리지 않는다. 또한 결과 못지않게 과정을 중시한다.
		낮은 점수 특성	낮은 점수를 받은 사람은 업무처리 시에 정해진 절차나 순서에 얽매이지 않고, 주어진 상황을 해결하는 데 있어서 융통성 있게 대응할 수 있다.

Practice 4-1 국내외 성공 창업자의 가치 및 역량 차이점 분석하기

앞서 실리콘 밸리의 벤처캐피탈의 심사기준에 따른 창업자가 갖추어야 할 7가지 역량과 관련하여, 국내외 성공한 창업자의 사례를 비교 분석하고 그들의 정신 및 행동특성을 기록하고 토론함으로써 이에 대해 보다 명확히 이해해 보자.

[국내외에서 성공한 창업자의 정신 및 행동특성 생각하기]

국외에서 성공한 기업가정신 사례 분석

Honesty (정직성)	Achievement (목적지향성)	
Energy (추진력)	Intelligence (지성)	Knowledge (지식)
Leadership(지도력)	Creativity(창의성)	

국내에서 성공한 기업가정신 사례 분석

Honesty (정직성)	Achievement (목적지향성)	
Energy (추진력)	Intelligence (지성)	Knowledge (지식)
Leadership(지도력)	Creativity(창의성)	

※ 팀 토론을 통해 국내외에서 성공한 창업자의 정신 및 행동특성 간의 공통점과 차이점을 찾아보고 차이점의 경우 그 이유에 대한 각자의 생각을 토론한다.

공통점	차이점
•	•
•	•
•	•
•	•
•	•

(시사점)

Practice 4-2 창업적성검사 및 상호 비교하기

워크넷 창업적성검사(www.work.go.kr 참조)를 통해 개인별로 나의 창업적성을 찾아보고, 팀 토론을 통해 창업에 있어서 상호간의 장단점 등 차이를 이해해 보자.

진단영역	개인별 검사 결과	시사점(상호 장단점 차이 비교)
① 창업적합성 진단 결과		
② 창업업종 진단 결과		
③ 창업진단검사의 12개 역량진단 결과		

Practice 4-3 창업자로서 경력 설계하기

아래의 4단계 경력탐색 프로세스에 따라 창업자로서 자신의 경력을 설계해 보자.

Step 1	Step 2	Step 3	Step 4
• 나는 누구인가? • 나의 관심사, 기술(skill), 가치들은 무엇인가? • 나의 성격은 어떠한가?	• 나는 무엇을 하기를 원하는 가? • 나는 무엇을 잘할 수 있는가?	• 실행할 의지가 가장 강한 것은 무엇인가? • 내가 잘 하는 것들을 실행하는 방법은 무엇인가?	• 나의 목표를 이루기 위한 계획은 무엇인가?
〈내가 생각하는 나의 모습〉	〈하고 싶은 것〉	〈실행할 의지가 가장 강한 것〉	〈나의 목표〉
〈나의 지인이 생각하는 나의 모습〉	〈잘할 수 있는 것〉	〈실행 아이디어〉	〈목표 달성계획〉 – 언제(When) – 무엇을(Who) – 어떻게(How)

창업팀 구성, 보물찾기 팀을 만들어라

CHAPTER 5

창업자가 자신의 가치, 성향과 역량에 대한 분석을 마치고 창업방향에 대한 주관과 철학을 정립하였으면, 이제 이를 바탕으로 자신에게 맞는 창업팀을 찾을 준비가 되었다. 창업준비를 위해 필요한 자원은 크게 자금, 기술, 인력으로 나누어 볼 수 있다. 이 중에서 자금은 처음부터 창업자 마음대로 쉽게 조달하기 어려우며 기술은 결국 사람의 머리에서 나온다고 보았을 때 가장 먼저 갖출 수 있는 것은 인력일 것이다. 인력 중에서도 창업자 자신의 역량을 제외하고 나면 가장 먼저 준비할 수 있는 것이 창업팀이다.

창업전문가 사이에서는 창업팀과 아이템의 준비 우선순위를 두고 창업팀을 먼저 준비해야 한다는 의견과 아이템을 먼저 준비해야 한다는 의견이 나뉜다. 아이템을 먼저 준비해야 한다는 의견은 창업자가 먼저 아이템을 구상하여 프로토타입을 먼저 만들어야 이를 개발하고 마케팅하기에 적합한 팀을 보다 명확하게 구성할 수 있다는 생각이다. 반면, 창업팀을 먼저 준비해야 한다는 의견은 믿을 만한 공동창업자와 창업팀을 먼저 구성해야 집단지성을 활용해 보다 차별화된 아이템의 구상을 할 수 있기 때문이라고 주장한다.

필자가 보기에는 이는 닭이 먼저냐 달걀이 먼저냐의 차이와 같아서 반드시 한쪽이 먼저라고 확정지을 수는 없다고 생각된다. 하지만 만약 창업자와 추구하는 방향 및 가치가 같고 서로 보완할 수 있는 팀원들을 찾을 수 있다면 팀 구성을 먼저 하는 것이 좋다고 생각한다. 아이템 개발보다 팀 구성을 먼저 한다는 것은 창의적 아이디어를 모아 차별적인 아이템 개발이 가능한 핵심인력들로 팀을 구성해야 한다는 것을 의미한다. 예비창업단계에서는 너무 무리해서 많은 팀원들을 찾을 필요는 없다. 최소한의 필요인력을 찾고 점차 창업 준비를 구체화하는 과정에서 필요한 인력을 추가로 충원하는 방식으로 진행하는 것이 바람직하다.

1. 소수정예의 팀원을 확보하라

앞서 설명했듯이 창업성공으로 가는 길은 쉽지 않고 분명한 가치와 목표 없이는 지루한 일상의 반복이 되기 쉽다. 창업자와 창업팀은 자신의 인생의 많은 부분을 함께 보내게 되므로 팀원 각자의 전문성이 있어야 하고 서로 시너지가 나도록 조직하는 것이 필요하다. 기술창업, 아이디어창업, 플랫폼창업 모두 초기 단계에서는 기술개발이나 아이디어 구상에 초점이 맞춰져 있으므로 개발자들이나 아이디어를 모을 수 있는 소수정예의 핵심인력들만으로 구성하는 것이 중요하다. 벤처 창업의 상당수가 현재 모바일 환경을 중심으로 이루어지고 있으며, 창업가 자신을 포함하여 3~5명 정도로 팀을 구성하여 시작하는 경우가 대부분이다.

창업팀 멤버를 결정하는 2가지 기준은 앞서 창업자 자신에 대한 분석과 동일하다. 가치가 맞아야 하며 역량에 있어 전문성이 상호 보완이 되어야 한다. 만약 이 부분의 첫 단추가 제대로 들어맞지 않으면 창업을 시작하기도 전에 이미 패배가 결정되어 버린다고 봐도 무방하다. 창업팀이 일단 결성되면 소위 말하는 원년 멤버들이 결성이 되어 팀워크를 이루게 된다. 함께 생활하는 시간이 많을 텐데 만약 서로 가치와 추구하는 이상이 다르면 갈등이 수시로 일어나며 도저히 같이 할 수가 없게 될 것이다.

전문성이 없는 사람으로 팀을 구성하는 것도 문제이다. 그런데 그보다 더 큰 문제는 초창기 팀 구성 시에는 전문성의 여부를 판단하기 쉽지 않다는 점이다. 컴퓨터 전공자라고 반드시 코딩을 잘하는 것도 아니며 MBA를 나왔다고 해서 반드시 SNS마케팅을 잘하는 것도 아니다. 서로 모르는 분야일 경우 상대의 전공을 보고 자신감 있는 생각과 행동에 믿고 팀 구성을 하게 되는데 막상 같이 일하다 보면 처음 생각과는 달리 전문성이 없는 것으로 밝혀지는 경우도 많다. 문제는 서로 친한 친구관계로서 이미 공동 창업하여 지분까지 배분해 버렸을 경우이다.

이 창업조직의 미래가 어떻게 될지는 불 보듯 훤하다. 거의 대부분의 경우 CTO와 CMO는 자신보다 뛰어난 인력보다는 자신보다 못한 인력을 채용하는 경우가 많다. 따라서 이 조직은 점차 하향 평준화될 가능성이 높다. 이와 같은 일을 방지하기 위해서는 초기 팀 구성을 급하게 해서는 안 되며 가능한 서로 충분한 시간을 교류하면서 상호 가치와 전문성을 검증할 수 있는 시간을 갖는 것이 좋다. 빠르게 팀 구성이 되는 것 자체가 나쁘지는 않지만, 잘 맞지 않고 전문성이 없는 팀원이 빠르게 합류하였다가 낙오되는 것보다는 조금 늦더라도 서로의 궁합과 전문성이 상호보완되는지를 확인하는 것이 현명하다.

창업팀을 만든다는 것은 단순히 같은 일을 할 사람들을 모은다는 의미 이상이다. 미래를 위해 현재 각자의 인생에서 중요한 부분을 바쳐서 희생하는 것이 필요하다. 다시 말해, 창업팀의 대표가 된다는 것은 다른 사람의 인생까지도 일정 부분 책임을 지게 된다는 것을 의미한다. 위험부담을 안고 출발하는 창업인 만큼 팀 구성 자체가 필요한 지, 창업에 있어 팀 구성 시 어떠한 장단점이 있는지 충분히 검토해 보아야 한다. 이를 기준으로 팀원을 확보하고 만약 현재의 상태에서 팀 구성의 강점이 보이지 않는다면 힘들더라도 당분간 1인 기업으로 계속 남아 있는 것이 차라리 현명하다.

이러한 측면에서 창업팀을 구성하기 전에 창업팀의 필요성을 점검하는 것이 중요하며, 이를 위해 창업팀 구성의 장단점을 먼저 생각해볼 필요가 있다.

[창업팀 구성으로 인한 장점]

- 창업자 개인 능력의 한계를 넘는 일에 대해 도움을 받을 수 있다.
- 가치공유와 업무분담이 잘되어 있다면 많은 일을 동시에 처리할 수 있다.
- 혼자 모든 것을 결정하는 외로움과 스트레스 부담을 줄일 수 있다.
- 공동창업의 경우 초기 비용부담을 줄일 수 있다.
- 비즈니스를 넘어 창업팀 구성원들이 서로의 인생에 중요한 동반자가 될 수 있다.
- 팀 구성이 조화롭게 이루어질 경우 투자 유치에 유리하다.
- 다양한 관점을 수렴한 창의적 발상이 가능하다.

[창업팀 구성으로 인한 단점]

- 전문성과 재능이 부족한 공동창업자 및 팀원으로 인해 문제가 발생할 수 있다.
- 서로 가치관이나 성향이 같지 않아 일정부분 충돌이 일어나는 것은 피하기 어렵다.
- 서로 의견의 불일치로 인해 의사결정이 지연될 수 있다.
- 창업 팀원들과의 수익배분으로 인해 개인의 이익규모가 작아진다.
- 팀원 간 갈등이 증폭되어 관계가 깨질 경우 사업진행 자체가 중단될 수도 있다.
- 사업진행이 원활하지 않을 경우 팀원에 대한 창업자의 부담이 커진다.

이상의 장점과 단점을 생각할 때 장점의 이면에는 단점이, 단점의 이면에는 장점이 있다는 사실을 알아야 한다. 특히, 단점의 경우 서로 가치관과 성향이 일정부분 다르고 의견 불일치가 발생하는 것은 서로 다른 관점에서 의견을 개진할 수 있어 아이디어가 다양해지고 풍성해진다는 것을 의미한다(중요한 가치나 지향점 자체에 충돌이 있는 경우는 제외). 창업 팀원들과 수익을 나누는 것은 위험부담도 나누는 것을 의미한다. 서로 갈등이 증폭되어 관계가 나빠지더라도 관계를 잘 회복할 수 있다면 비온 뒤에 땅이 굳는 것처럼 서로 이해의 폭이 넓어져 시너지가 더 높아질 수도 있다.

이러한 창업팀의 장점과 단점을 치밀하게 생각한 다음에도 현재 생각하는 팀원 후보들과 시너지를 내기가 어렵다면 차라리 내가 직접 개발하거나 비즈니스를 처음부터 다시 생각하는 것을 차선책으로 생각해 보아야 한다. 창업팀의 성과를 위해 앞서 말했듯이 좋은 팀원이 확보될 때까지 기다리는 것이 현명하며 최소한의 것은 창업가 자신이 1인 기업으로서 스스로 해낼 수 있어야 하기 때문이다. 비즈니스의 핵심 전략을 수립하고 비즈니스 모델을 구상하는 일은 창업자가 스스로의 힘으로 생각해야 한다. 아이템에 대해 가설을 수립하고 실험하고 검증하는 일은 팀원이 확보되기까지는 가능한 스스로 지속해야 한다.

일정기간이 지났는데도 팀원이 확보되지 않아 비즈니스에 차질이 생긴다면 모집방법에 문제가 있거나 창업자 자신의 문제가 아닌지 점검해 보아야 한다. 대부분 창업팀 구성이 필수적인데, 팀이 구성되지 않을 경우 외부의 조언을 받거나 만약의 경우 창업 자체를 다시 한번 생각해 보아야 한다.

이렇게 창업팀 장점과 단점을 검토함으로써 창업팀 구성의 필요성을 확인했다면 앞서 설명한 창업팀 구성원을 결정의 2가지 기준(창업자와 가치가 적합한가, 역량은 상호보완이 되는가)에 따라 한 명, 두 명씩 차분히 검토를 시작해야 한다. 한 가지 기준을 추가하자면 창업자와의 성향과 라이프스타일상의 궁합노 어느 정도는 맞는 것이 좋다.

이상의 창업팀 구성의 3가지 기준에 대한 보다 상세한 내용을 설명하겠다.

① 기준 1: 가치와 비전의 공감대가 이루어지는 사람을 팀원으로 확보하라

창업팀의 가치와 비전이 한 방향으로 정렬이 되어 있어야 상호 간의 갈등을 미연에 방지하고 시너지 창출이 가능하다. '사공이 많으면 배가 산으로 간다'는 것은 같은 곳을 바라보지 않고 서로 다른 쪽으로 가자고 주장할 때 생기는 일이다.

따라서 창업팀을 구성할 때부터 서로의 가치가 맞는지를 확인해 봐야 한다. 이를 위해서는 왜 창업을 하려는 것인지, 창업을 통해 무엇을 달성하고 싶은지, 창업을 통해 얻은 성과를 어떻게 나누고 싶은지를 이야기하고 서로의 가치관과 비전이 얼마나 다른지를 점검해야 한다. 존경하는 사람이 누구인지, 평상시에 롤모델로 생각하는 사람은 누구인지를 물어보는 것은 좋은 방법이다. 각자가 꿈꾸는 미래와 은퇴 후 하고 싶은 것을 확인하는 것도 좋다. 보다 구체적으로는 어디에 돈과 시간을 쓰는지를 파악할 수 있으면 상대의 가치를 아는 데 도움이 될 것이다.

서로 생각하는 비전에는 차이가 있을 수 있다. 한 명은 비전을 통해 사회적 기여에 관심이 있을 수 있고 다른 한 명은 행복한 직장을 만들기 원할 수 있다. 이 경우 서로의 비전이 모여서 더 큰 비전을 만들 수 있느냐를 확인하면 된다. 하지만 서로의 가치관이 달라 양립이 불가능한 경우가 있다. 한 사람은 '탁월성을 추구'하여 최고로 질 좋은 솔루션을 개발하는 것을 원하는데 다른 한 사람은 '조화와 균형'을 중시하여 일만 열심히 하기보다는 개인의 사생활이 행복해야 일도 만족할 수 있다는 생각을 가지고 있다. 이 경우 서로 논의해서 접점을 찾기 어려울 수 있다.

가치가 다르면 처음에는 많지 않던 의견충돌이 늘어나는 것이 당연지사다. 이 때문에 갈등이 증폭되어 관계가 깨지고 사업이 중단될 수도 있다. 서로 사업적 가치가 맞지 않는다고 판단되었는데, 친한 친구라고 소개를 받았다는 이유로 계속 함께 가려는 것은 한 치 앞을 내다보지 못하는 것이다. 가치와 비전이 같아야 어려움이 닥쳤을 때 한 방향을 바라보며 서로를 의지하고 힘을 합쳐 난관을 이겨낼 수 있다는 사실을 기억하여야 한다.

② 기준 2: 전문성과 역량이 보완되는 사람을 팀원으로 확보하라

서로의 가치관이 같다고 해서 덥석 함께 일할 수 있는 것은 아니다. 서로의 역할이 상호 보완적이어야 하며, 각각의 역할을 수행하는 데 있어 충분한 전문성이 뒷받침되어야 한다. 창업팀의 팀원들은 창업자가 가지고 있지 않은 능력이 있을 때 시너지가 날 수 있다.

예를 들어, S/W 창업을 한다고 하면 최소한 내가 비즈니스 모델을 구상하고 기획하는 능력에 자신이 있지만 실제 프로그래밍을 하거나 디자인을 하는 데 있어서는 초보적인 수준일 수 있다. 이 경우 창업팀원은 프로그래머와 디자이너가 각각 필요할 것이다. 이때 주의할 점은 창업자가 초보적인 수준이라도 프로그래밍과 디자인에 대한 지식이 필요하다. 그래야 팀원이 만들어 놓은 결과물이 좋은지 아닌지 판단을 하고 서로 신뢰하면서 일을 진행할 수 있기 때문이다. 아무것도 모르면서 일을 분배했다가 나중에 외부에서 개발한 솔루션의 수준이 높지 않다고 판명되면 신뢰가 깨지는 것은 당연지사이다.

신뢰라는 것은 반드시 인간적인 측면에서 가치관이 같아 서로 간에 믿을 수 있다는 것만을 의미하는 것이 아니다. 서로의 전문성에 대해 믿을 수가 있고 각자가 자신에게 주어진 역할을 다했을 때 쌓여가는 것이다. 내게 주어진 일을 일정수준 이상의 품질로 해낼 수 있는 능력이 되지 않는 다면 전체 조직에 피해를 입히게 된다. 말뿐인 신뢰, 관계 측면의 신뢰만으로는 부족하다는 사실을 기억해야 한다.

서로 친한 관계로 가치가 맞아 창업 팀을 시작했는데, 팀원의 능력이 충분하지 않을 경우 창업팀은 점차 곤란한 일에 접하게 될것이다. 일은 제때 이루어지지 않는데 반해, CTO는 쓸데없는 경계심에 자신의 부하직원은 자기보다 못한 수준의 인력들로만 구성하여 외부에서 수준 이하로 평가받는 문제가 발생한다. 이로 인해 서로 갈등이 생겨도 CTO가 많은 지분을 가지고 있어 새롭게 능력이 있는 외부 인력을 수혈받지 못하는 경우가 생길 수 있다.

③ 기준 3: 창업자와 성향 및 라이프스타일이 맞는 사람을 팀원으로 확보하라

결혼할 때 서로 성향과 라이프스타일이 다른 부부들은 서로 충돌이 일어나며 각자가 고생하며 살 수밖에 없다. 이 경우 서로를 이해하고 맞춰가는 데 오랜 시간이 걸린다. 심지어는 이 때문에 서로 이혼하는 일도 생긴다. 먹는 음식이 다르고 일하는 스타일과 선호하는 업무환경이 다른 사람끼리 만나는 것은 이러한 부부의 경우랑 다를 바가 없다. 문제는 결혼하기 전에 상대방의 성향이나 라이프스타일을 알 수 없는 것처럼 창업팀도 마찬가지이다. 따라서 창업팀을 구성하기 전에 가치와 업무 능력뿐 아니라 서로 간 취미, 그동안의 생활 패턴이 어떠한지 많은 이야기를 나눌 필요가 있다. 새벽형 인간인지 올빼미형인지, 좋아하는 음식은 무엇인지 알기 위해서 자주 만나 서로 같이 일해볼 필요가 있다.

창업을 한다는 것은 일정기간 동안은 거의 24시간을 생각과 행동을 함께하는 일도 발생할 수 있다. 창업자가 포용력과 융통성이 있다면 어느 정도의 차이는 수용할 수 있겠지만 상대가 나를 수용할 수 있는가도 파악할 필요가 있다. 많은 스타트업들이 동기나 선후배 관계에서 시작되는 이유는 이러한 점 때문이다. 오랫동안 봐왔으므로 서로의 가치관 뿐 아니라 생활 습관도 이해하고 있어 함께 생활하는 데 부담감이 적은 것이다. 다만, 만약 가치관과 업무능력이 서로 잘 맞다면 웬만하면 생활습관의 차이는 서로 수용하고 가는 방향으로 노력하는 것이 좋다.

이처럼 소수정예의 팀을 구성하기 위해서 3가지 기준으로 함께 일할 수 있는지를 심사숙고 해봐야 한다. 이러한 측면에서 팀 구성의 부정적인 면을 본의 아니게 강조한 것 같은데, 창업팀을 잘 구성할 경우 앞서 이야기한 수많은 팀 구성의 장점을 누릴 수 있다는 점을 기억해야 한다. 서로 잘 안 맞는 것으로 판단되는데, 억지로 한 배에 태우려 하면 안 된다는 점은 분명히 해야 한다. 초기 창업에 있어서는 아이템과 비즈니스 모델을 구상하고 이에 따른 시제품 개발에 주력하게 된다. 이때는 마케터나 기획자가 많이 필요하지 않다. 제품이 완성된 단계에서 필요한 인력을 미리부터 뽑아 부담을 늘리는 우를 범하지 말아야 한다.

창업 초기 단계에서는 소수정예의 단단한 팀을 구성하는 것이 목표라는 점을 기억하자. 세상에 혼자서 성공한 사람이 없다. 내가 지금까지 이만큼 성장하는 데 누군가의 도움을 받았던 것처럼 창업팀을 구성해서 서로 길을 끌어주고, 좋은 조언을 해주며 역할모델이 되어 함께 갈 수 있는 사람들이 내 옆에 있는 것 자체가 매우 행복한 일이다. 제대로 구성된 소수정예 팀이라면 서로 시너지가 날 것이고 갈등으로 인해 생기는 고민은 많이 하지 않아도 될 것이다.

또 하나, 아무리 맘에 드는 팀원이라도 한 배에 올라타기 전에 지분의 배분과 관련해서는 다음과 같은 사항들을 기억하고 명확하게 처리하는 것이 필요하다.

[창업 팀원과의 지분배분을 위해 알아야 할 것]

1. 지분배분은 투자한 금액에 따라 나눈다

지분배분에 있어 정답은 없지만 원칙은 있어야 한다. 처음부터 나중에 커질 때를 대비하여 미리 분명한 가이드라인을 정해 놓는 것이 서로에게 좋다. 초기에 참여하는 멤버들은 서로 투자할 수 있는 시간과 돈이 각각 다른 경우가 많다. 이때 지분은 참여한 만큼, 투자한 만큼 수익을 가져갈 수 있도록 미리 합의해야 한다. 그렇지 않고 서로 친하다는 이유로 동등하게 지분을 정해버리면 초창기에는 문제가 없을지 몰라도 기업이 커지면서 이 때문에 발목을 잡히게 될 수 있다. 연봉 대신 스톡옵션을 주든 새로운 멤버가 들어오든 간에 기여한 금액만큼 나누어야 형평성에 문제가 생기지 않는다.

2. 창업자는 70% 이상의 지분을 확보해야 한다

사업에 가장 많은 시간과 돈을 들여 참여하는 사람은 창업가 자신이므로 지분도 가장 높게 책정해야 한다. 처음에는 창업자가 최소 70% 이상의 지분을 가지고 시작하는 것이 좋다. 처음에 의사결정권을 확보하기 위해 50%만 확보하는 것은 단기적인 생각이다. 창업팀이 기업이 성장하면서 새로운 인력은 충원하기 마련이고 이에 따라 지분을 나눠주다 보면 창업자의 지분은 낮아지게 마련이다. 투자자는 창업자를 보고 해당 기업에 투자한다. 그런데 창업자의 지분이 너무 낮아서 창업기업의 소유권이 흔들리고 있다면 해당 기업에 대해 안정성이 낮다고 보고 투자를 꺼리게 된다. 진정한 공동창업자라면 정말 서로의 마음이 잘 맞고 나중에 지분이 낮아질 때도 한마음으로 움직일 수 있어야 한다.

3. 지분배분은 언제하는 것이 적기인가?

지분배분은 시제품 등 최초 솔루션이 구체화되어 시장에서 평가받을 때 하는 것이 좋다. 소위 고객의 피드백을 받아 최소한의 기능(features)을 구현한 제품인 MVP(minimum viable product)를 만들어 보면 각자의 실력과 기여도가 나오게 된다. 이를 기준으로 지분을 배분하게 되면 서로 불만도 없고 참여도가 낮은 인력이 많은 지분을 차지하는 일도 없게 된다.

4. 지분배분 결과는 계약서에 기록을 남겨라

중간에 그만두고 나가는 경우 어떻게 할 것인지 미리 계약서에 기록해 두지 않으면 서로 헤어질 때 얼굴 붉히는 일이 생길 수 있다. 평생 같이 일을 하면 좋지만 상황이 변해서 같이 일하지 못하는 경우는 언제든지 생길 수 있다. 이때 계약서가 없으면 처음에 분배하기로 한 내용이 명확하게 기억나지 않거나 오해가 생겨 좋지 못한 결과를 낳을 수 있다. 중간에 그만두더라도 더 이상 안볼 것이 아니고 다시 일하는 경우도 많기 때문에 계약서에 의거해서 처리하는 것은 쓸데없는 오해를 막아준다는 점에서 유용하다는 점을 기억해야 한다.

2. 나에게 맞는 팀원을 어떻게 찾을 것인가

실제로 팀원을 잘 찾을 수 있느냐의 관건은 창업자의 네트워킹에 달려 있다. 우리나라 대학생 창업팀 구성의 문제는 경진대회를 앞두고 급조된 팀이 많다는 것이다. 창업하기 전에 같이 블로그를 운영하거나 단체를 운영하면서 공감대를 형성하고 서로 네트워킹을 할 수 있는 기회를 찾아 충분한 교류를 하면서 나에게 맞는 팀원을 찾는 것이 필요하다.

팀원 확보를 위해 가장 편하고 빠른 방법은 주위에서 아는 사람을 위주로 찾는 것이다. 이미 알고 있는 사람과의 창업은 검증하는 시간을 줄이고 갈등의 폭도 줄일 수 있다는 것을 뜻한다. 평상시에 인간관계가 넓고 친하게 지낸 사람들이 많다면 선택의 폭이 넓을 수밖에 없다.

하지만 반드시 인간적으로 친한 것이 좋은 것만은 아니다. 앞서 설명한 것처럼 전문성이 검증 안 된 채 친분에 의해서 형성된 팀워크는 시간이 지나면서 부담으로 작용할 수 있다. 또한 같이 논의하는 사업 아이템을 중심으로 냉정하게 평가를 하기 위해서는 너무 친한 것이 불편할 수 있다.

이러한 측면에서 소셜네트워크를 활용하는 것도 좋은 방법이다. 페이스북, 네이버밴드, 카카오스토리 등 다양한 SNS 툴을 활용하면 서로에 대해 파악하기도 쉽고 공감대를 형성할 수 있는 부분들도 찾기 어렵지 않다. 오프라인에서 깊숙이 서로를 아는 시간도 필요하지만 온라인에서 활동을 활발하게 한다면 팀원을 찾기 위한 사전 검증이 되며 친분은 적지만 전문성이 있는 사람을 찾는 데도 도움이 많이 된다. 온라인상에는 창업과 관련된 모임이 많기 때문에 이런 모임에 가입하여 네트워킹의 폭을 넓혀가는 것이 도움이 된다.

보다 직접적으로 팀원을 찾기 위해서는 스타트업과 관련된 네트워크와 모임에 가입하는 것이 좋다. 정부에서 지원하는 모임도 많고 각종 창업센터에서 자체적으로 개설한 창업 팀들도 많이 있다. 헤커톤이나 각종 엑셀러레이팅 프로그램에서는 창업에 대해 고민하고 열정이 있는 사람들이 모이기 때문에 서로 맞는지 직접적으로 묻고 공감대를 형성하기에 편하다.

내가 다른 창업팀에 파트타임으로 일하거나 파트타임을 쓰면서 서로를 알아가는 것도 방법이다. 특히, 서로에 대해 잘 모를 경우 처음부터 지분배분을 하고 시작하기보다는 실제 업무를 공유하면서 서로를 알아가는 것이 지혜일 것이다. 일부분의 업무를 공유하는 것으로 출발하다가 서로에 대한 확신이 들고 투자가 유치된다면 보다 본격적으로 팀 구성에 나설 수도 있다.

3. 팀 빌딩의 시너지를 구축하라

나에게 맞고 창업성공을 위해 필요한 팀원을 확보했다면 지금부터 할 일은 서로 시너지가 나도록 하는 일이다. 베이트먼(Arnold Bateman)은 팀 빌딩은 하나의 팀이 서로 함께 일하는 과정을 배워나가는 과정이며, 팀원들이 좀 더 큰 기여를 할 수 있도록 격려하고 가치가 창출되는 환경을 만들기 위해 노력하는 것이라고 하였다. 어떻게 보면 아이템을 개발하고 수익을 창출하는 것 이상으로 쉽지 않은 일이 될 수 있으나 그 과정 자체를 즐기고 의미를 찾을 수 있기에 보람이 되는 일이기도 하다.

팀 빌딩에 있어 먼저 생각해야 할 것은 투명하면서도 적절한 역할배분이다. 사실 역할배분을 한다는 것은 매우 예술적 행위이기도 하다. 창업팀은 일반 기업과 달라서 빠른 시간 내에 시장이 원하는 제품이나 서비스를 출시할 수 있도록 전력투구를 다해야 한다. 이에 따라 업무를 무 자르듯 나누고 자신의 것만 한다는 것은 바람직 하지 않다는 것을 뜻한다. 하지만 자원의 효율적인 측면에서 팀원 간에 업무의 중복이 없어야 하며 서로 보완할 수 있도록 일의 배분이 이루어져야 한다.

이에 대한 창업자의 역할이 매우 중요하다. 자원이 절대적으로 부족한 창업팀에서 업무의 비효율은 자원낭비를 의미하고, 시행착오가 여러 번 반복될 것인데, 없는 자원에 자원낭비까지 심하다면 창업팀은 오래지 않아 지칠 수 있다. 업무의 배분에는 보상의 배분이라는 것이 그림자처럼 뒤따른다. 업무로 인해 어떻게 성과가 나누어질지에 대한 부분을 생각해보아야 한다. 지분배분을 통해 많은 부분이 해결되겠지만 그러한 절차가 불공정해 보이지 않도록 합의를 이루는 것이 중요하다. 특히, 기여도 평가에 있어 투명하고 적절한 기준을 잡는 것이 좋다.

보상에는 물질적 보상뿐 아니라 일 자체가 주는 보상도 있기 때문에 서로에 대한 인정은 공개적으로, 문제점에 대한 지적은 비공개적으로 이루어 지는 것이 좋다. 서로 간의 업무관계는 수평적으로 상호 간에 개방하고 평등하게 일할 수 있는 환경을 조성해야 하지만, 의사결정에 있어서는 필요하다면 창업자가 신속하게 추진할 수 있도록 수평적이면서도 창업자의 의사결정이 존중될 수 있는 관계와 분위기를 설정해야 한다.

팀 빌딩에 있어 가장 기본적인 것은 상대방에 대한 이해와 개방적 마인드로 소통하는 것이다. 필자가 보기에 선진국에서는 팀을 구성해서 창업준비하는 문화가 잘 정착되어 있는 반면 우리나라에서는 아직까지 팀을 짜서 일하는 문화가 익숙하지 않은 부분이 많다. 상대방의 입장에서 이해해주는 역지사지(易地思之)로 경청하며, 나만 주장하려고 하지 말고 상대가 주도했을 때 내가 받쳐주는 팔로우십(followership)도 필요하다. 서로 간에 눈치 보지 않고 격론을 하는 와중에서도 개인적인 감정을 담지 않는 토론의 스킬도 팀 빌딩에 필수적이다.

창업자의 리더십이 결국에는 팀 빌딩의 핵심적인 역할을 한다. 조직의 장이 된다는 것은 많은 책임과 권한이 뒤따르는 일이다. 비전을 제시하고 효과적으로 업무를 배분하며, 내부와 외부의 이해관계자와 커뮤니케이션하는 능력은 투자를 유치하고 업무상의 문제를 해결하고 자금을 조달하는 능력에 비해 처음에는 눈에 띄지 않지만 점차 그 중요성이 드러나게 되어 있다. 투자자는 아이템 자체보다 창업자의 역량을 보고 투자하게 되어 있다. 여기에도 창업자의 소통 능력이 매우 중요한 역할을 한다.

창업자가 앞장서서 해야 될 일 중 하나는 비전을 공유하는 일일 것이다. 이는 비전선언문을 작성하고 서로 공유하는 일도 포함되지만 보다 구체적으로 매출규모와 직원수, 상품을 만드는 시기와 필요자금의 규모 및 확보방안, 퇴출전략까지 보다 구체적인 내용에 대해 함께 공감해야 한다는 것을 의미한다. 이를 위해 가장 좋은 수단은 사업계획서의 항목들을 정해 채워가며 서로의 생각을 맞춰 보는 것이다. 창업가 혼자서 사업계획서를 품고 있는 것이 아니라 정기적으로 서로 함께 사업계획서를 보면서 의견 차이를 조율해야 서로 생각의 간극이 좁혀지고 추진력이 생기게 된다.

물론, 완벽하게 생각이 일치할 수는 없고 이견이 있어도 필요하다면 창업가가 밀어붙여야 되는 때도 있다. 하지만 최대한 의견을 수렴하고 상대의 의견을 반영할수록 동기부여가 된다는 점을 기억해야 한다. 사람은 스스로 결정하고 참여한 내용에 대해 열정도 생기며 책임감을 다해 일을 하는 경향이 있다. 서로 생각하는 방향이 다르면 일일이 소통하면서 이를 극복해야 하니 이 또한 시간낭비이다. 창업의 빠른 변화를 고려해 볼 때 최소한 분기나 반기에 한 번은 사업방향에 대해 함께 커뮤니케이션하는 시간을 가져야 급작스러운 방향전환으로 서로 오해가 생기는 일이 줄어든다.

이렇게 상호 간의 비전을 공유하고 공감대를 형성함에도 불구하고 갈등이 생기는 것을 막을 수는 없다. 어떻게 보면 어느 정도의 갈등은 다양성을 형성하고 창조적 긴장을 불러일으켜 조직에 생기를 불러일으킨다. 중요한 것은 분쟁이 커져 갈등문제가 분열로 발전하기 전에 적정한 개입을 하는 것이다. 필요하다면 창업자가 직접 개입하는 것이 좋겠지만 분위기를 좋게 만들어 주는 팀원이 있다면 보다 바람직할 것이다. 팀 분쟁으로 인한 문제를 줄이기 위해서 창업자가 최대 지분을 확보하고 있어야 최악의 상황은 피할 수 있다.

창업팀의 리더는 창업기업의 CEO로 발전하게 된다. CEO는 거친 풍랑을 뚫고 목적지까지 배를 이끌고 가는 선장과 같다. 업무 수행, 자금 조달, 판로 개척 및 여러 가지 일을 추진하는 과정에서 발생하는 위기를 극복해야 하며, 그러한 능력을 기반으로 하여 팀원들이 믿고 따르는 리더가 되어야 한다. 신뢰를 얻지 못하면 창업팀은 좌초하게 된다는 사실을 기억하라.

효과적인 팀 빌딩을 위해 DISC 행동 유형 진단과 여섯 색깔 모자 기법을 활용하는 것이 도움이 된다. 이는 팀 멤버의 성향을 알고 그에 맞는 역할을 배정하거나 회의를 진행할 때 매우 유용하다. 더 정교한 다른 진단 도구들도 있으나, 인원이 많지 않은 초기 단계에서는 간단하나 효과가 강력한 도구들을 효과적으로 사용하는 것이 훨씬 더 중요하다. 아래의 팁을 참고해보자.

[참고: 팀빌딩을 위한 Tip]

1. DISC 행동 유형 진단

DISC 행동 유형 진단 도구는 AT&T, GE, IBM, 코카콜라 등 세계적인 기업에서 팀워크 강화 훈련을 위해 활용하고 있다. 이는 1928년 미국 콜롬비아대학 심리학교수인 마스톤(William Mouston Marston) 박사가 개발한 독자적인 행동 유형 모델로 사람들은 태어나서부터 성장하는 과정에서 각자 독특한 동기요인에 따라 일정한 방식으로 행동 패턴(behavior pattern)을 선택한다는 것에 착안한 것이다.

DISC에 따르면 사람의 행동 유형(성격)은 주도형(Dominance 혹은 D형), 사교형

(Influence 혹은 I형), 안정형(Steadiness 혹은 S형), 신중형(Conscientiousness 혹은 C형) 중 하나로 분류할 수 있다.

창업기업에서도 이러한 개인의 행동 유형상의 특징을 파악하고 활용함으로써 타인의 행동을 이해하고 서로 간의 차이를 확인함으로써 효과적인 상호 작용과 대인관계의 유지가 가능하며 갈등관리에 있어 효과적인 전략을 수립할 수 있다.

1) 유형별 일반특징

Dominance(주도형)	Influence(사교형)
결과를 성취하기 위해 장애를 극복함으로써 스스로 환경을 조성한다.	다른 사람을 설득하거나 영향을 미침으로써 스스로 환경을 조성한다.
• 빠르게 결과를 얻는다. • 다른 사람의 행동을 유발시킨다. • 도전을 받아들인다. • 의사결정을 빠르게 내린다. • 기존의 상태에 문제를 제기한다. • 지도력을 발휘한다. • 어려운 문제를 처리한다. • 문제를 해결한다.	• 사람들과 접촉한다. • 호의적인 인상을 준다. • 말솜씨가 있다. • 다른 사람을 동기유발시킨다. • 열정적이다. • 사람들을 즐겁게 한다. • 사람과 상황에 대해 낙관적이다. • 그룹활동을 좋아한다.
Conscientiousness(신중형)	**Steadiness(안정형)**
업무의 품질과 정확성을 높이기 위해 기존의 환경 안에서 신중하게 일한다.	과업을 수행하기 위해서 다른 사람과 협력한다.
• 중요한 지시나 기준에 관심을 둔다. • 세부사항에 신경을 쓴다. • 분석적으로 사고하고 찬반·장단점 등을 고려한다. • 외교적 수완이 있다. • 갈등에 대해 간접적 혹은 우회적으로 접근한다. • 정확성을 점검한다. • 업무수행에 대해 비평적으로 분석한다.	• 예측 가능하고 일관성 있게 일을 수행한다. • 참을성을 보인다. • 전문적인 기술을 개발한다. • 다른 사람을 돕고 지원한다. • 충성심을 보인다. • 남의 말을 잘 듣는다. • 흥분한 사람을 진정시킨다. • 안정되고, 조화로운 업무환경을 만든다.

2) 유형별 행동전략

Dominance(주도형)	Influence(사교형)
결과를 성취하기 위해 장애를 극복함으로써 스스로 환경을 조성한다.	다른 사람을 설득하거나 영향을 미침으로써 스스로 환경을 조성한다.
• 다른 사람의 도움이 필요하다는 것을 이해한다. • 실제 경험에 근거한 기술을 이용한다. • 어떤 결정을 내린 이유에 대해 먼저 말로서 표현한다. • 일하는 속도를 조절하고 여유를 갖는다.	• D나 S가 중간 선 아래에 있다면 시간관리에 신경을 쓴다. • 의사결정에서 객관성을 유지한다. • 타인을 보다 현실적으로 평가한다. • 우선순위와 마감일을 명확히 한다.
Conscientiousness(신중형)	**Steadiness(안정형)**
업무의 품질과 정확성을 높이기 위해 기존의 환경 안에서 신중하게 일한다.	과업을 수행하기 위해서 다른 사람과 협력한다.
• 주의 깊은 계획이 필요한 일을 맡는다. • 직무기술과 수행목표를 정확히 하는 일을 한다. • 업적성취만큼이나 사람들의 개인적 가치를 존중한다. • 갈등 상황에 대해 인내심을 기른다.	• 변화를 우선적으로 고려한다. • 자신의 가치를 자각한다. • 자신의 전체에 어떤 기여도를 안다. • 자신과 유사한 능력과 성실함을 보이는 사람과 일한다. • 창의적인 면을 격려한다.

2. 여섯 색깔 모자 기법(Six Thinking Hats)

'여섯 색깔 모자 기법' 은 에드워드 드 보노(Edward de Bono)에 의해 개발된 것으로 가장 단순명료하면서도 효과적으로 사고하기 위한 방법이다. 회의 시의 많은 문제는 뾰족한 아이디어가 떠오르지 않거나 반대로 난상토론이 벌어져 집중이 되지 않는 것이다.

여섯 색깔 모자기법의 최대 장점은 다양한 아이디어를 편하게 말하게 하는 브레인스토밍의 장점을 유지하면서도 참여자들이 특정한 관점을 선택함으로써 불필요한 충돌이 일어나는 것을 막고 아이디어가 일정한 방향에 집중되게 하는 효과가 있다는 것이다. 여섯 색깔 모자 각각은 모두 하나의 토론 주제를 바라보는 서로 다른 관점을 의미한다.

여섯 색깔 모자의 의미는 다음과 같다.

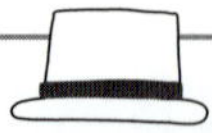

〈하얀 모자〉

중립적, 객관적인 사고, 숫자, 정보

- 우리가 가지고 있는 정보는 무엇인가?
- 우리는 어떤 정보를 필요로 하는가?
- 우리는 어떻게 필요한 정보를 얻을 것인가?

〈빨간 모자〉

예감과 직감과 같은 느낌, 노여움, 기쁨

- 이 사람이 그 일에 적합한 사람이라는 느낌이 듭니다.
- 이 일은 위험 부담이 있는 모험이라고 느껴집니다.
- 그 아이디어는 가능성이 많을 것 같은데요

〈노란 모자〉

이득, 이점, 가치 등 희망적이고 긍정적

- 그 제안의 긍정적인 가치는 무엇인가?
- 어떤 상황에서 가치가 있는가?
- 그 가치는 어떻게 구체화될 수 있으며 또 다른 유용한 가치는 없는가?

〈검은 모자〉

신중함, 경고, 잠재된 위험, 결정, 부정적

- 우리가 이렇게 행동하면 무슨 일이 생길까?
- 무엇이 잘못될 수 있을까?
- 잠재적인 문제점들은 무엇이지?

〈초록 모자〉

창조적인 아이디어, 전혀 새로운 관점의 대안

- 전혀 다른 방법으로 해볼까요?
- 새로운 대안을 찾아봅시다
- 개선방안은 무엇입니까?

〈파란 모자〉

사고과정 순서를 정하는 일, 다른 모자들의 사용 통제(self-control)

- 회의는 파란 모자가 상황을 정의하는 것으로 시작한다.
- 파란 모자는 회의방향을 설정하고 있고, 회의의 목적과 결과물을 미리 정하기도 한다.
- 회의가 진행되는 중에는 질서를 잡고 모자를 바꿔쓰자고 제안, 회의 주재자, 의장, 리더

이처럼 여섯 색깔 모자는 회의에 참석한 팀원들이 한 순간에 하나의 모자를 쓴다는 이미지를 가지고 특정 관점에 집중하게 함으로써 불필요한 충돌을 막으면서도 유연한 사고를 통해 시간을 절약할 수 있다. 이를 통해 회의 중에 지나치게 자기주장만 내세우거나 상대방을 공격하는 행위를 막을 수 있으며, 마치 게임을 진행하는 것처럼 이슈를 다양한 관점에서 논의할 수 있는 분위기를 조성한다.

〈여섯 색깔 모자 기법 수행 프로세스〉

1단계(파란 모자): 회의의 방향, 목적, 결과물과 순서를 정한다.
2단계(하얀 모자): 가지고 있는 정보를 공유하고 문제를 제시한다.
3단계(초록 모자): 문제해결을 위한 아이디어를 창출한다.
4단계(노란 모자): 각각의 아이디어로 인한 이점과 혜택을 나열한다.
5단계(검정 모자): 아이디어의 잠재적 위험과 문제점을 평가하면서 삭제항목을 정한다.
6단계 (빨간 모자): 대안에 대해 참가자들의 동의를 얻는다.
7단계 (파란 모자): 결과를 요약하고 다음 미팅을 잡는다.

이는 수행 프로세스에 대한 제시로 서로 모자의 역할분담을 하는 등 다양한 응용이 가능하다. 회의 진행자는 파란 모자만 계속 쓰고 있는 것도 방법이다. 회의 참여자 각자는 자신이 쓴 모자가 상징하는 사고만 하도록 훈련이 필요하다. 순서에 있어서 노란 모자가 흑색 모자보다 먼저 오도록 하여 긍정적이고 다양한 관점에서 아이디어를 제기한 다음, 비판적 사고로 냉정하게 평가해야 하는 것이 좋다.

창업기업에서는 이를 통해 팀원 중 어떤 사람이 어떠한 역할에 적합한지를 확인할 수 있다.

4. 창업팀 외부와의 네트워킹

전 세계 각국 중 인구 대비 창업자 수가 가장 많은 나라는 이스라엘이다. 이는 이스라엘이 가장 창업하기 좋은 환경을 가진 국가 중 하나라는 것을 의미한다. 그리고 그 비결로는 창업기업을 효과적으로 지원해주는 창업 생태계를 손꼽는다. 몇 년 전에 동아 · 베인 창조경제(DBCE)지수의 창업 인프라 분야의 평가 결과 이스라엘은 35개국 중 4위에 오른 반면, 한국은 17위로 나타났다. 한국은 창업을 돕는 행정 처리 속도 등에서 이스라엘에 앞섰지만 사업 아이디어와 투자자를 연결하는 벤처 생태계에서는 취약한 것으로 나타났다.

이스라엘의 창업자들의 상당수는 고등학교 시절부터 창업 문화를 경험하고 군대에서 첨단 기술을 배운 뒤 제대 후 마이크로소프트 등 260여 개에 달하는 글로벌 기업의 연구개발(R&D)센터에서 근무한 경력이 있었다. 이들의 창업 DNA는 창업생태계 안에서 자연스럽게 길러지는 것으로 보인다. 국가적 차원에서도 그렇지만 창업자의 역량 차원에서도 네트워킹 역량에 차이가 난다. 주한 이스라엘 대사관 산업관의 표현을 빌리면 이스라엘 창업자들의 특징으로 단순한 패기가 아닌 경험과 네트워크를 바탕으로 창업에 나서기 때문에 성공할 확률이 높다고 하였다.

이스라엘뿐만이 아니다. 실리콘밸리에서 창업을 지원하는 유누들의 레베카 황 대표는 스타트업 창업자들의 추세가 한곳에서 많은 투자를 받기보다 여러 명한테 조금씩 투자받기를 바라는 쪽으로 바뀌고 있다며, 이는 여러 명의 멘토들과 네트워킹하기 위한 것이라고 하였다.

이상의 내용은 성공적인 창업팀 구축과 함께 이를 창업팀 외부로 확장하여 외부의 멘토, 엑셀러레이터, 투자자 등 많은 창업전문가, 기관 등과의 네트워킹의 중요성을 말해주고 있다. 한마디로 창업가 자신만의 생태계를 구축하는 것이 창업성공에 매우 중요하다. 우리나라에서는 제대로 된 외부의 지원 없이 창업자와 창업팀만으로 성공하는 것은 거의 불가능하다.

예를 들어, H/W 제작과 S/W 개발의 외주를 맡기려고 해도 공급자를 잘못 만나면 돈은 돈대로 들이고 품질이 좋지 않은 결과물을 받는 일이 허다하다. 외부생태계에 대한 이해를 바탕으로 지원자를 선별하는 비판적 사고와 경험의 축적이 필요하다.

네트워킹이란 여러 종류의 일을 하는 사람과 조직을 횡적으로 연결하여 마치 그물과 같은 관계를 형성하고 활발하게 교류하는 것이다. 창업팀이 내부의 핵심파트너들이라면 외부에서 창업팀을 도울 수 있는 투자자, 정부기관, 멘토, 아웃소싱업체 등의 핵심파트너를 파악하여 이들과 관계를 맺는 것이 중요하다. 그리고 이들과의 상호협력 관계 마인드를 통해 상호 발전의 선순환 구조를 만들 수 있다면 나만의 창업생태계가 조성되는 것이다.

외부에 내게 필요한 해당 파트너가 보이면 네트워킹을 하기 전에 다음과 같은 사항들을 파악하는 것이 현명하다.

- 파트너가 가지고 있는 사업의 핵심역량은 무엇인가?
  예) 자금조달, 판로개척, 지식재산권 및 기술, 제품 또는 소프트웨어개발 능력, 공공기관과의 인맥, 다양한 온라인 네트워크 및 SNS 활용 능력, 창업 멘토링, 법/제도/세금/회계에 대한 전문성 등
- 파트너는 이 사업에 무엇을 얼마나 제공할 수 있는가?
- 파트너를 신뢰할 수 있는가?
- 내가 파트너에게 줄 수 있는 것은 무엇인가?
- 해당 파트너와 어떻게 네트워킹할 것인가?

Practice 5-1 DISC 진단을 통한 창업팀 빌딩 연습하기

최소 3~5인이 한 팀이 되어 각각의 성격 유형을 진단해보고, 그 결과에 따라 창업팀에서 어떤 역할과 임무를 수행하면 좋을지 토론해 보자.

주도형	사교형
안정형	신중형

※ 창업팀의 역할분담은 DISC 진단에서 주도형은 CEO, 사교형은 CMO, CSO, 안정형은 COO, 신중형은 CTO 및 CPO에 해당된다. DISC 진단 결과와 창업팀의 역할을 바탕으로 팀 구성을 해보고 서로 역할에 대한 적합성 여부를 토의한다.

Practice 5-2 여섯 색깔 모자 기법을 활용한 창업팀 빌딩 연습하기

최소 3~5인이 한 팀이 되어 여섯 색깔 모자 기법에 대해 이해한 후 팀원들 개개인이 6가지 역할(6가지 색깔 모자)을 최소한 한 번 이상 수행하도록 배정한다. "창업팀 구성" 또는 "창업팀 갈등 시 해결방안" 등의 회의주제를 정한 후 다음의 6색깔 모자 기법 수행 프로세스에 따라 회의를 진행한다. 회의 진행 후 팀원 개개인이 6가지 역할 중 어떤 것이 가장 적합했는지 우선순위를 평가한 후 그 이유는 무엇인지 토론해 보자.

- 1단계(파란 모자): 회의의 방향, 목적, 결과물과 순서를 정한다.
- 2단계(하얀 모자): 가지고 있는 정보를 공유하고 문제를 제시한다.
- 3단계(초록 모자): 문제해결을 위한 아이디어를 창출한다.
- 4단계(노란 모자): 각각의 아이디어로 인한 이점과 혜택을 나열한다.
- 5단계(검정 모자): 아이디어의 잠재적 위험과 문제점을 평가하면서 삭제 항목을 정한다.
- 6단계(빨간 모자): 대안에 대해 참가자들의 동의를 얻는다.
- 7단계(파란 모자): 결과를 요약하고 다음 미팅을 잡는다.

구분	팀원 1	팀원 2	팀원 3	팀원 4	팀원 5	팀원 6
파란 모자 역할 평가순위						
하얀 모자 역할 평가순위						
초록 모자 역할 평가순위						
노란 모자 역할 평가순위						
검정 모자 역할 평가순위						
빨간 모자 역할 평가순위						
파란 모자 역할 평가순위						

※ 6가지 역할(6색깔 모자) 중에서 팀원 각각의 상대적인 역할 평가순위를 참고하여 창업팀 내 팀원 각각이 기획자, 아이디어맨, 진행자, 감사자, 요약자 등 어떤 역할이 적합한지를 추천 및 배정한다.

Practice 5-3 팀 내 비전 및 가치공유 실습하기

최소 3~5인이 한 팀이 되어 각각 개인적으로 5년 후, 10년 후 달성하고 싶은 꿈, 비전을 팀 토론을 통해 나누고 해당 비전을 통해 구현하고 싶은 가치가 무엇인지 공유해 보자.

이때 자신이 삶의 원칙이 되고 소중하게 생각하는 가치 다섯 가지만을 한정한다(아래의 가치 목록을 참고하되 다른 것도 포함시킬 수 있으므로 얽매일 필요는 없음).

구분	팀원 1	팀원 2	팀원 3	팀원 4	팀원 5	팀원 6
개인별로 이루고 싶은 꿈, 비전						
개인 별 가치 (아래의 가치목록에서 다섯가지 선택)						
공통적으로 추구하는 가치						
가치 및 비전의 조화를 위한 창업팀의 사업방향						

※ 팀 내 서로 공통적으로 추구하고 있는 가치가 있는지를 확인하고 하나의 창업팀으로서 어떤 방향으로 사업을 추진하면 개인의 비전이 조화가 될 수 있는지를 토론한다.

[가치 목록]

- 풍요
- 성취
- 풍족
- 이타주의
- 자각
- 소속감
- 배려
- 동정심
- 똑똑함
- 완성
- 연결
- 통제
- 창의성
- 결단력
- 결의
- 솔직함
- 다양성
- 자기계발
- 격려
- 열정
- 전문성
- 공정함
- 매료
- 접근 가능성
- 적응력
- 공격성
- 야망
- 균형
- 용기
- 사려 깊음
- 쾌활함
- 안락함

- 전념
- 일관성
- 확신
- 진실성
- 의존성
- 헌신
- 기강
- 추진력
- 효율성
- 인내
- 탁월함
- 낭비
- 신의
- 유행
- 성과
- 모험
- 민첩함
- 즐거움
- 아름다움
- 평온함
- 명성
- 명료함
- 의무
- 자신감
- 만족감
- 협동
- 호기심
- 깊이
- 품위
- 발견
- 임무 완수
- 우아함
- 에너지

- 흥분
- 외형적인 성향
- 명예
- 두려움이 없는 마음
- 정확성
- 애정
- 경계심
- 자기주장
- 최고가 되는 것
- 우정
- 도전
- 청결
- 연민
- 일치
- 지속성
- 용기
- 대담함
- 욕망
- 성실
- 행동의 자유
- 역동성
- 공감
- 흥미
- 경험
- 윤택
- 가족
- 충실
- 재정적 독립

- 자유
- 관대
- 행복
- 정직
- 상상력
- 내향적인 성향
- 환희
- 리더십
- 충성
- 주의
- 복종
- 조직
- 완벽
- 명령
- 권력
- 준비성
- 번영
- 인정
- 종교
- 존경
- 만족
- 관능
- 우직함
- 세련
- 정성
- 타인의 동감
- 평온
- 수완
- 비전
- 지혜
- 체력

- 다정다감
- 기품
- 조화
- 존경
- 영향력
- 청렴
- 통찰력
- 정의
- 학습
- 남들과 다른 삶
- 겸손
- 열린 마음
- 창조력
- 끈기
- 쾌감
- 실용성
- 개인존중
- 꼼꼼함
- 휴양
- 복원력
- 휴식
- 안전
- 성욕
- 간소함
- 속도
- 체계화
- 팀워크
- 진실
- 변화
- 생동감
- 위트
- 유연성

- 겸소
- 감사
- 건강
- 희망
- 독립성
- 전력질주
- 친절
- 논리
- 숙달
- 동기
- 낙천주의
- 열정
- 인류애
- 인기
- 실리주의
- 미래를 내다봄
- 순수
- 휴식
- 결의
- 절제
- 극기
- 나눔
- 진실성
- 영성
- 성공
- 시기 적절
- 타인에 대한 이해
- 활력
- 부
- 젊음
- 집중

- 재미
- 성장
- 영웅심
- 유머
- 독창력
- 친밀함
- 투자
- 지식
- 사랑
- 성숙
- 미스터리
- 질서
- 평화
- 경건함
- 체력
- 정확성
- 전문성
- 현실주의
- 신뢰도
- 풍부함
- 희생
- 감수성
- 침묵
- 고독
- 자발성
- 타인의 지지
- 전통 존중
- 독특함
- 선행
- 승리
- 열의

※ 팀 내 서로 공통적으로 추구하고 있는 가치가 있는지를 확인하고 하나의 창업팀으로서 어떤 방향으로 사업을 추진하면 개인의 비전이 조화가 될 수 있는지를 토론한다.

PART

03

아이템:
창업아이템 발굴 및 검증

아이템 발굴, 어떤 보물을 찾고 있는가?

CHAPTER 6

원대한 꿈을 가지고 팀을 구성하여 창업의 여정에 들어선 창업자들에게 필요한 것은 선택과 집중의 창업전략이다.

사업을 실제로 시작해 맞닥뜨리게 되는 곳이 시장이다. 시장은 나의 꿈을 이루어줄 곳이지만 바라는 대로 꿈이 이루어지는 판타지의 세계가 아니다. 시장의 실체는 강한 기업만이 살아남는 정글이다. 경쟁기업보다 나은 가치로 소비자의 마음을 얻고 끊임없이 혁신을 거듭해야 생존을 위한 수익을 확보하고 살아남을 수 있는 전장인 것이다.

시장이라는 정글에서 살아남으려면 반드시 갖추어야 할 필수적인 무기는 차별화되고 고객화된 아이템이다. 아이템이란 고객에게 제공하는 제품 또는 서비스를 의미한다.

최선의 아이템을 찾기 위해서는 소비자가 무엇을 원하는지를 파악하고 정치, 경제, 사회, 기술 등 다양한 측면에서 기업을 둘러싼 환경이 어떻게 조성되어 있는지를 파악하여 그에 맞는 아이템을 발굴하고 선정하는 과정을 거치는 것이 좋다.

하지만 현실은 다르다. 대기업들은 전문적인 환경 분석을 하기 위해 돈,

인맥을 동원할 수 있는 투자의 능력이 충분하므로 이를 통해 다양한 아이템을 도출하고 이의 성공 가능성을 하나하나 따져볼 수 있지만, 창업기업은 이렇게 아이템을 찾기 위한 투자의 여력이 없으며 시간도 절대 부족하다. 선택과 집중의 전략이 필요한 것이다.

따라서 창업기업은 먼저 독특한 콘셉트가 들어 있는 아이템을 선정하고 이를 바탕으로 환경 분석을 시작해야 한다. 즉, 가설적으로 아이템을 도출해 놓고 기업의 외부환경 및 내부역량 분석을 통해 해당 아이템이 소비자와 사업의 이해관계자의 요구에 맞는지 확인함으로써 아이템을 최종적으로 선정하는 것이 현명하다. 이것이 시장에 있는 기존 기업들과는 달리 창업기업이 환경 분석을 하고 창업전략을 수립하기 이전에 창업아이템을 먼저 선정하는 이유이다.

그렇다면 창업기업이 자신에게 맞는 가설적인 창업아이템을 찾기 위한 가장 좋은 방법은 무엇일까? 이에 대해 딱 하나의 정답을 제시할 수는 없다. 하지만 필자는 다년간 현장에서 아이템 선정을 컨설팅 하면서 창업아이템 선정의 프로세스를 확산과 수렴의 2가지 단계로 나누었을 때 가장 효율성이 높아진다는 사실을 확인하였다. 즉, 아이템 탐색 및 발굴의 단계와 평가 및 검증의 단계로 나누어서 각각의 단계에 맞는 툴로 아이템을 찾았을 때 창업팀에게 가장 매력도가 높은 아이템을 찾을 수 있었다.

이처럼 창업아이템의 선정을 탐색과 발굴(확산) 및 평가와 검증(수렴)의 단계로 구분한 도식표를 아래 **그림 6-1**에 나타내었다.

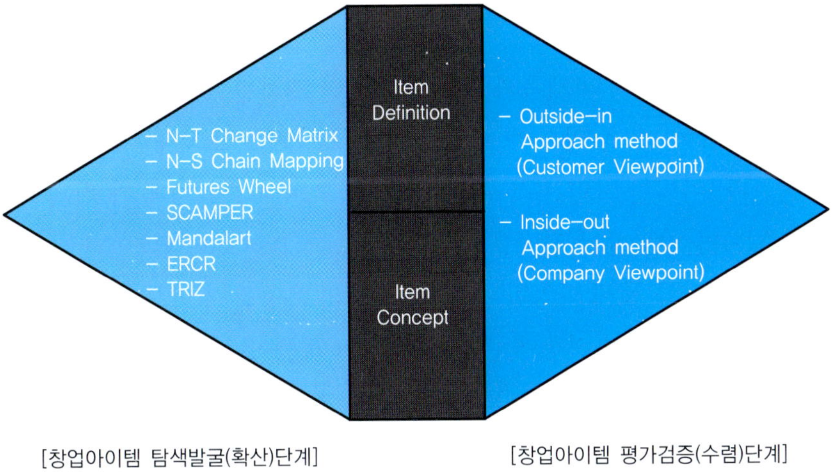

그림 6-1 창업아이템 탐색발굴 및 평가검증 도식표

1. 창업아이템의 탐색과 발굴(Ideation)의 원칙

창업아이템은 창업자나 창업팀의 생각과 욕구가 아니라 고객의 생각을 읽고 고객의 욕구를 만족시키는 제품이나 서비스를 구현하는 것이다. 창업에 실패하는 가장 큰 이유 중에 하나는 이 단순한 진리를 망각하고 고객이 만족하는 아이템이 아니라 자신이 만족하는 아이템을 개발하는 것에서 비롯된다.

문제는 창업아이템을 1차적으로 발굴하는 현재의 단계에서는 시장의 다양한 고객의 욕구를 구체적으로 조사 및 분석할 수 없다는 것이며, 그러한 조사 및 분석도 불필요하다. 현재는 고객의 욕구와 이를 충족시켜주는 아이템에 대한 가설을 찾는 것에 초점을 맞춰야 하며 시장조사 및 분석은 아이템의 후보군을 찾은 이후에 수행하는 것이 효율적이다.

이러한 고객의 욕구는 보이는 욕구와 보이지 않는 욕구의 2가지로 구분할 수 있으며, 아이템 발굴전략도 이에 따라 2가지 유형으로 나뉜다.

1) 보이는 욕구에 따른 아이템 발굴 원칙(Market-in Idea)

보이는 욕구는 고객의 제품과 서비스에 대한 조사를 통해 확인할 수 있는 명시적인 필요(needs)를 말하며, 이는 대부분 상식적으로 추론이 가능한 욕구를 말한다. 이러한 보이는 욕구를 충족시킴으로써 고객에게 가치(value)를 제공해주는 아이템 발굴 전략은 마켓인(Market-in, Derivative)전략이라고 정의된다. 이는 조사를 통해 파악할 수 있는 고객의 욕구를 기반으로 추출한 것이기 때문에 주로 이미 시장에 존재하고 있는 제품이나 서비스를 개선하거나 다른 형태로 변형하는 데 적합하다.

2) 보이지 않는 욕구에 따른 아이템 발굴 원칙(Product-Out Idea)

보이지 않는 욕구는 말그대로 고객의 제품과 서비스에 대한 조사를 통해 확인하는 것이 거의 불가능하다. 오히려 이는 다양한 고객 욕구를 찾는 것이 아니라 창업자가 숨어 있는 고객의 욕구를 일깨우기 위해서 신개념의 아이템을 먼저 개발 및 출시함으로써 시장을 주도하려는 전략에 해당한다. 엄밀히 말하면 이러한 전략도 결국에는 고객의 욕구를 만족시키는 아이템을 개발 및 출시하는 것이지만 고객은 관련 아이템이 눈앞에 드러날 때까지 스스로가 자신이 이러한 욕구가 있는지 모른다. 즉, 시장에 출시된 새로운 아이템을 접하고 나서야 이전에 몰랐던 자신의 욕구를 알게 되기 때문에 고객의 욕구가 아이템을 이끄는 것이 아니라 아이템이 고객과 고객의 욕구를 이끄는 형국으로 진행된다. 이는 주로 기존에 존재하는 기술이나 아이디어와는 차별화된 완전히 새로운 아이템을 발굴하는 전략으로 이를 프로덕트아웃(Product Out, Breakthrough)전략이라고 정의한다. 아이팟과 아이폰의 개발을 주도한 스티브 잡스나 전세계 고급 전기자동차 개발을 선도하고 있는 엘론 머스크의 전략이 이에 해당한다.

2. 창업아이템 탐색 및 발굴을 위한 도구(Tool)

멋진 아이템에 대한 발상은 어느 순간 갑자기 떠오르는 경우도 있고, 체계적으로 발굴하려는 노력에 의해 찾아지기도 한다. 독자들 중 상당수는 아마도 아이디어가 갑자기 머릿속에서 스파크를 일으키면서 '아하!' 하는 순간에 떠오르는 천재적인 발상에 의해 사업아이템이 지속적으로 발굴되었으면 좋겠다는 생각을 하고 있을 것이다. 하지만 음악이나 미술 등의 특수한 영역을 제외하고는 실제로는 체계적인 생각과 시행착오를 통해 수많은 아이디어가 결합되어 하나의 아이템이 발굴되는 것이지 순간적으로 성공적인 아이템에 대한 발상이 하늘에서 떨어져 성공하는 경우는 거의 없다고 보면 된다. 이는 레오나르도 다빈치나 에디슨을 보면 잘 알 수 있다. 천재적인 발상 뒤에는 자신만의 노트를 통해 연구 결과들을 꼼꼼히 기록해 놓거나, 수많은 실험을 통해 실패를 극복하고 성공적인 아이템을 개발해내는 노력과 끈기가 뒷받침되어져 있다.

따라서 평상시에 관심을 가지고 있는 분야에 갑자기 좋은 아이디어가 떠오르기를 기다리기보다는 다음에 제시하는 '7가지 창업아이템 탐색 및 발굴의 도구(Tool)'를 활용하여 보다 적극적이고 체계적으로 나만의 아이디어를 정리해 보기를 권장한다. 7가지 도구는 다음과 같다.

- 니즈-기술 변화 매트릭스(N-T Change Matrix)
- 니즈-시즈 체인 맵핑(N-S Chain Mapping)
- 퓨처스 휠(Futures Wheel)
- 스캠퍼(SCAMPER)
- 만다라트(Mandalart)
- 차별화 프레임워크(ERCR)
- 트리즈(TRIZ)

이러한 도구를 잘 활용하여 습관화한다면 경험과 지식이 훨씬 효과적으로 쌓이면서 좋은 아이디어들이 더 많이 더 자주 떠오르는 경험을 하게 될 것이다.

1) '니즈-기술 변화 매트릭스' 기법에 대한 이해

'해 아래 새것이 없다'는 말은 우리가 새로운 것이라고 생각하는 발명품들도 잘 살펴보면 이전에 있었던 내용들의 새로운 조합이라는 것을 뜻한다. 이를 한 발 더 낳아가 창업아이템 발굴에 적용해 보자. 아이템을 찾기 위해 아무것도 없는 데서 아무리 아이디어를 쥐어 짜내려고만 애를 써도 쉽게 아이디어가 나오지 않는다. 이보다는 유사한 아이템을 분석하여 그 장점과 단점을 생각해보고 이를 보다 낫게 만들기 위해 노력하는 것이 훨씬 아이템 발굴의 효율성과 명확성을 높이는 지름길이다. 아무것도 없는 빈 종이 위에 새로운 그림을 그리기보다는 기존에 밑그림이 있는 스케치북의 그림 위에 이를 바탕으로 보다 나은 그림을 그려 나아갈 때 개선의 효과가 명확해진다. 이러한 장점을 최대한 활용한 아이템 탐색 및 발굴 기법이 바로 '니즈-기술 변화 매트릭스(N-T Change Matrix)'이다.

본 기법의 강점은 애플의 아이폰에 대한 삼성전자의 대응을 보면 이를 쉽게 이해할 수 있다. 2009년 아이폰이 처음 국내에 출시되었을 때만 해도 삼성전자의 스마트폰인 옴니아에 대한 불만의 수위는 매우 높았다. 100만 원대의 가격에 비해 실제로 고객이 사용할 수 있는 애플리케이션의 수가 매우 적었을 뿐만 아니라 사후 업그레이드도 제대로 진행되지 못했다. 기능에 있어서도 아이폰은 고사하고 기존 피처폰이나 터치방식의 핸드폰에 비해 별반 장점이 두드러지지 못했다.

그러던 삼성전자가 갤럭시 시리즈라는 신형 스마트폰을 연달아 출시하면서 아이폰을 맹추격하게 되고 시장에서 차별화된 가치를 인정받았다. 이러한 신제품 개발 성공의 비결은 무엇일까? 삼성은 전통적으로 선도기업을 따라잡는 패스트팔로워(fast-follower)전략에 능한 기업이다. 삼성의 대표적인 개발 기법으로 리버스엔지니어링(revers-engineering)이 있는데, 이는 만들어진 시스템을 역으로 추적하여 처음의 문서나 설계기법 등의 자료를 얻어 내는 일을 말한다. 쉽게 말하면, 아이폰 등 경쟁폰을 분해하여 그 장점을 분석하고 이를 개선하여 어떻게 차별할 것인지를 고민해서 삼성전자만의 차별화된 아이템 콘셉트를 뽑아내는 것에 능하다는 것이다. 물론, 패스트팔로워(fast-follower)전략 자체는 기존과는 전혀 다른 혁신적인 제품을 만드는 데는 한계가 있을 수 있지만 창조도 기존의 것에 대한 다른 해석에서 출발한다는 점을 상기한다면 기존의 아이템을 바탕으로 새로운 가치를 빠르고 논리적으로 찾을 수 있다는 측면에서 '니즈-기술 변화 매트릭스' 기법의 강점이 있다.

'니즈–기술 변화 매트릭스' 기법은 첫째, 니즈 변화에 따른 개선방안 탐색, 둘째 기술 변화에 따른 개선방안 탐색, 셋째 니즈와 기술 변화의 교차를 통한 아이템 발굴의 3단계로 진행된다. 또한 이러한 3단계 기법을 수행하기 전에 먼저 창업하고자 하는 사업영역을 정하고 진행하여야 한다.

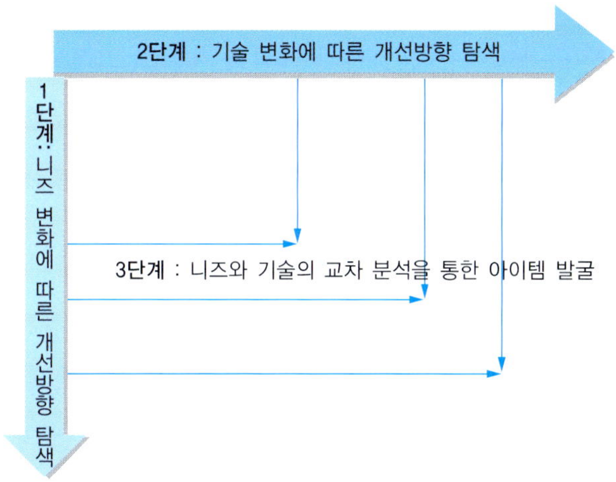

그림 6-2 '니즈–기술 변화 매드릭스' 기빕의 3단계

첫째, 니즈 변화에 따른 개선방향의 탐색을 수행한다. 이는 창업하고자 하는 사업영역에서 이미 출시되어 있는 기존 제품과 서비스를 선정하는 것에서 시작된다. 해당 제품과 서비스를 찾았으면 이의 기능, 품질, 디자인과 함께 가격 및 유통구조 등의 다양한 특성을 분석한다. 그 다음 기존 제품과 서비스의 속성 분석 후 소비자의 입장에서 사용상의 문제점(불편한 점, 불만족스러운 점 등)을 짚어내고 이에 대한 개선 방향을 도출함으로써 차별화 요소를 찾아낸다.

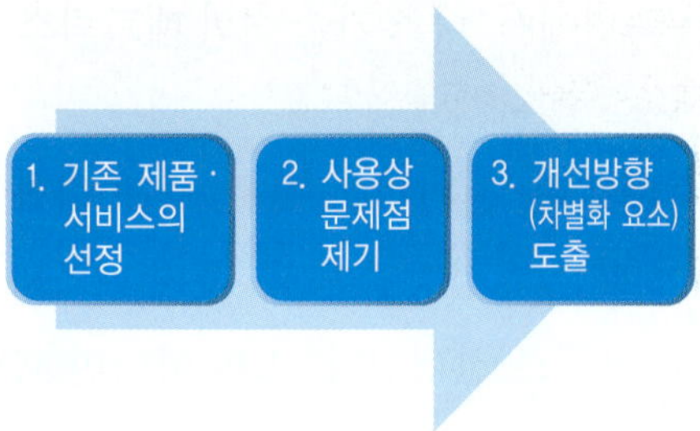

그림 6-3 '니즈 변화에 따른 개선방향 탐색'의 단계

결국 첫 번째 단계에서는 창업자가 관심을 가지고 있는 사업영역의 기존 제품 및 서비스와 차별화될 수 있는 요소를 찾기 위해 기존 제품 및 서비스의 문제점과 원인을 분석하여 이의 개선방향을 도출해 보는 것이 핵심이다.

둘째, 기술 변화에 따른 개선방향의 탐색을 수행한다. 앞서 창업하고자 하는 사업영역 내 기존 제품과 서비스를 설정하였으면 해당 제품과 서비스 또는 유관 사업영역 전반의 주요 기술동향을 파악할 수 있을 것이다. 이를 위해서는, 무엇이 해당 제품과 서비스의 기능과 품질을 결정하는 핵심기술인지를 파악하는 것이 중요하다. 그 다음 이와 관련된 기술의 변화를 탐색하고 이러한 변화로 인해 기존 제품 및 서비스에 미치는 파급영향(기회요인)과 이에 따른 개선방향을 찾는 것이 본 단계의 핵심이다.

기술의 속성 자체가 시간이 흘러감에 따라 늘 새로운 기술이 나오고 이를 통해 기존의 제품과 서비스가 진화하는 특성이 있다. 특히, 현재 우리가 직면해 있는 4차 산업혁명과 융합의 시대에서는 IOT, 인공지능, 빅데이터, 가상현실, 3D 프린팅 등의 혁신적인 기술이 등장하면서 기존 기술의 영역을 파괴해 들어오고 있으므로 기술의 동향을 볼 때는 해당 사업영역의 기술동향뿐 아니라 ICT(정보통신기술), NT(나노기술), BT(바이오기술), ET(친환경기술), CT(문화기술) 등 다양한 신기술의 동향을 함께 파악하는 것이 중요하다. 이러한 혁신적인 신기술의 등장으로 인해 기존 사업영역과 유관산업의 기술과 융합하면서 기존 제품과 서비스를 진부화시키고 완전히 새로운 관점의 제품과 서비스를 등장시킬 수 있는 기회들이 열리고 있다.

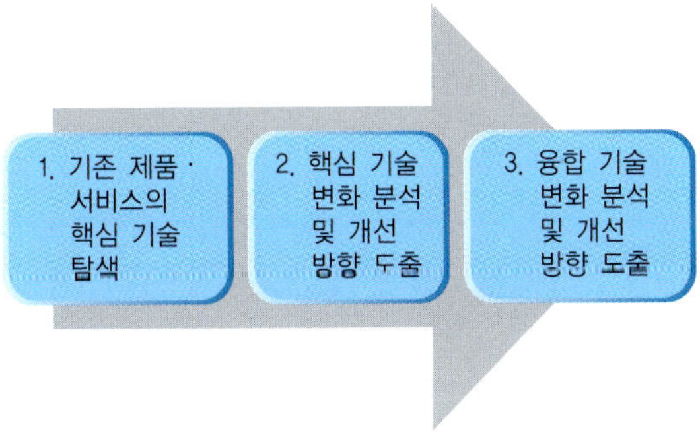

그림 6-4 '기술 변화에 따른 개선방향 탐색'의 단계

특히, 벤처 창업에서는 이러한 기술의 변화를 파악하는 것이 매우 중요하다. 기술의 변화를 선도하는 기술혁신을 일으킬 경우 기업의 생존 뿐 아니라 산업 전체의 진행방향까지도 바꿔 버릴 수 있는 영향력을 발휘할 수 있기 때문에 기술이 주는 기회를 평상시에 관심을 가지고 모니터링하여야 한다.

셋째, 니즈와 기술 변화의 교차 분석을 통하여 아이템을 발굴한다.

앞서 창업자가 관심을 가지고 있는 산업 분야 내 기존 제품 및 서비스의 문제점과 관련 기술동향을 파악함으로써 이로 인한 개선방향을 각각 도출하였으면, 이제 이러한 개선방향들을 엮어서 아이템을 발굴할 수 있다. 즉, 고객의 니즈(needs)로 인한 개선방향들을 행으로 하고 기술의 변화(technology)로 인한 개선방향을 열로 하여 서로 교차하도록 표를 만들어 보자.

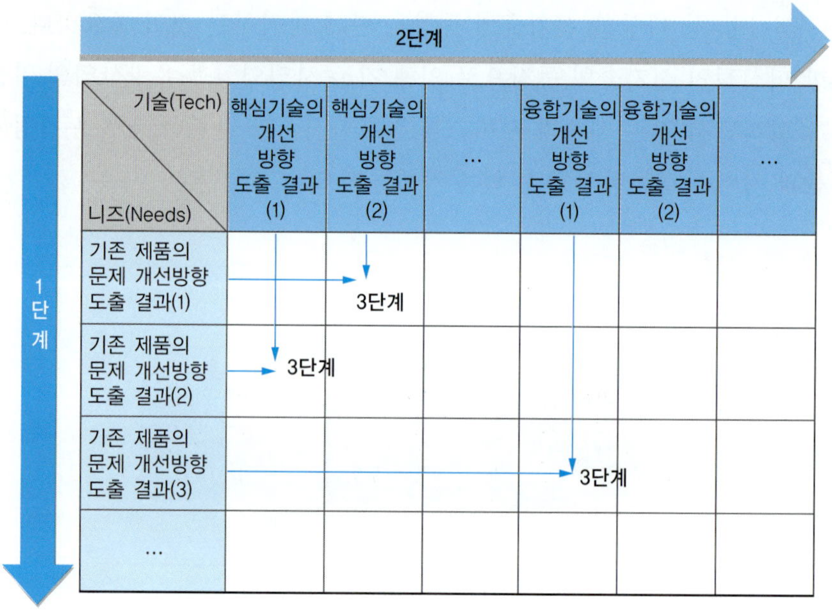

그림 6-5 '니즈와 기술 변화'의 교차분석표

이 교차표(matrix)에 의해 고객의 입장에서 제기하는 문제를 해결해 주면서 새로운 기술의 변화를 활용할 수 있는 개선방향이 교집합으로 도출될 수 있으며 여기에서 새로운 창업아이템을 이끌어 낼 수 있다. 즉, 기술 변화와 변화 동인을 기반으로 한 개선방향 및 문제점과 원인을 해결할 수 있는 개선방향을 접목함으로써 시장성과 기술성을 동시에 만족할 수 있는 창업아이템 발굴이 가능하다.

이상의 '니즈-기술 변화 매트릭스' 기법은 기존 제품과 서비스의 개선 차원에서 접근하는 것이므로 이미 확보되어 있는 시장에 진입하여 기술을 선도하는 차별화된 가치를 제공해 줄 수 있다는 장점이 있다. 하지만 반대로 차별화된 장점을 찾아내지 못하거나 현실적인 고객의 수용도가 낮은 결과를 초래할 수도 있다. 따라서 고객의 입장에서 기존 제품과 서비스 대비 차별화된 가치가 무엇인지를 잘 도출하고 고객이 수용할 수 있는 수준의 혁신적인 기술을 제시하는 것이 성공적인 창업아이템 발굴의 비결이다.

2) '니즈-시즈 체인 맵핑' 기법에 대한 이해

앞서 '니즈-기술 변화 매트릭스(N-T Change Matrix)'는 시장의 차별화된 욕구, 니즈와 기술의 변화를 각각 분석한 후 이의 공통분모를 찾는다는 측면에서 논리적으로 명확한 분석이 가능한 아이템 발굴 기법이다. 하지만 기술의 변화가 빠르고 이로 인해 다양한 사회 변화와 욕구가 파급되는 요즘 같은 시대에는 보다 직접적으로 기술의 변화와 사회적 니즈를 연결하고 다양한 파생적 욕구를 찾는 기법이 필요하다.

핸드폰이 스마트폰으로, 자동차는 무인자동차로, 생산시스템은 3D프린팅기기로 발전하는 등 기술이 급속도로 발전되면서 사회적 요구와 기술적 변화가 일대일로 대응하는 수준의 사회에서 이제는 기술에 대한 요구사항이 복잡하게 얽히며 다양한 파생수요를 빠르게 형성하는 사회로 바뀌었다. 스마트폰을 기반으로 다양한 애플리케이션이 지속적으로 등장하고 있는 것이 이에 대한 대표적인 사례이다.

보다 구체적으로 살펴보기 위해 세탁기의 경우를 생각해보자. 기계가 사람 대신 빨래를 했으면 좋겠다는 생각이 반영된 것이 세탁물 구동기술이며, 이러한 기술을 장착한 것이 세탁기이다. 초기에 세탁기가 등장했을 때만 해도 소비자 욕구가 나오면서 이에 부합하는 하나의 단순한 기술을 구현한 것이 세탁기이다. 그런데 시간이 흘러가면서 단순히 하나의 욕구에 대응한 하나의 기술과 하나의 제품에서 끝나지 않고 다양한 파생수요가 나오게 된다. 세탁하다 보니 세탁물이 엉기게 되고, 이에 따라 엉김을 방지하는 기술과 엉김 방지 세탁기가 나왔다. 또한 세탁하고 나서 건조하는 것도 원하게 되자 건조 기능이 부착되었고 세탁하는 도중 빨래를 추가하고 싶은 파생수요도 반영하여 세탁물을 추가로 넣을 수 있는 창이 새롭게 생겨났다.

여기서, 엉김 방지 세탁기가 탄생할 때까지의 사회적 욕구와 기술의 변화를 연결하면 다음과 같다. 기계가 사람 대신 빨래를 → 세탁물 구동기술 → 세탁기 → 세탁물이 엉김 → 엉김방지기술 → 엉김 방지 세탁기(여기서, 기술 표현은 수요자 중심의 기술표현으로 창업아이템을 발굴하는 단계에서는 과학/공학 전공자의 정확한 기술의 표현이 아닐지라도 아이템 발굴을 위한 확산적 사고를 위해 일반인들도 수요자 중심으로 기술에 대한 용어를 정하여 사용하는 것이 가능하다) 등으로 기술이 진보하였다.

니즈-시즈 체인 맵핑(N-S Chain Mapping)은 이와 같이 단순한 니즈에 대응하여 등장한 핵심기술과 제품을 바탕으로 다양하게 파생되는 수요와 이에 맞는 기술 및 제품의 아이디어를 지속적으로 연결함으로써 이전에는 생각하지 못했던 새로운 기술과 아이템 발굴의 아이디어를 이끌어 내는 기법이다. 이는 삼성경제연구소 출신의 윤한술 박사가 최초로 개발하였으며, 'N-S 체인'은 사회적인 'Needs'와 기술적인 'Seeds' 2가지 핵심적인 동인(drivers)의 연쇄적인(chain) 반응에 의해 새로운 기술과 제품이 탄생되는 것을 도식화하는 방법론으로 정의하였다.

앞서 니즈-기술 변화 매트릭스(N-T Change Matrix)는 니즈와 기술의 변화를 각각 분리하여 분석한 후 공통분모를 추출하는 방식이었다면, N-S 체인 맵핑은 니즈와 기술의 변화 간의 상호작용을 직접 연결하여 통합적으로 파악한 것이 특징이다. 즉, 사회적인 니즈(needs)에 의해서 새로운 기술 변화의 씨

앗(seeds)을 낳고 다양한 기술의 변화가 다시 새로운 사회적 니즈(needs)를 연쇄적으로 만들어 내는 지속적인 연관 관계를 맵핑(Mapping)을 통해 한눈에 알아 볼 수 있도록 한 것이다.

창업아이템 발굴 시, 이러한 맵핑작업을 통해 해당 제품/부품(products)이 탄생하게 된 근원적인 니즈(needs)가 무엇인지를 파악할 수 있을 뿐 아니라 아직까지 해결되지 않은 다양한 미충족 니즈(unmatched needs)를 연결하여 새로운 기술 니즈와 이에 관한 아이템을 도출하는 것이 가능하다. 빠른 기술의 변화와 개인화되고 다양해진 소비자의 욕구 증가로 인해 기존 제품/부품에 대한 문제점이 많아지면서 다양한 파생수요를 연결할 수 있다. 이를 통해 새로운 창업아이템을 개발할 수 있는 기회를 지도(map)의 형태로 한눈에 볼 수 있도록 그려놓고 이를 현황판으로 놓고 지속적인 개선작업을 진행할 수 있다는 것이 N-S 체인 맵핑의 가장 큰 장점이다.

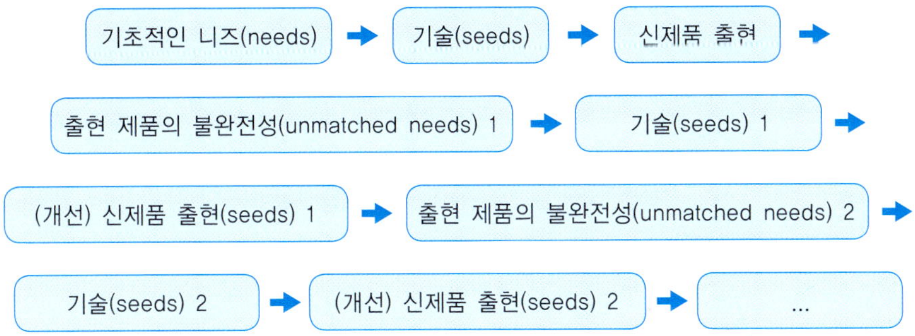

그림 6-6 연쇄적인 반응을 통한 N-S 체인 맵핑의 전개도

이러한 N-S 체인 맵핑은 크게 N-S 체인 맵핑 Ⅰ과 N-S 체인 맵핑 Ⅱ의 2단계로 나누어 진행할 수 있다. 먼저, N-S 체인 Ⅰ 맵핑은 창업하려는 사업영역 내 대표적인 기존 제품/서비스를 선정하고 해당 제품/서비스가 현재의 기술 수준으로 발전하기까지의 사회적 욕구(Needs)와 기술(Seeds) 연쇄반응의 과거사를 도식화하는 것이다. 예를 들면, 스마트폰과 스마트 TV와 관련된 새

로운 H/W 및 S/W를 개발하려고 한다면 N-S 체인 맵핑 I 에서는 현재의 스마트폰과 스마트 TV가 어떻게 나왔나를 도식화하는 것이 중요하다. 이때 사회적 욕구와 기술의 연결을 단순한 결합이 아닌 그림 6-7에서 보듯이 연쇄적으로 연결해 나가는 것이 중요하다.

이렇게 창업아이템을 발굴하기 전에 기존 제품군의 발전사를 정리하는 이유는 이를 통해 현재까지 해당 사업영역 내에서 어떠한 사회적 욕구와 기술의 발전이 있었는지를 정리함으로써 해당 사업영역에 대한 이해도를 높이고 이를 창업아이템 발굴을 위한 파생수요와 기술의 변화상을 도출하기 위한 논리적 토대로 삼기 위함이다.

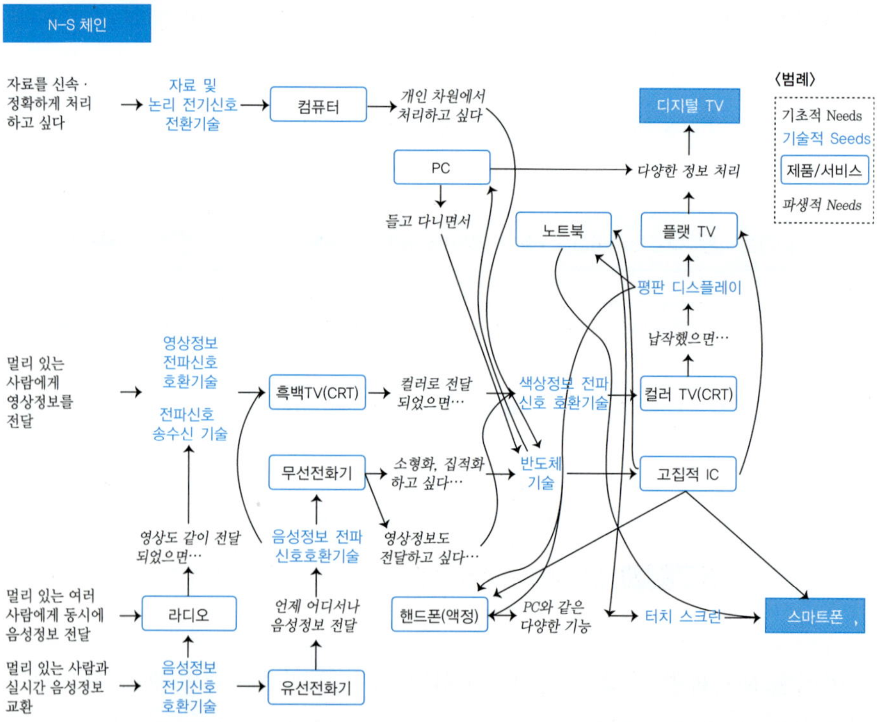

그림 6-7 N-S 체인 맵핑 I 사례: 스마트폰과 디지털 TV의 발전과정

주) 윤한술 박사가 개발한 내용을 필자가 창업아이템 발굴의 사례로 채택함

※ 기술과 제품의 융복합화에 의해 이러한 연쇄적인 현상은 더욱 복잡하게 진전되고 있으며 오른쪽 그림은 주요 전자제품의 연쇄 현상을 예시적으로 주요 내용만 부분적으로 나타낸 것임

N-S 체인 맵핑 Ⅱ에서는 이상의 현 제품/서비스의 발전사를 통해 개발된 기술의 끝단에서 미래의 제품/서비스로 발상의 연쇄를 진행한다. 즉, 이제까지의 사회적 욕구와 그에 따른 기술의 발전의 흐름을 정리한 결과를 토대로 본격적으로 창업아이템 발굴을 하는 단계이다. 이를 위해 현재의 제품/서비스, 기술의 '미흡한 요소(미충족 욕구, unmatched needs, unmet needs)'를 평가하고 이를 해소하기 위한 미래의 필요기술, 제품 아이디어 등에 대한 발상의 연쇄를 지속함으로써 새로운 아이디어(제품/서비스, 기술)를 도출하고 이를 맵핑한다.

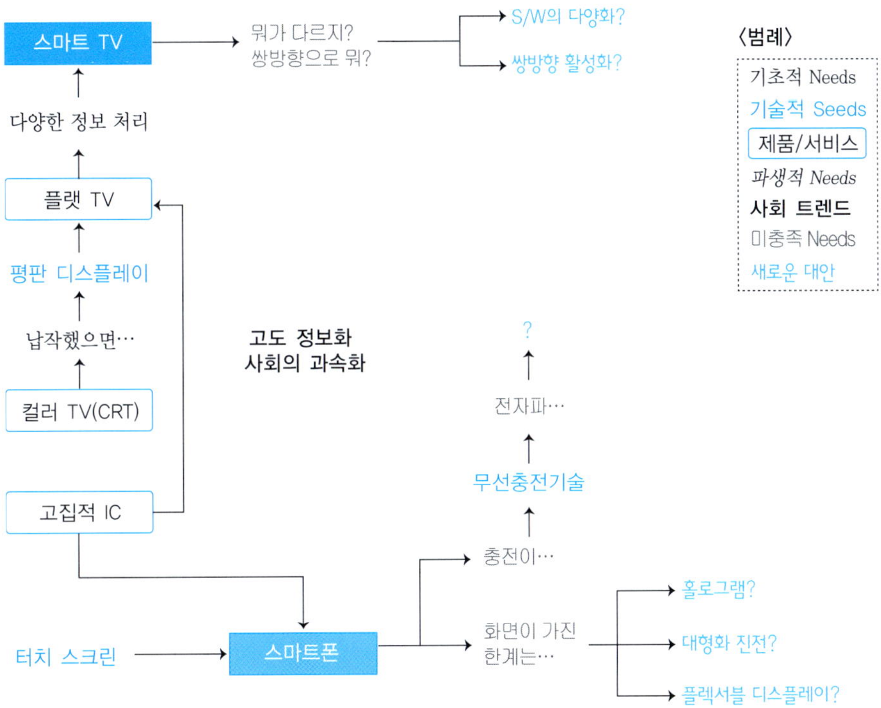

그림 6-8 N-S Chain 맵핑 Ⅱ 사례: 스마트폰, 디지털 TV의 신제품 아이디어 도출

주) 윤한술 박사가 개발한 내용을 필자가 창업아이템 발굴 외 사례로 채택함

N-S 체인 맵핑 II에서는 무엇보다 미충족 욕구를 발견하는 것이 중요하다. 이는 기존 제품/서비스가 가지고 있는 기능에서 충족시키지 못하고 있는 욕구들을 의미하는데, 마케팅에서 새로운 시장기회를 찾기 위한 기회를 탐색하기 위해 사용하는 용어이다. 앞서 N-S 체인 맵핑 I 사례에서 스마트폰과 디지털 TV가 현재 어떤 기술, 제품/서비스로 발전하였는지를 보았다. 그런데 이로 인해 모든 발전과정이 종결된 것이 아니다. 소비자들의 입장에서 보면 만족하지 못하는 문제와 추가적인 욕구가 늘 더해지기 마련이다. 스마트폰과 디지털 TV에 대해 어떤 미충족 욕구가 추가로 발생할 것인가? 그로 인해 어떠한 기술의 발전과 제품 및 서비스의 발전이 추가될 것인가?

이러한 N-S 체인 맵핑작업의 장점은 창업팀의 집단지성을 하나로 모아 아이템 탐색 및 발굴의 협업을 하기 쉽도록 아이디어 진행의 현황을 한눈에 파악할 수 있는 현황판을 만든다는 점에 있다. 이와 함께 작업을 반복할 경우 미충족 욕구와 이에 따른 기술맵핑이 머릿속에서 반자동적으로 생성되어 아이디어 발상을 위한 두뇌회로가 쉽게 만들어질 수 있다. 또한 다양한 시장의 미충족 욕구와 기술의 진화가 엎치락 뒤치락 얽히면서 연쇄반응을 일으키는 과정에서 앞서 설명한 보이는 욕구에 따른 아이템 발굴(Market-in Idea)은 물론이고 보이지 않는 욕구에 따른 아이템 발굴(Product-Out Idea)도 촉진될 것이다.

3) '퓨처스 휠' 기법에 대한 이해

퓨처스 휠(Futures Wheel)은 1971년 제롬글렌(Jerome C. Glenn)에 의하여 개발된 미래예측기법으로 기존에 없는 새로운 창업아이템을 탐색 및 발굴하는 데 매우 유용하다. 이의 목적은 중요한 트렌드, 이벤트, 이머징 이슈 등으로 인해 영향을 받는 첫 번째, 두 번째, 세 번째 예상 파급 효과를 효과적으로 발견하는 데 있다. 퓨처스 휠을 활용하면 미래의 시나리오들이 어떻게 펼쳐질지에 대한 핵심 키워드들을 도출해 낼 수 있으며, 복잡한 상호 연관관계를 보여 주는 도구로서도 활용 가능하다.

독자들은 무인자동차가 상용화되면 집안에 어떤 변화가 생길 것으로 예상되는가? 미국의 금리가 본격적으로 인상된다면 이로 인해 어떤일이 벌어질 것이라고 생각되는가? 이처럼 사회 변화를 주도하는 중요한 트렌드나 미래의 잠재적 사건이 발생했다고 가정한 후에 다음과 같은 질문을 함으로써 퓨처스 휠의 기본적인 사고방식을 배울 수 있다.

"만일 이러한 사건이 실제로 발생한다면, 이로 인해 그 다음에는 어떤 일이 벌어질 것인가?"

"특정한 사회 트렌드가 점차 확산될 때, 우리가 살고 있는 사회에 꼭 일어날 것이라고 생각되는 일은 무엇인가?"

"이러한 트렌드나 사건들이 우리 사회에 어떠한 파급 영향과 어떠한 결과를 만들어 낼 것인가?"

이러한 퓨처스 휠의 진행단계를 도식화하면 다음과 같다.

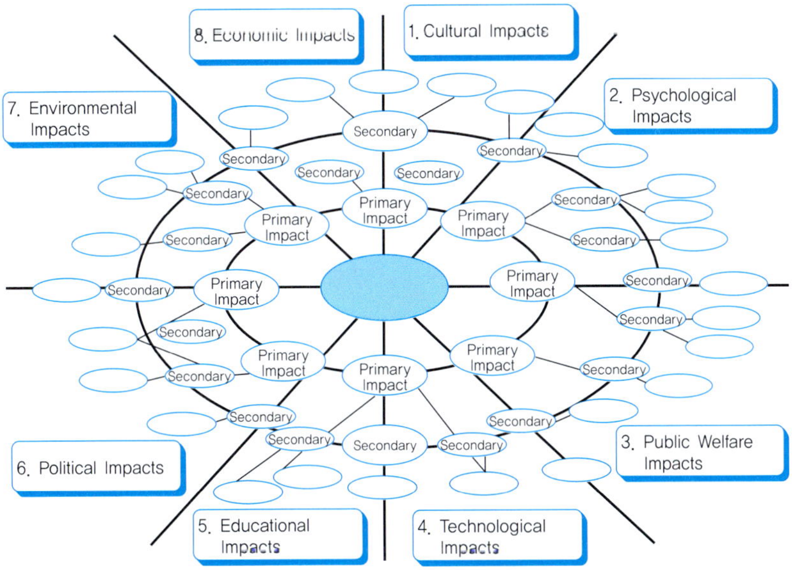

그림 6-9 퓨처스 휠(Futures Wheel)의 진행단계

주) Glenn, J. C., & Gordon, T. J. (2009). The Millennium Project: Futures Research Methodology.

06

아이템 발굴, 어떤 보물을 찾고 있는가?

퓨처스 휠을 시작하기에 앞서 가장 먼저 해야 될 것은 창업아이템이 연관된 사업영역을 정하는 것이다. 그리고 나서 다음의 진행단계대로 아이디어를 발전시키면 된다.

첫 번째, 사업영역에 매우 큰 영향을 미칠 수 있는 주요 트렌드, 사건, 미래에 벌어질 중요한 이슈들을 정하여 퓨처스 휠의 한 가운데에 있는 원에 적는다.

두 번째, 창업팀원들과 함께 한가운데에 있는 원 안의 주요 트렌드, 사건 및 이슈들이 확산된다면 이로 인해 발생할 파급 효과나 함께 일어날 일은 어떤 것이 있을지를 브레인스토밍한 후, 합의된 결과를 1차 영향 주변의 원 안에 적는다.

세 번째, 맨 처음 적었던 중심 원의 트렌드, 사건 및 이슈는 잊어버리고 1차 영향들로 만들어진 타원들 각각에 의해 생겨날 또 다른 영향이나 결과물을 토론하여 두 번째 고리에 해당하는 원 안에 적는다. 이때 필요하다면 그림에서 보는 것처럼 사회(society), 기술(technology), 경제(economy), 생태환경(ecology), 정치제도(politics) 등의 카테고리를 구분하여 보다 구체적으로 파급 영향들을 생각해 볼 수 있다. 주의할 사항은 처음부터 너무 신중하게 접근하는 것보다 브레인스토밍의 원리에 따라 의견을 수렴하여 가급적 빠르고 많이 확장하도록 한다. 다만, 아이디어가 어느 정도 나오면 현실적으로 가능한 부분도 생각하면서 합의를 이루도록 해야 한다. 즉, 먼저 퓨처스 휠의 전체적인 모습을 그리고 난 다음에 각각의 부분적인 원에 있는 내용 들이 현실적으로 발생 가능한지 평가하고 수정하는 것이 권장된다. 이는 퓨처스 휠은 미래에 대한 상상 및 성찰을 구조적으로 표현하는 일종의 발상 및 사고정리법이므로 처음부터 상상력을 제한하는 것은 좋지 않기 때문이다.

네 번째, 이러한 미래 변화의 파급영향들로 인해 당신의 사업영역에 있는 소비자들이 어떠한 불편함, 불만족, 또는 추가적으로 해결되기 원하는 미충족 욕구를 갖게 될 것인지를 토의하라. 이때 가능하다면 소비자들이 인지할 만한 보이는 욕구뿐 아니라 보이지 않는 욕구로 어떤 것들이 있을지를 생각해 보는 것도 좋다. 만약 아이디어가 잘 나오지 않는다면 사업영역을 다른 쪽으로 확산해도 좋다. 집단지성을 잘 활용한다면 기존에는 생각하지 못했던 아이디어들이 나오게 될 것이다.

마지막으로 이상의 결과물들을 정리하면서 현실적으로 이러한 미충족 욕구들을 해결하기 위해서 어떠한 아이템들이 필요할 것인가를 생각하면 된다. 퓨처스 휠은 현재의 시점이 아니라 미래에 발생 가능한 변화들의 기반위에 아이템을 탐색 및 발상한 것이므로 기존에는 없는 새로운 아이템들을 생각하는 데 상대적으로 적합하다. 보이지 않는 욕구를 잘 찾을 경우 창업자가 숨어 있는 고객의 욕구를 일깨우기 위해서 신개념의 아이템을 먼저 개발 및 출시함으로써 시장을 주도하려는 프로덕트아웃(Product Out, Breakthrough)전략을 세울 수도 있을 것이다.

이처럼 퓨처스 휠의 강점은 쉽고 재미있으며 창의적인 사고를 촉진하기 때문에 기존의 발상법으로 아이디어가 떠오르지 않을 때, 퓨처스 휠의 사고법을 통해서 아이디어가 막혀 있는 부분이 해결되는 효과를 볼 수 있다. 퓨처스 휠이라는 이름 자체가 이처럼 미래지향의 변화에 대한 아이디어가 수레바퀴의 모양처럼 사방으로 확산되면서 원모양의 고리들을 형성해 나가기 때문에 생긴 것으로 아이디어 확산에 매우 적합하다는 것을 알 수 있다. 또한 이는 단순한 확장이 아니라 1차, 2차, 3차 순차적으로 나가는 고리들의 연결에 의해 네트워크 중심의 유기적이고 복잡한 사고를 정리함으로써 생각이 뒤섞이지 않고 정리될 수 있도록 도와준다.

반대로 퓨처스 휠은 특정한 파급 효과나 영향요소의 발생 가능성과 발생 시기에 대해 명확하게 설명하기 어려우므로 잘못하면 미성숙한 판단으로 논리성이 결여될 수도 있다. 이를 위해서 해당 파급 효과나 영향요소들이 발생 가능성의 근거가 되는 징후(signal)에는 무엇이 있는 지를 함께 생각해 보는 것이 도움이 된다. 또한 퓨처스 휠을 그리다 보면 특정한 패턴을 발견하기도 전에 수많은 요소들이 나타나 사고 맵이 지나치게 복잡해질 수 있고 파급 효과 중에서는 상호 상반되는 결과를 보여 주는 것들도 나타날 수 있으므로 토론 참여자들 간에 합의를 도출하는 것에 제약이 있을 수 있다. 다만, 창업아이템은 미래를 예측하는 과정이 아니므로 합의가 잘 이루어지지 않을 경우 현 단계에서는 일단 아이템 발상의 차원에서 양쪽 모두를 그대로 살리고 각각에 해당하는 미충족 욕구와 이에 대한 창업아이템을 생각해 보는 것이 권장된다.

4) '스캠퍼' 기법에 대한 이해

스캠퍼(SCAMPER)란 기존의 익숙한 사물이나 서비스를 새롭게 바꾸기 위한 아이디어와 상상력을 촉진하는 7가지 관점의 질문 목록이다. 이는 자유연상에 의한 브레인스토밍 기법으로 널리 알려진 오스본(Alex Osborn)이 고안한 체크리스트를 바탕으로 에이벌(Bob Eberle)이 SCAMPER의 약자로 재구성하고 발전시킨 것이다. 스캠퍼(scamper)라는 단어 자체는 동사로는 '뛰어다니다. 빨리 달리다', 명사로는 '뛰어다니기'란 의미이다. 여기에는 창의력의 수준을 걸음마에서 벗어나 뛰어다니게끔 하려면 스캠퍼(SCAMPER)라는 체크리스트를 활용하라는 뜻이 담겨져 있다. SCAMPER(스캠퍼)라는 알파벳은 각 질문의 머리글자를 따온 7가지 질문목록으로 S(Substitute-대체), C(Combine-결합), A(Adapt-차용), M(Modify-변경), P(Put to other uses-전용), E(Eliminate-제거), R(Reverse-역전)을 뜻한다.

창업자는 이를 열 가지 확장 질문으로 만들어 아이템 탐색 및 발굴에 적용하는 것이 가능하다. 스캠퍼(SCAMPER)기법은 아이디어와 상상력을 자극하는 대표적인 체크리스트로 외우기 쉽고 빠른 적용이 가능하기 때문에 창업자가 진출하려는 사업영역 내 이미 알려진 제품이나 서비스를 정하고 여기에 새롭게 변화를 주어 창업아이템을 발굴할 때 사용하는 아이디어 발상 도구로 널리 사용되고 있다.

그림 6-10 스캠퍼(SCAMPER)기법의 개요

스캠퍼(SCAMPER)의 질문목록을 구체적으로 살펴보면 다음과 같다.

• Substitute(대체하기, 바꾸기)

'이것을 다른 것으로 대체할 수 있을까?', '기존에 이용하던 서비스를 무엇으로 대체할 수 있을까?'

이는 기존 제품/서비스의 형태, 용도, 방법 등을 새로운 것으로 바꿀 수 있는지를 묻는 질문이다. 즉, A를 B로 바꾸거나 B는 C로 바꾸어 생각하라는 뜻으로 '기존의 것을 다른 무엇으로 대체한다면', '기존의 서비스를 다른 누가 한다면', '다른 성분 이라면' 등의 뜻으로 해석할 수 있다.

예) 차량을 가볍게 하기 위해 소재를 철에서 알루미늄으로 대체, 간편성을 높이기 위해 쇠 젓가락을 나무 젓가락으로 대체, 대형 마트에서 매출을 늘리기 위해 쇼핑백을 쇼핑카트로 대체, 부채를 선풍기나 에어컨으로 대체, 연필을 샤프로 대체, 우산을 비옷으로 대체 등

• Combine(결합하기, 합치기)

'이것을 다른 무엇과 결합시킬 수 있을까?', '어떻게 결합할 수 있을까?', '다른 두 가지 기능을 합치면 어떻게 될까?'

이는 서로 다른 두 가지 이상의 익숙한 물건, 서비스, 기능을 서로 결합해 새로운 것을 만들어 보기 위해 던지는 질문이다. 즉, 기존에 알고 있던 A기능과 B기능을 섞기만 해도 무언가 괜찮은 새로운 것이 나올 수 있다는 점에 착안한 것으로 '새로운 것을 만들기 위해 기존에 잘 알고 있던 것들을 결합시켜보면'의 뜻으로 해석할 수 있다.

예) 매직 훌라우프 = 매직 + 훌라우프, 스마트 폰 = 휴대폰 + PC
비타민 과일차 = 과일 + 비타민 + 음료수(차)
복합기 = 복사 + 인쇄 + 스캔, 후드티 = 티셔츠+모자
롤러스케이트 = 운동화+바퀴, 바퀴 달린 가방 = 가방 + 바퀴 등

• Adapt(차용하기, 나의 상황에 적용하기)

'여기에 적용시키면 어떨까?', '이미 알려진 원리를 적용할 수는 없을까?'

이는 기존 제품/서비스, 아이디어의 특징(성질이나 형태, 방법, 작동원리 등)을 나의 상황, 조건 및 목적에 맞게 응용해 볼 수 있는가를 묻거나 자연의 원리 또는 특징을 나의 상황, 조건 및 목적에 맞게 적용해 보기 위해 던지는 질문이다. '다른 것을 여기에 적용한다면', '과거에 이와 비슷했던 것은' 등의 뜻으로 해석할 수 있다.

예) 산악용 자전거, 스노우타이어, 우엉씨가 옷에 달라붙는 원리를 응용

한 벨크로(찍찍이), 민들레씨가 낙하하는 모습을 본딴 낙하산 등

• Modify(변경/변형하기, 확대하기, 축소하기)

'수정해 보면 어떨까?', '크기, 색, 성질, 기능, 디자인 등을 변형할 수는 없을까?'

이는 기존 제품/서비스의 일부(특성, 모양, 크기, 무게, 색, 냄새, 기능, 디자인 등)를 변형하거나 확대 또는 축소하여 새로운 것을 생성할 수 있도록 하는 질문이다.

예) Modify(변경): 휴대폰 고리 모양 교통 카드, 아이스크림을 담는 콘(와플을 변형), 향기 나는 크레용, 알루미늄 야구 방망이, 컬러 콘택트렌즈 등
Magnify(확대): 대형 특제 햄버거, 초대형 TV, 기능성을 강화한 약
Minify(축소): 소형 비스켓, 초소형 TV, 태블릿 PC, 포켓용 계산기, 휴대폰 등

• Put to other uses(전용하기, 다르게 활용하기)

'이것을 그 밖의 다른 용도로 사용한다면 어떨까?', '이것으로부터 그 밖의 무엇이 만들어질 수 있을까?', '이미 폐기 처분된 것을 다른 용도로 사용할 수 없을까?'

이는 기존 제품/서비스 및 아이디어를 지금까지와는 다른 용도, 방법으로 사용할 수 없는지 찾아보는 질문으로 재활용 제품은 모두 이에 해당한다. 기존의 사물이나 아이디어를 다른 용도로 사용할 수만 있다면 있는 그대로 사용해도 좋고 수정하여 사용할 수도 있다.

예) 버려진 기차, 유람선 등을 식당으로 재활용, 콘크리트 구조물을 예술공간으로 재활용, 포스트 잇(잘 접착되지 않는 소재를 이용), 타이어를 활용한 놀이기구, 달걀판을 이용한 방음벽, 진흙을 이용한 피부비용 등

• Eliminate(제거하기, 빼기)

'특정 부분을 없애보면 어떨까?', '기존에 있던 무언가를 뺄 수는 없는가?'

이는 기존 제품/서비스에서 일부분, 성분, 기능 등을 제거함으로써 새로운 것을 생성해낼 수 있도록 하는 질문으로 '이것을 제거해 버리면', '없어도 할 수 있는 것은', ' 수를 줄이면' 등의 뜻으로 해석될 수 있다.

예) 카페인 프리 커피, 무선 충전기, 무선 가전제품, 프로젝션키보드(크고 무거운 키보드를 가볍게 줄임), 씨없는 열매, 무지방 버터, 오픈카(자동차 지붕 제거)

• Reverse(역발상으로 뒤집기, 재배열하기)

'순서나 모양을 반대로 하면 어떨까?' '순서를 재조정하면 어떨까?'

이는 기존 제품/서비스에서 순서나 모양, 구성, 형식 등을 거꾸로 해 보거나, 다시 배열해 보도록 하여 새로운 것을 만들어 내도록 돕는 질문으로 '거꾸로 하면', '역할을 바꾸면', '순서를 바꾸면', '원인과 결과를 바꾸면' 등의 뜻으로 해석될 수 있다.

예) Reverse(역전): 뒤집어 입을 수 있는 옷, 상표를 밖에 다는 옷, 양문형 냉장고(냉장고의 문을 세로형에서 가로형으로 역전), 김밥을 뒤집은 누드김밥, 바닥과 뚜껑이 뒤바뀐 마요네즈 용기 등

Rearrange(재배열): 재택근무제도, 소비자를 찾아가는 상점, 침대 밑 공간에 서랍 배치 등

이상의 스캠퍼(SCAMPER)가 아이디어 발상도구로서 가진 최대 장점은 기존에 고정관념의 틀에서 벗어나 다각적인 관점에서 생각해 보게 만든다는 점이다.

① 사례 1

• 스캠퍼(SCAMPER)를 활용한 나사와 볼트 생산 업체의 신상품 개발 사례

— Substitute(대체하기, 바꾸기): 새로운 재료(탄소 섬유, 플라스틱, 유리섬유 등)를 이용한 나사와 볼트

— Combine(결합하기, 합치기): 나사와 볼트를 결합, 볼트와 스페터의 결합, 나사와 나사 받이의 결합

— Adapt(차용하기, 나의 상황에 적용하기): 별 모양으로 만든 나사의 머리 부분

— Modify(변경/변형하기, 확대하기, 축소하기): 시계나 교량에 적합한 특수용의 나사, 색깔과 모양을 변경한 디자인 나사

— Put to other uses(전용하기, 다르게 활용하기): 볼트를 관절 부위에 활용

— Eliminate(제거하기, 빼기): 나사 받이, 볼트나 나사의 머리부분의 제거

— Reverse(역발상으로 뒤집기, 재배열하기): 나사의 나선 모양을 기계로 깎아 제조하는 대신 볼트를 이용해 나선모양의 나사 제조

• 스캠퍼(SCAMPER)를 활용한 떡볶이 아이템 개발 사례

— Substitute(대체하기, 바꾸기): 떡볶이 퀘사디아 — 속재료를 떡볶이로 대체, 떡볶이 그라탱 — 고기를 제거하고 떡볶이로 대체, 떡볶이 스테이크 - 스테이크 재료를 떡으로 대체 등

— Combine(결합하기, 합치기): 라면떡볶이인 라볶이, 스파게티떡볶이, 치즈떡볶이, 해물떡볶이 — 라면, 스파게티, 치즈, 해물 등의 새로운 식재료 추가 등

— Adapt(차용하기, 나의 상황에 적용하기): 떡볶이를 부재료로 사용한 떡볶이 드레싱, 월남쌈을 싸먹는 데 떡볶이를 속재료로 사용, 떡볶이 국물을 이용한 비빔밥 요리 등

— Modify(변경/변형하기, 확대하기, 축소하기): 떡볶이의 재질을 크게 하면 왕떡볶이, 줄이면 미니떡볶이로 변형됨

— Put to other uses(전용하기, 다르게 활용하기): 떡볶이 미니어처 - 떡볶이

를 캐릭터 산업의 아이템으로 전용. 떡볶이 프랜차이즈 가게 - 단순한 길거리 음식에서 프랜차이즈로 전환

– Eliminate(제거하기, 빼기): 매운맛을 없앤 간장떡볶이, 떡볶이를 집을 필요가 없는 떡꼬치, 먹다가 국물을 흘릴 염려가 없는 국물 없는 떡볶이 등

– Reverse(역발상으로 뒤집기, 재배열하기): 속에 치즈를 포함한 다양한 속 재료를 넣은 떡볶이, 만들 때 걸리는 시간을 줄이기 위해 이미 조리된 인스턴트식품으로 식재 매장에서 판매되는 레토르트 음식 등

> 참고) http://www.openideacard.com/
> 누구나 쉽게 창의적인 아이디어 발상과 사고의 확장을 경험할 수 있도록 아이디어를 낼 때 가져야 하는 마음가짐과 관찰하고 생각하는 방법, 아이디어의 평가와 실행을 도와주는 유용한 tip들을 담았다.

5) '만다라트' 기법에 대한 이해

만다라트(Mandalart)는 Manda(본질의 깨달음)+la(달성 성취)+art(기술)의 합성어로 일본 디자이너 이마이즈미 히로아키가 개발한 발상 기법이다. 이는 원래 목적을 달성하기 위한 기술이나 창업아이템 발굴을 위해 자주 활용되고 있다. 3×3 매트릭스에 나열할 수 있는 아이디어의 수를 제한함으로써 창조적 긴장을 유발하며, 떠오르는 아이디어들이 매트릭스 안에 체계적이면서도 즉각적으로 전시되기 때문에 떠오르는 생각을 한 눈에 볼 수 있게끔 명확하게 정리하고 조합하며 소통하게 만들어 주는 매우 유용한 도구이다.

만다라트 기법은 다음과 같다. 먼저 3×3의 매트릭스로 만든 9개의 네모난 칸의 정 가운데 칸에 개발하려는 아이템의 유형에 관한 키워드를 적고 나머지 8개의 칸에 연관되는 단어들을 나열한다. 그 다음 이 8개의 단어 각각의 바깥영역에 3×3의 매트릭스를 이용해 연관되는 단어를 확장한다. 이때는 처음의 정 가운데 칸의 키워드는 무시하고 단지 8개 칸에 적힌 단어와 연관되어 확장하는 것이 중요하다. 그래야 처음에는 생각하지 못했던 새로

운 아이디어들이 떠오를 수 있기 때문이다.

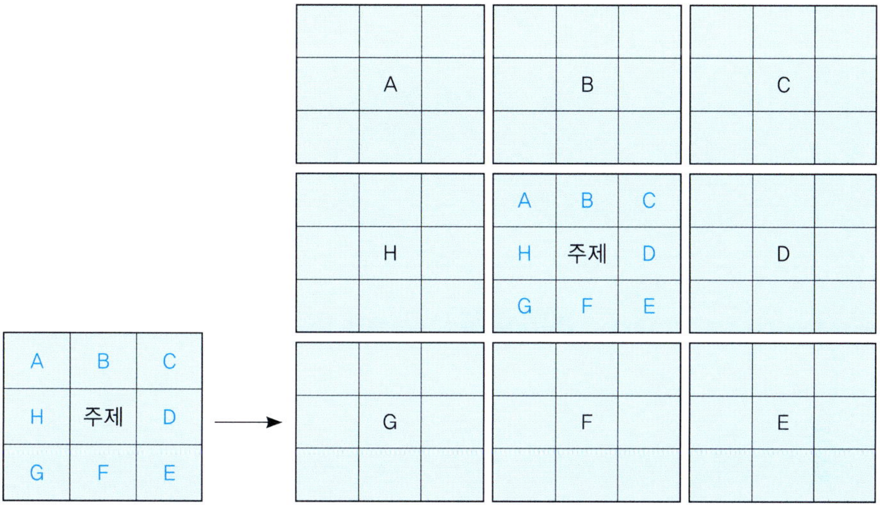

그림 6-11 **만다라트(Mandalart) 3×3 매트릭스의 전개**

이상의 만다라트 기법을 이용한 창업아이템 개발 절차를 정리하면 다음과 같다.

첫 번째, 만다라트의 한 가운데에 개발하려는 아이템의 유형과 관련하여 중심 키워드를 적는다. 예를 들어, '우산의 다른 용도'라고 적는다. 관련되어 쉽게 떠오르는 아이디어들은 주변의 블록에 미리 채워 넣어도 좋다. 반드시 용도로 할 필요는 없다. 아이템과 관련되어 떠오르는 연관어를 무작위로 채워넣는 것도 방법이다.

?	?	지시봉
?	우산의 다른 용도	?
밥상 덮개	?	?

그림 6-12 **만다라트의 사례**

주) STEAM프로그램 (2015). 국립중앙과학관.

두 번째, 중심키워드 주변의 8개의 칸을 각각 채워넣어 1차 만다라트를 완성한다. 예를 들어, 우산의 다른 용도와 관련 사용 방법, 사용 장소와 같은 요소를 고려하여 빈칸을 채워나가는 것이 좋다. 아이템 개발과 관련하여 자신만의 발명의 요소를 미리 정하여 이로부터 시작하면 도움이 될 것이다. 이렇게 8개의 빈 칸을 차례대로 모두 채우면 하나의 만다라트가 완성된다.

호신용 도구	지팡이	지시봉
햇빛 가리개	우산의 다른 용도	천막 대용
밥상 덮개	지렛대	낙하산

그림 6-13 **만다라트의 사례**

주) STEAM프로그램 (2015). 국립중앙과학관.

세 번째, 8개의 칸의 각각에 대해 다시 2차 만다라트를 완성한다. 즉, 8개 칸의 키워드 각각을 또 다른 만다라트의 중심 키워드로 놓고 3×3의 매트릭스를 채워넣는다. 이를 통해 총 8개의 만다라트를 추가로 작성하는 것이다. 요령은 앞단계와 동일하다. 8개의 만다라트 각각의 중앙에 기존의 8개 키워드들을 각각의 중심키워드로 고정해 놓고 나머지 빈칸을 모두 채워나간다. 예를 들어, 우산의 다른 용도와 관련된 연관어를 떠올려 1차 만다라트를 완성하고 나서 해당 키워드 중 하나인 지팡이를 중심으로 2차 만다라트를 작성했을 때 다음과 같은 연관어들을 도출할 수 있다. 이를 통해 무려 총 64개(8×8)의 아이디어들을 추가할 수 있다. 이처럼 만다라트는 한 번에 끝나는 것이 아니라 8개의 나머지 칸에 새로운 키워드를 중심으로 다시 만다라트를 작성하여 생각이 꼬리에 꼬리를 물고 전개되도록 한다.

시각 장애인 길 안내	이불 먼지 털 때	지렛대로 사용하기
장롱 밑의 물건 꺼내기	지팡이	나무 열매 따먹기
멀리서 문 여닫기	낚싯대용	소몰이

그림 6-14 만다라트의 사례

주) STEAM프로그램 (2015). 국립중앙과학관.

마지막으로 이렇게 도출된 아이디어들을 펼쳐놓고 서로 연관 짓고 조합함으로써 원래 생각하던 아이템과 관련된 새로운 아이디어를 탐색 및 발굴한다. 이때 다음의 질문들을 활용하여 각각의 칸에 적혀 있는 키워드들을 연관 짓고 조합하도록 한다.

- 아이템 발굴과 관련, 인접한 칸의 키워드들을 연관 지으면 무슨 생각이 떠오르는가?
- 아이템 발굴과 관련, 가운데 중심키워드 칸을 두고 마주한 칸의 키워드들을 연관지으면 무슨 생각이 떠오르는가?
- 아이템 발굴과 관련, 1차 만다라트의 키워드와 2차 만다라트의 키워드를 연관지으면 무슨 생각이 떠오르는가?
- 아이템 발굴과 관련, 여러 칸의 키워드들을 종합하면 어떤 생각이 떠오르는가?

이렇듯 만다라트는 아이디어 조합의 과정에서 기존의 정보와 새로운 정보를 유기적으로 연계함으로써 새로운 발상이 나올 수 있도록 한다. 이는 만다라트는 아이템과 관련되어 머릿속의 아이디어나 생각을 사방팔방으로 확산하면서도 3×3 매트릭스 안에 구조화시키는 특성으로부터 비롯된다. 즉, 총 64개의 아이디어를 구조화한 다음에 이를 연관 짓고 조합함으로써 창의성을 높일 수 있는 것이다. 또한 이를 수행하는 과정상에서도 자문자답을 통해 다양한 관점에서 아이템 발굴을 위한 아이디어를 떠올릴 수 있다.

만다라트를 응용한 또다른 사례로 반려 동물의 건강을 살피는 병원에 적용한 결과, 일반 병원이 아닌 카페 형태로 운영하며 병원의 기능과 함께 미용, 산책, 맡길 곳, 사료 제공 등의 모든 것을 이용할 수 있는 신개념 병원을 도출해 보았다.

			강아지 옷	애견 마사지				
	예방접종	애견 암진단 서비스	애견신발 /애견 머리핀	털 깎기			맡길 곳	애견카페
		애완동물 의료사고 변호사		다양한 애완동물 미용실		강아지 호텔	자동 급식기	도그시터
	여러 가지 색깔 사료	동물이 좋아하는 향기	예방접종	털 깎기	맡길 곳	애완동물 해외여행 상품		
	사료	비만 관리용 다이어트	사료	반려동물	외로움	동물언어 통역기	외로움	
희귀동물 먹이 배달	연령별 먹이	저절로 밥주는 기계	장난감	훈련	산책	서비스 강아지 대여	강아지 우울증 극복약	
		외국 반려동물 장난감수입	강아지 학교	루왁커피 고양이 사육		희귀 동물용 케이지	미아방지 목걸이	동물용 러닝머신
	장난감			훈련		반려동물 픽업 서비스	산책	동물용 워킹화
						대리산책	동물 배설물로 에너지개발	

그림 6-15 **만다라트의 사례: 카페형 반려동물 병원**

주) 한국직업능력개발원 (2014). 창조적 직업설계.

6) '차별화 프레임워크' 기법에 대한 이해

차별화프레임워트(ERCR)기법은 각각 Eliminate(제거), Reduce(감소), Create(생성), Raise(증가)의 약자로 소비자 입장에서 가치요소를 재구축하기 위한 4가지 요소를 뜻하며, 김위찬 · 르네 마보안 교수의 블루오션 전략의 일부를 창업아이템 발굴에 적합하게 채용하여 발전시킨 것이다. 이 기법의 장점은 기존 제품과 서비스의 친편일률직인 패틴에서 빗어나 완전히 새로운 전략적 논리를 개발할 수 있다는 점이다.

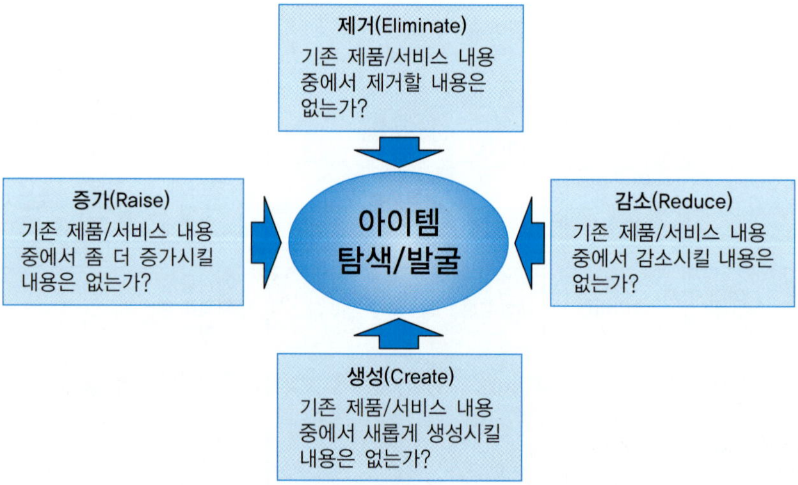

그림 6-16 차별화 프레임워크 구조도

이를 위해서는 창업자가 관심을 갖는 업종의 기존 제품과 서비스가 관행적으로 소비자에게 제공하고 있는 가격, 기능, 품질, 디자인, 제품 및 서비스 정보, 유통채널, 고객관리 방식, 기타 부가서비스 등의 요소를 먼저 찾아야 한다. 즉 해당 업종에서는 당연시되고 있는 가치 요소들을 먼저 찾아서 이를 업계의 관행적 표준으로 설정해 놓아야 한다.

그 다음 이러한 업계의 관행적 표준으로부터 어떠한 가치요소를 E, R, C, R 할 것인지를 찾아야 한다. 여기서 가치요소들은 가격, 기능, 품질, 디자인, 제품 및 서비스 정보, 유통채널, 고객관리 방식, 기타 부가서비스 등의 가치 영역들에서 도출된다. 따라서 가치영역별로 E, R, C, R을 통해 차별화될 수 있는 가치요소들을 찾는 것이 핵심이다.

이는 다음의 4가지 질문에 대한 답을 지속적으로 도출하는 과정에서 찾을 수 있다.

첫째, Eliminate(제거): 기존의 경쟁이나 유사 제품/서비스 현황에서 제거해도 타격이 적은 요소는 무엇인가?

둘째, Reduce(감소): 기존의 경쟁이나 유사 제품/서비스 현황에서 기존 관행적 표준보다 낮은 수준에서 제공되어도 별 문제가 없는 요소는 무엇인가?

셋째, Create(생성): 기존의 경쟁이나 유사 제품/서비스 현황에서 아직까지 한 번도 제공하지 못한 새로운 요소는 무엇인가?

넷째, Raise(증가): 기존의 경쟁이나 유사 제품/서비스 현황에서 기존 관행적 표준보다 높은 수준으로 제공하는 것이 바람직한 요소는 무엇인가?

| 표 6-1 | ERCR에 의한 가치요소 도출

구분	E	R	C	R
가격				
기능품질				
디자인				
제품 및 서비스 정보				
유통채널				
고객관리 방식				
기타 부가서비스				

위의 질문을 통해 ERCR에 의한 가치요소 표를 채워볼 수 있다. 이때 ERCR의 순서상 Eliminate(제거)와 Reduce(감소)가 먼저 진행한다는 점에 주목할 필요가 있다. 자원이 없는 창업가로서는 모든 것의 가치를 높이는 것은 불가능하기 때문에 이러한 선택과 집중의 과정은 필수적이다. 이를 위해서 먼저 제거와 감소를 통해 비용을 줄일 수 있는 가치요소를 찾아야 이를 통해 확보된 자원으로 새롭게 Create(생성)하고 Raise(증가)될 가치요소에 투자할 수 있기 때문이다.

마지막으로 Create(생성)하고 Raise(증가)된 새로운 가치요소들 중 핵심적인 몇 가지 조합을 통해 실현 가능할 것으로 보이는 창업아이템을 찾으면 된다. 이를 통해 창업가가 기존의 제품 및 서비스와 어떤 점을 차별화하려는 것인지에 대한 콘셉트가 분명하게 드러나도록 해당 조합을 구성하는 것이 필요하다. 몇 가지 조합으로 인해 고객이 기존 제품 및 서비스에서는 느낄 수 없는 새로운 가치를 느낄 수 있도록 아이템의 콘셉트를 명확하게 하는 것이 좋다. 이를 위해 필요하다면 창업아이템을 구성할 수 있는 가치요소의 수를 한정 짓는 것도 방법이다. 예를 들어, 3~4개의 C와 R의 가치요소들로 구성할 것으로 제한해 놓는 것도 필요하다. 이를 통해 창업가가 시장에 제공하려는 아이템의 유형들이 도출될 수 있으며 이 중에서 가장 콘셉트가 명확하고 차별화된 가치를 제공해 줄 수 있는 아이템들을 선정하면 된다.

이처럼 ERCR 기법의 장점은 창업가가 비용을 절감함과 동시에 차별적 우위를 점할 수 있는 아이템을 발굴할 수 있다는 점이다. 하지만 다양한 기존 업계의 관행적 표준을 잘못 판단하거나 너무 다양한 가치요소가 도출될 경우 창업하려는 아이템의 콘셉트가 불분명해질 수 있다.

|표 6-2| 옐로우테일(호주 와인)의 ERCR 프레임워크

제거	증가
• 와인 전문용어와 특색 • 숙성 연도와 품질 • ATL마케팅	• 저가 와인 대비 가격 • 소매상 참여
감소	**생성**
• 와인 맛의 복합성 • 와인의 종류 • 와인 산지의 명성	• 대중 친화성 • 선택의 용이성 • 재미와 모험

|표 6-3| 시르크 뒤 솔레이유(태양의 서커스)의 ERCR 프레임워크

제거	증가
• 스타 곡예사 • 동물 묘기 쇼 • 구매 매점 • 복합 쇼 무대	• 독특한 공연장
감소	**생성**
• 재미와 유머 • 스릴과 위험	• 테마 • 세련된 관람 환경 • 다양한 공연작품 • 예술적 음악과 무용

7) '트리즈' 기법에 대한 이해

트리즈(TRIZ)는 발명 아이디어를 도출할 수 있도록 도와주는 것으로 러시아어 Teoriya Resheniya Izobretatelskikh Zadatch의 약자이다. 트리즈는 1940년대 러시아의 학자 겐리히 알트슐러(Genrich Altshuller)에 의해 만들어졌다. 그는 200만여 건의 특허를 조사하여 어떤 공통의 법칙과 패턴을 발견하였다. 모든 발명에는 하나 이상의 모순(강도가 높아지면 무게가 많이 나감, 무게를 줄이면 강도가 떨어짐 등)이 포함되어 있으며 이러한 모순을 해결하기 위해 40가지의 발명원리를 개발하였다.

트리즈(TRIZ)는 앞서 설명한 아이디어 발상기법과는 달리 원래는 기존 아이디어, 기술, 제품을 개발하는 과정에서 발생되는 문제점을 해결하기 위한 기법이지만 기존 것들의 모순점을 해결하는 과정에서 새로운 아이템의 아이디어 발굴이 가능하다는 점에서 아이템 발굴을 위한 기법으로 활용이 가능하다.

트리즈의 가장 중요한 포인트는 모순을 잘 정리하는 것이다. 모순에는 기술적 모순과 물리적 모순이 있다. 기술적 모순은 어느 한 요소를 개선하고자 할 때, 다른 요소가 악화되는 상황을 말한다. 예를 들면, 철근의 강도를 높이면 무게가 증가하는 것을 들 수 있다. 물리적 모순은 어느 요소가 좋음과 나쁨을 동시에 갖는 것이다. 예를 들면, 면도기 날의 성능이 높기 위해서는 날카로워야 하나, 상처가 날 수 있다는 단점을 동시에 가진다.

이러한 모순들은 4가지의 분리원리 즉, 시간분리, 공간분리, 조건분리 및 자원과 수단활용을 적용하여 모순 해소 방향으로 생각하면 새로운 아이디어를 얻을 수 있다.

한편, 트리즈의 40가지 발명 원리는 특허 분석을 통해 얻은 결과이다. 수만 개의 우수한 해결책 중에서 같거나 유사한 것을 묶고, 반복적으로 사용된 방식을 요약한 것이다. 이 원리는 효율적이기 때문에 누구나 쉽게 사용할 수 있다.

또한 트리즈에서 신사업 아이디어를 체계적으로 찾는데 도움이 되는 나인윈도우즈(Nine Wondows) 템플릿이 있는데 시간과 시스템의 단계를 축으로 하여 아홉개의 창을 축의 값에 맞도록 채워가면서 새로운 제품 아이디어를 창출하는 기법이다.

|표 6-4| 트리즈의 40가지 발명원리

No.	발명원리	설명	예
1	분할 (Segmentation)	물체를 독립된 부분으로 나눈다, 쪼개서 사용한다.	조립식 가구
2	분리 (Extraction)	필요한 부분만 뽑아낸다, 방해가 되는 부분이나 속성을 물체로부터 분리한다.	한약재 유효성분 추출, 새가 싫어하는 소리를 녹음(새를 쫓기 위함)
3	국소품질 (Local quality)	물체의 각 부분이 다른 기능을 수행하게 한다, 전체를 똑같이 할 필요는 없다.	다기능 공구, 지우개 달린 연필
4	비대칭 (Asymmetry)	물체의 구조를 대칭에서 비대칭으로 바꾼다.	비대칭 깔때기, 비대칭 혼합 용기(믹서, 레미콘 트럭)
5	병합 (Merging)	물체의 기능을 모아 두거나 병합한다, 한번에 여러 작업을 동시에 한다.	오디오 세트, 절삭을 하면서 절삭 공구에 냉각제를 뿌림
6	범용성 (Universality)	시스템이 여러 기능을 수행하도록 한다.	침대용 소파, 치약이 포함된 칫솔 손잡이
7	포개기 (Nesting)	하나의 물체를 다른 물체 속에 넣는다, 안에 집어넣는다.	라디오 안테나, 비행기의 착륙장치
8	평형추 (Counterweight)	지구중력 속에서 물체의 무게를 공기나 물 등의 주위 환경과 상호작용하게 한다.	건설용 기중기, 플래카드를 지지하기 위하여 헬륨 풍선을 이용

No.	발명원리	설명	예
9	사전 예방조처 (Preliminary anti-action)	사전에 역작용을 고려하여 조처를 취해 놓는다, 미리 반대방향으로 조치를 취한다.	페인트칠을 하지 않을 곳을 미리 테이프로 싼다.
10	사전 준비조처 (Prior action)	물체가 겪게 될 변화를 미리 겪게 한다.	미리 풀칠해 둔 벽지, 무디어진 부분을 잘라내서 사용하는 칼날
11	사전 보호조처 (Brforehand cushioning)	신뢰성이 낮은 물체에 대하여 미리 비상 수단을 준비해 둔다, 미리 예방조치를 취한다.	예비 낙하산
12	높이 유지 (equipotentiality)	물체를 들어 올리나 내리지 않도록 작업 조건을 변화시킨다.	선박 건조용 도크, 자동차 엔진오일을 교환하기 위하여 작업자가 구덩이에 들어가서 작업
13	반전 (Inversion)	반대로 해본다, 문제를 해결하기 위해서 반대의 조치를 취한다.	푹신한 침대 대신에 돌침대, 러닝머신(사람이 움직이지 않고, 땅이 움직인다)
14	타원체 (Spheroidality)	직선을 곡선으로 바꾸어 본다.	컴퓨터 볼 마우스, 활주로가 짧은 비행장은 직선이 아니라 곡선 활주로를 이용한다
15	유연성 (Flexibility)	물체가 유연하지 않다면 유연하게 한다, 부분/단계마다 자유롭게 움직이도록 한다.	조정 가능한 핸들, 휘어지는 모니터
16	초과 또는 부족 (Partial or excessive action)	조금 더 하거나 덜 하는 방법을 이용한다, 지나치거나 부족하게 한다.	이미지 압축기술, 페인트칠 할 때 과도하게 뿌린 다음에 초과된 부분만 제거
17	다른 차원 (Another dimension)	물체를 2차원 혹은 3차원 공간으로 옮긴다(X축 또는 Y축으로 차원을 이동한다).	덤프트럭, 타워형 주차장
18	진동 (vibration)	물체를 진동시킨다, 진동을 이용한다.	초음파 진동을 이용한 결석 파괴, 진동하는 날을 가진 전자 조각칼
19	주기적 조처 (Periodic action)	연속적으로 하는 대신 주기적인 조처를 취한다.	잔디밭의 스프링클러, 주기적으로 진공을 주면 진공청소기로 이불이나 카페트를 청소할 수 있다

No.	발명원리	설명	예
20	유용한 작용의 지속 (Continuity of useful action)	물체의 모든 부분이 항상 최대한으로 작동하게 한다, 유용한 작동은 쉬지 않고 지속하게 한다.	대형 화학 공장에서 24시간 가동, 프린트 용지를 공급하는 동안 인쇄
21	건너뛰기 (Skipping)	유해하거나 위험한 공정을 최고속도로 수행한다, 유해하다면 빨리 진행해버린다.	주사를 놓을 때, 주사 바늘을 신속히 찌름, 치아를 갈 때 치아 조직이 가열되는 것을 피하기 위해서 드릴을 고속으로 회전
22	유해물을 이용한 전화위복 (Convert Harm into Benefit)	바람직한 효과를 얻으려고 해로운 요인을 부분적으로 사용한다, 유해한 것을 좋은 용도로 바꾼다.	음식물 쓰레기를 퇴비로 만든다, 폐기물의 열을 사용하여 전기를 발생시킨다.
23	피드백 (Feedback)	공정을 개선하기 위해서 피드백 과정을 도입한다.	온도 설정 자동 냉난방 장치, 냉방을 할 때 에너지의 효율을 위해서 자동온도조절장치의 민감도를 변화시킨다.
24	중간 매개물 (Intermediary)	중간 매개체 혹은 중간 공정을 사용한다, 직접 하지 않고 중간 매개물을 이용한다.	냄비를 놓은 냄비 받침, 뜨거운 접시의 용기 받침
25	셀프서비스 (Self-Service)	보조기능을 수행함으로써 물체가 자신에게 서비스하도록 한다, 스스로 기능이 수행되도록 한다(자동화).	태양전지로 자동 충전되는 교통표지, 엔진의 열을 이용한 난방
26	복제품이용 (Copy, Copying)	비싸고, 깨지기 쉽고, 복잡하여 이용이 어려운 물체 대신 값싸고 간단한 복제품을 이용한다.	사진 크기를 측정하여 실제 물체 크기측정(화성 표면의 사진을 조사)
27	일회용품 (Cheap short-living objects)	비싼 물체를 값싼 물체로 교체한다, 한번 쓰고 버린다.	일회용 카메라, 일회용 컵
28	기계 시스템의 대체 (Replacing Mechanical System)	다른 기계적 원리를 수행하는 대상이나 시스템과 교환한다.	전자석을 이용한 자기부상열차, 액체의 밀도를 변화시키기 위해서 자성 물질을 사용한다.
29	공기나 유압의 사용 (Pneumatics and Hydraulics)	고체 대신에 기체나 액체를 이용한다.	물침대, 겔로 채워진 신발 밑창

No.	발명원리	설명	예
30	얇은 막 (Flexible Membrance and Thin Films)	3차원 구조 대신에 유연한 막과 얇은 필름을 이용한다.	랩, 물침대
31	다공성 물질 (Porous Materials)	물체를 다공성으로 만들거나 다공성 물질을 첨가한다, 구멍이 숭숭뚫린 물질을 사용한다.	진공청소기 필터, 무게를 줄이기 위해서 구조물에 구멍을 뚫는다.
32	색상 변화 (Color changes)	물체나 외부 환경의 색을 변화시킨다, 색깔 변형 등 광학적 성질을 이용한다.	주사 후 변색되는 주사기, 투명한 붕대
33	동질성 (Homogeneity)	똑같은 재료 혹은 동일한 특성의 물체로 상호작용하게 한다, 기왕이면 같은 재료를 사용한다.	소시지 포장지를 먹어도 되는 물질로 만듦, 다이아몬드는 다이아몬드로 만든 절단 도구를 이용하여 자른다.
34	폐기 및 복구 (Discarding and recovering)	기능을 수행했거나 더 이상 필요하지 않은 물체는 증발되거나 용해되어 없어진다.	캡슐로 된 가루약의 캡슐부분(녹는 알약 캡슐)
35	특성 변화 (Parameter Changes)	물체의 물리적 상태 및 속성을 변화시킨다.	활어 운반 시 급속 냉동시켜 운반, 산소, 질소 등을 수송할 때 부피를 줄이기 위해서 액체 상태로 운반
36	상태 전이 (Phase Transitions)	상테전이시 동반되는 물리적인 현상(부피, 열의 방출, 혹은 흡수 등)을 이용한다.	냉매를 이용한 냉장고의 냉동(물은 다른 액체와는 달리 얼면 부피가 팽창)
37	열팽창 (Thermal Expansion)	물질의 열팽창을 이용한다. 원료의 열을 높이거나 줄인다.	열기구, 바이메탈(서로 다른 종류의 금속을 부쳐 놓아 온도 변화에 따라 움직임이 달라짐)
38	강한 산화제의 이용 (Use Strong Oxidants)	일반 공기를 산소가 많은 공기로 바꾼다, 반응의 속도를 증가시킨다.	병원 치료용 산소통, 환자를 고압산소 환경에서 치료하여 박테리아를 제거
39	불활성 환경 (Inert Envirionment)	정상적인 환경을 불활성 상태로 만든다, 비활성 가스를 이용한다.	식품 보관 시 진공상태로 보관, 아르곤 기체를 이용하여 뜨거운 금속 필라멘트의 파손을 막는다.
40	복합재료 (Composite Materials)	단일성분의 재료 대신에 복합재료를 이용한다.	복합재료로 만든 낚싯대, 비행기 동체의 복합재료(가볍고 강하고 유연한 재료)

출처: '실전으로 배우는 발명 · 특허 윤상원지음, 한빛 아카데미 31~32P'을 참고하여 필자가 재구성.

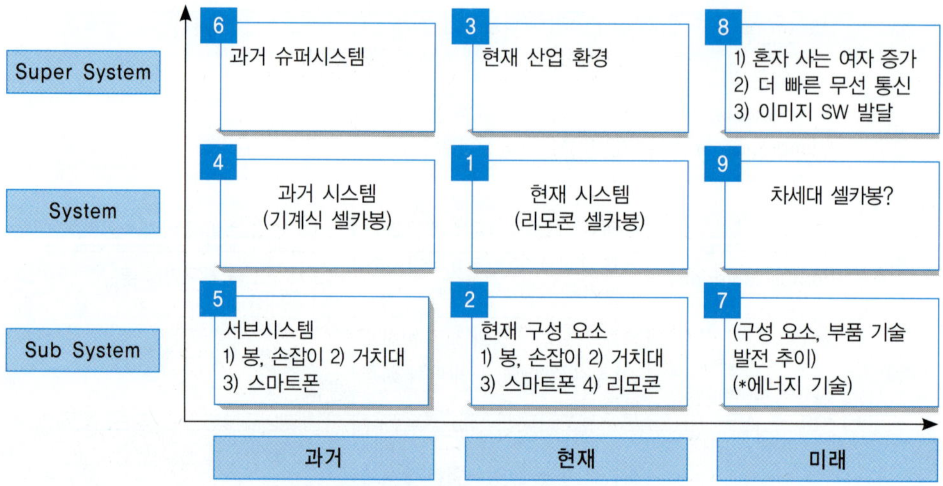

그림 6-17 나인 윈도우즈 작성사례 1

주) 기업과 정신의 이해 (2014). 이경원 외

	과거	현재	미래
Super System	**6 과거 슈퍼 시스템** 환경 – 수돗물에 대한 불신 산업 – 중소기업의 정수기 제조 – 필터(크고 단순한 기능)	**3 현재 슈퍼 시스템** 환경 – 건강에 대한 관심 증가 산업 – 대기업 진출 및 렌탈산업 활성화 – 부피의 소형화 및 소재의 변화(메탈)	**8 미래 슈퍼 시스템** 사용자(고객) – 아토피 환자 및 가족/아토피 진료기관 Needs, Value – 아토피 환자에게 유익한 알칼리수 – 원하는 온도 조절 – 예약된 시간에 씻을 수 있는 양의 물 준비
System	**4 과거 시스템** 정수기 – 중소기업의 정수기 제조 – 필터(크고 단순한 기능) – 정수기 본연의 목적에 맞춤 – 부피가 크며 심플한 디자인 추구	**1 현재 시스템** 다기능 정수기 – 편의를 위한 기능의 다양화(정수, 냉수, 온수, 얼음)	**9 미래 시스템** Smart 알칼리 정수기 – 현재시스템 기본기능 + 추가기능 – 정수 전 수돗물의 정보 제공(오염도) – 이용자 별 맞춤온도 제공 – 수증기를 이용한 약물치료 기능 – 도메인 전문가 인터뷰 반영
Sub System	**5 과거 서브 시스템** 구성품 – 필터(대형) – 본체 – 물통(플라스틱)	**2 현재 서브 시스템** 구성품 – 다중필터(소형) – 본체 – 물통(메탈) – 직수관 – 냉온 및 냉각 시스템	**7 미래 서브 시스템** 구성품 – 현재 서브 시스템 기본+ 추가, 기화기 – IoT센서(온도, 수질, 정수량 체크 센서) – 소모품 관리 및 원격제어를 위한 통신모듈 – 탈착형 탱크(씻는 물 담는 통)

그림 6-18 나인 윈도우즈 작성사례 2

Practice 6-1 니즈-기술 변화 매트릭스(N-T Change Matrix)를 통한 창업 아이템의 탐색과 발굴하기

〈니즈 변화 분석〉

1. 목적: 기존 제품과 서비스를 분석해서 새로운 창업 아이템을 찾는 방법을 이해하고, 창업 아이템을 발굴하는 데 목적이 있다.
2. 진행방법

- 기존 제품과 서비스를 선택하고, 그에 따른 고객을 정의한 다음에, 고객 니즈를 분석한다.
- 그런 다음에, 기존 제품과 서비스를 사용함에 있어서 문제점과 원인을 찾아보고 이에 따른 새로운 기존 제품 문제의 개선방향을 도출해 본다.

니즈 (Needs)	1. 기존 제품 · 서비스의 선정	2. 사용상 문제점 제기	3. 기존제품의 문제 개선 방향 도출 결과
개선방향 (1)	(기존 제품 · 서비스의 고객 정의 및 니즈 분석 결과 기술)	문제점 (1) :	개선방향 도출 결과 (1) :
개선방향 (2)		문제점 (2) :	개선방향 도출 결과 (2) :
개선방향 (3)		문제점 (3) :	개선방향 도출 결과 (3) :

〈기술 변화 분석〉

1. 목적: 기술의 변화를 분석해서 창업아이템을 발굴하는 방법을 이해하고, 창업아이템을 발굴하는 데 목적을 두고 있다.
2. 진행방법

- 관심을 가지고 있는 업종을 선정한 다음에, 관련 기술을 나열한다.
- 핵심요소 기술 및 관련 융합기술의 변화를 찾은 다음에, 이러한 기술의 변화에 따른 기존 제품 및 서비스의 개선방향을 찾아본다.

기술 (Technology)	1. 기존 제품·서비스의 핵심기술 탐색	2. 핵심기술의 개선방향 도출 결과	3. 융합기술의 개선방향 도출 결과
개선방향 (1)	(기존 제품·서비스의 핵심 요소기술 및 관련 융합기술의 변화방향 기술)	개선방향 도출 결과 (1):	개선방향 도출 결과 (1):
개선방향 (2)		개선방향 도출 결과 (1):	개선방향 도출 결과 (2):
개선방향 (3)		개선방향 도출 결과 (1):	개선방향 도출 결과 (3):

Practice 6-2 니즈-시즈 체인 맵핑(N-S Chain Mapping)을 통한 창업아이템의 탐색과 발굴하기

아래의 설명에 따라 연쇄적인 반응을 통한 N-S 체인 맵핑 기법의 전개도를 작성해 본다.

1. N-S 체인 맵핑 Ⅰ은 창업하려는 사업영역 내 대표적인 기존 제품/서비스를 선정하고 해당 제품/서비스가 현재의 기술수준으로 발전하기까지의 사회적 욕구(Needs)와 기술(Seeds) 연쇄반응의 과거사를 화살표(→)를 이용하여 도식화한다.

1. N-S 체인 Ⅰ 맵핑
기초적인 니즈(needs) → 기술(seeds) → 제품 출현 → 파생 니즈(needs) → 기술(seeds) → 개선사항을 반영한 제품 출현 → …

2. N-S 체인 맵핑 Ⅱ 에서는 이상의 현 제품/서비스의 발전사를 통해 개발된 기술의 끝단에서 화살표(→)를 이용하여 미래의 제품/서비스로 발상의 연쇄를 진행한다. 이때 기존 제품에서는 미처 생각하지 못한 미충족 욕구(unmatched needs)의 발견이 중요하다.

1. N-S 체인 Ⅱ 맵핑

제품 → 서비스 출현 → 출현 제품 → 서비스의 불완전성(unmatched needs) 1 → 기술(seeds) 1 → (개선) 신제품 → 서비스 출현(seeds) 1 → 출현 제품 → 서비스의 불완전성(unmatched needs) 2 → 기술(seeds) 2 → (개선) 제품 → 서비스 출현(seeds) 2 → …

Practice 6-3 퓨처스 휠(Futures Wheel)을 통한 창업아이템의 탐색과 발굴하기

아래의 단계에 따라 퓨처스 휠(Futures Wheel)을 통한 미래 변화 확장 및 창업아이템 탐색과 발굴 작업을 수행해 본다.

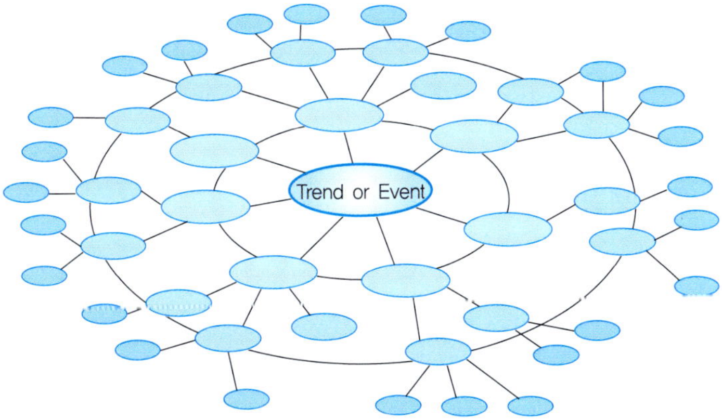

첫 번째, 사업영역에 매우 큰 영향을 미칠 수 있는 주요 트렌드, 사건, 미래에 벌어질 중요한 이슈들을 정하여 퓨처스 휠의 한 가운데에 있는 원에 적는다.

두 번째, 창업팀원들과 함께 한가운데에 있는 원 안의 주요 트렌드, 사건 및 이슈들이 확산된다면 이로 인해 발생할 파급 효과나 함께 일어날 일은 어떤 것이 있을지를 브레인스토밍한 후, 합의된 결과를 1차 영향 주변의 원 안에 적는다.

세 번째, 맨 처음 적었던 중심 원의 트렌드, 사건 및 이슈는 잊어버리고 1차 영향들로 만들어진 타원들 각각에 의해 생겨날 또 다른 영향이나 결과물을 토론하여 두 번째 고리에 해당하는 원 안에 적는다.

네 번째, 이러한 미래 변화의 파급영향들로 인해 당신의 사업영역에 있는 소비자들이 어떠한 불편함, 불만족, 또는 추가적으로 해결되기 원하는 미충족 욕구를 갖게 될 것인지를 토의한다.

마지막으로 이상의 결과물들을 정리하면서 현실적으로 이러한 미충족 욕구들을 해결하기 위해서 어떠한 아이템들이 필요할 것인가를 생각한다.

Practice 6-4 스캠퍼(SCAMPER)를 통한 창업아이템의 탐색과 발굴하기

- **Substitute(대체하기, 바꾸기)**: 어떤 것의 대체로 사용할 수 있는 것에는 무엇이 있을까요? 예) 우산의 대체
- **Combine(결합하기, 합치기)**: 새로운 용도를 위해 결합한 것에는 무엇이 있을까요? 예) 우산과 전등의 결합
- **Adapt(차용하기, 나의 상황에 적용하기)**: 다른 상황에 사용하기 위해 조정된 것에는 무엇이 있을까요? 예) 손이 불편한 장애인들을 위해 우산의 손잡이를 옷에 고정
- **Modify(변경/변형하기, 확대하기, 축소하기)**: 원래의 것을 크기나 모양을 변형한 것에는 무엇이 있을까요? 예) 바람에 날리지 않게 크기나 폭을 변형한 우산
- **Put to other uses(전용하기, 다르게 활용하기)**: 원래의 것을 의도하지 않았던 방식으로 사용하는 방법이 무엇일까요? 예) 우산의 살과 천을 활용한 스커트
- **Eliminate(제거하기, 빼기)**: 제품의 개선 또는 새로운 특성을 강조하기 위해 어떤 부분을 제거할 수 있을까요? 예) 우산의 살과 천을 없애고 손잡이 부분만을 옷걸이로 사용
- **Reverse(역발상으로 뒤집기, 재배열하기)**: (아래 위나 왼쪽과 오른쪽을) 거꾸로, 반대 방향으로, (안과 밖을) 뒤집어 새롭게 만들어진 제품은 어떤 것이 있을까요? 예) 우산의 안쪽을 바깥쪽으로 뒤집어 애견용 우산으로 사용

실습 사례 1

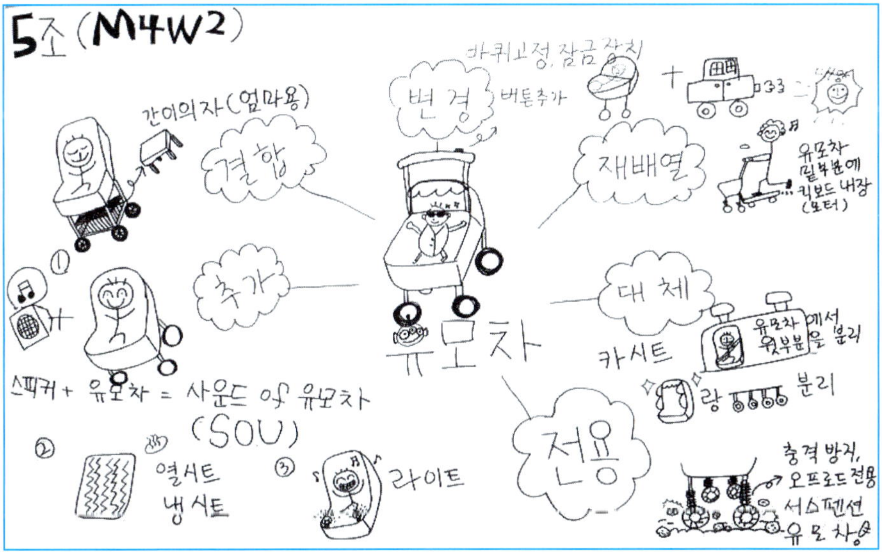
5조 (M4W2)
바퀴고정, 잠금장치
변경
버튼추가
간이의자(엄마용)
결합
재배열
유모차 밑부분에 킥보드 내장 (모터)
추가
대체
유모차
유모차 윗부분을 분리
카시트
랑
분리
스피커 + 유모차 = 사운드 of 유모차
(SOU)
전용
충격 방지, 오프로드 전용
서스펜션 유모차
열시트
냉시트
라이트

실습 사례 2

Jacket + 배낭
전용 put to the others
결합 Combine
적용 adapt
modify
재질(material)
Any type of bags (unstrapped)
Open Back Pack with Velcro
seperated each pocket
공모양

실습 양식

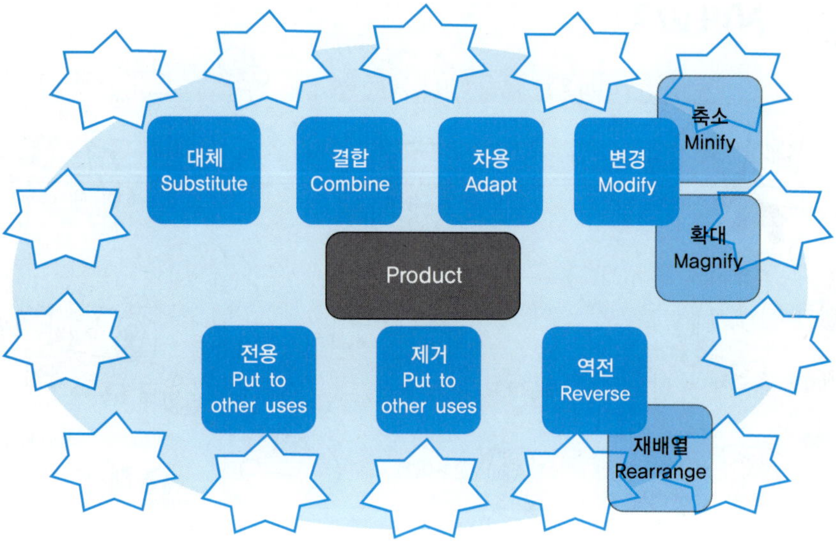
축소
Minify
대체
Substitute
결합
Combine
차용
Adapt
변경
Modify
확대
Magnify
Product
전용
Put to
other uses
제거
Put to
other uses
역전
Reverse
재배열
Rearrange

Practice 6-5 만다라트(Mandalart)를 통한 창업아이템의 탐색과 발굴하기

실습 사례

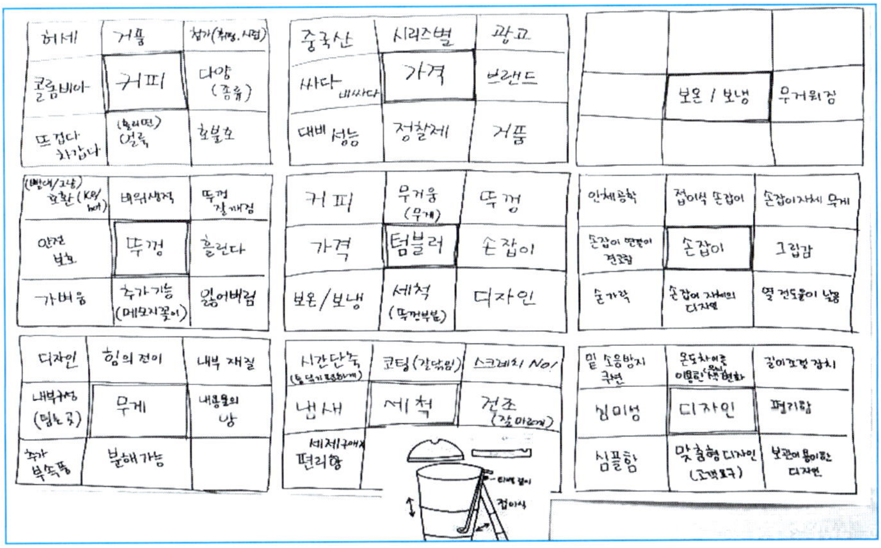

실습 양식

	1			2			3	
			1	2	3			
	8		8	아이템	4		4	
			7	6	5			
	7			6			5	

Practice 6-6 차별화 프레임워크(ERCR)를 통한 창업아이템의 탐색과 발굴하기

아이템 내용	
제거	감소
- - - -	- - - -
생성	증가
- - - -	- - - -

Practice 6-7 트리즈(TRIZ)를 통한 창업아이템의 탐색과 발굴하기

아이템 내용	
40가지 발명원리단어 중 연관단어 4개 선택	
첫 번째 단어	두 번째 단어
- - -	- - -
세 번째 단어	네 번째 단어
- - -	- - -

Practice 6-8 나인윈도우즈(Nine Wondows)를 통한 창업아이템 탐색 및 발굴하기

	과거	현재	미래
Super System		– 트렌드 – 산업 – 환경	
System		– 제품 – 서비스	
Sub System		– 구성 요소 – 부품, 기호	

아이템 정의 및 콘셉트, 보물을 알기 쉽게 설명하려면?

CHAPTER 7

1. 창업아이템 정의서 작성

창업아이템을 보다 명확하고 간단하며 구조적으로 표현하여 이해도와 타당도를 제고하기 위하여 아이템 정의서를 작성한다. 아이템 정의서는 창업아이템 세부 내용인 제품이나 서비스 내용의 기능이나 성능, 기술 및 서비스 내용들을 보다 시각적이고 구조적인 모습으로 간단하고 명료하게 표현하기 위하여 크게 3부분의 형태로 구분하여 아이템 정의서를 작성하게 된다.

먼저 제품이나 서비스가 제공되는 대상 고객, 즉 목표고객, 더 나아가 대표적인 고객의 특정인물을 설명하는 대상고객의 정의 내용을 기술한다. 이와함께 기능, 성능, 기술 및 서비스 등의 차별화 내용 및 제품명, 서비스명, 기술명 등의 일반적이고 보통적인 내용으로 구성된다.

여기서 제품이나 서비스의 차별화 내용은 시장이나 고객의 요구사항, 불편사항 및 개선사항 등의 문제 및 개선 내용을 포함하며 더 나아가 고객의 희망사항 및 감동사항의 내용들까지도 표현할 수 있으면 더욱 훌륭한 차별화 요인 내용이 될 것이다. 그리고 마지막으로 제품명, 서비스명 및 기술명 등의 내용은 일반적이며, 간단하면서도 명확하게 서술되어야 한다.

이를 도식화하여 설명하면 그림 7-1과 같다.

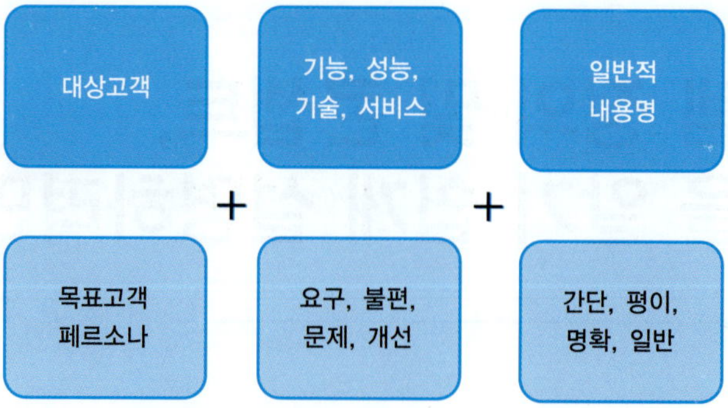

그림 7-1 창업아이템 정의서 작성 구조도

2. 창업아이템 콘셉트 보드 작성

창업아이템의 콘셉트는 업종에 따라 다양한 의미를 가지고 있는 용어이다. 제품과 서비스 관점에서 접근하면 '특별한 것', '독창적인 것', '차별적인 가치관과 행동'으로 접근해볼 수 있다. 한 단어로 명쾌하게 정의를 내리면 '메시지'로 정의할 수 있다. 여기서 말하는 창업아이템 콘셉트는 소비자 욕구를 충족시켜주는 핵심 편익을 개념화한 것을 의미한다. 사업화 추진을 위해 표출한 추상적인 아이템이 최종 구매자인 소비자에게 실질적으로 필요한 욕구를 구체화하는 것이다. 특히, 창업아이템 콘셉트를 만들 때는 명쾌하고 본질적으로 접근하는 것이 중요하다. 창업기업 차원에서 창업아이템의 콘셉트 가치는 '미션', '전략 수립', '상품 브랜드'로 접근해볼 수 있으며, 제품 차원에서 창업아이템 콘셉트 가치는 '제품의 두드러진 특징', '차별적인 우위성', '고객에 제공하는 혜택'이다.

제대로 만들어진 성공적인 콘셉트는 구매에 대한 관여 수준을 높여주고 긍정적인 태도로 변화시키는 매개 효과를 창출한다. 또한 소비자의 시선을 사로잡는 '비주얼 아트'가 만들어진다. 여기서 비주얼 아트는 '시각적 몰입'과 '긍정적인 지적 유희'를 창출하는 효과를 의미하며, 소비자가 상품을 구매하는 의사결정과정에서 구매에 대한 이해성, 일관성, 설득성을 높여준다.

창업아이템이 발굴된 이후에는 사업 현실화 가능성을 위해 '고객요구 적합성'과 '독특한 가치'에 대해서 체크해 보아야 한다.

고객요구 적합성은
– 과연 고객의 요구 조건이 무엇인가?
– 고객에게 전달하는 효용 가치가 명확한가?
– 목표 시장이 활성화되어 있는가?
에 대해서 확인하여 보는 것이며,

독특한 가치는
– 어필 포인트가 무엇인가?
– 타기업, 타제품보다 경쟁력과 차별화가 있는가?
– 제품에 시장의 트렌드와 혁신적인 아이디어를 적용하였는가?
에 대하여 확인하는 것이다.

이상과 같이 발굴된 창업아이템의 내용을 가지고 1차적으로 '아이템 콘셉트 보드'라는 양식에 맞추어 내용을 확인하게 된다.

아이템 콘셉트 보드는 아이템의 모습, 개요 및 메시지 등을 담아 표현하여 창업기업의 주관적인 입장에서 내용을 정리하는 것 뿐만 아니라 시장이나 고객 등 보다 객관적인 관점에서 합리적이고 체계적으로 창업아이템을 살펴볼 수 있는 것이다.

결론적으로 창업아이템 컨셉트 보드는 다음 3가지의 특징과 내용을 담고 있다고 말할 수 있다.

1. 아이템 콘셉트 보드는 고객/시장의 입장에서 아이템의 내용을 검토하는 방법이다.
2. 아이템 콘셉트 보드는 아이템의 모습, 개요 및 메시지 등을 담는 것이 보통이다.

3. 아이템 콘셉트 보드를 작성하여 창업자와 고객/시장의 측면에서 객관적으로 아이템의 내용을 평가해야 한다.

이상의 설명된 아이템 콘셉트 보드의 작성구조를 쉽게 이해하기 위하여 **그림 7-2**에 아이템 콘셉트 보드의 도식화된 내용을 나타내었다.

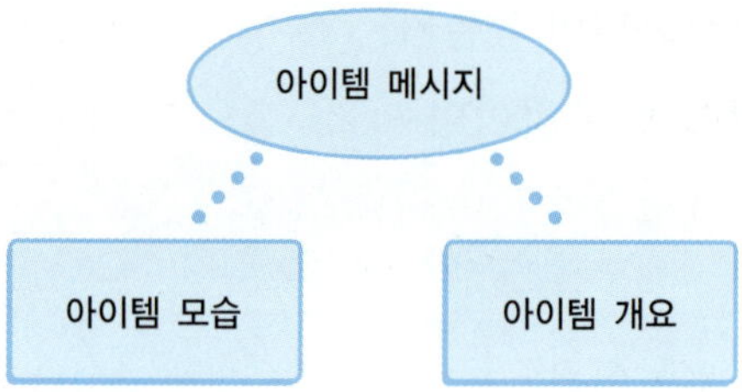

그림 7-2 창업 아이템 콘셉트 보드 구조도

또한 아이템 콘셉트 보드의 작성에 도움이 될 수 있는 작성사례를 **그림 7-3**과 **그림 7-4**에 나타내었다.

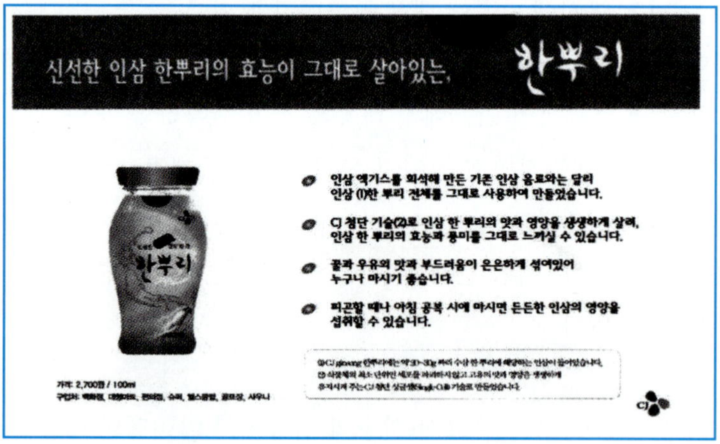

그림 7-3 창업아이템 콘셉트 보드 작성 사례 1

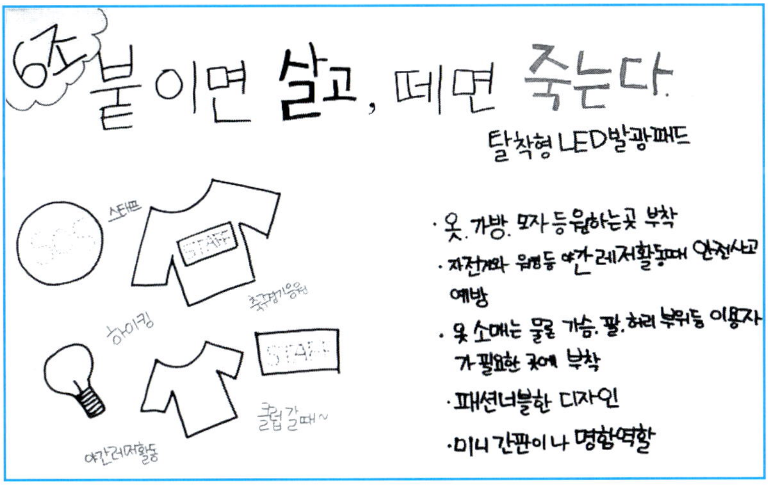

그림 7-4 창업아이템 콘셉트 보드 작성 사례 2

07

아이템 정의 및 콘셉트, 보물을 알기 쉽게 설명하려면?

Practice 7-1 창업아이템 정의서 작성 실습

목표고객, 페르소나	+	요구, 불편, 문제, 개선	+	간단, 평이, 명확, 일반

Practice 7-2 창업아이템 정의서 스킬업 작성 실습

교육자명	수준	아이템 정의서
	Before	
	After	
	Before	
	After	
	Before	
	After	
	Before	
	After	
	Before	
	After	

Practice 7-3 창업아이템 콘셉트 보드 작성 실습

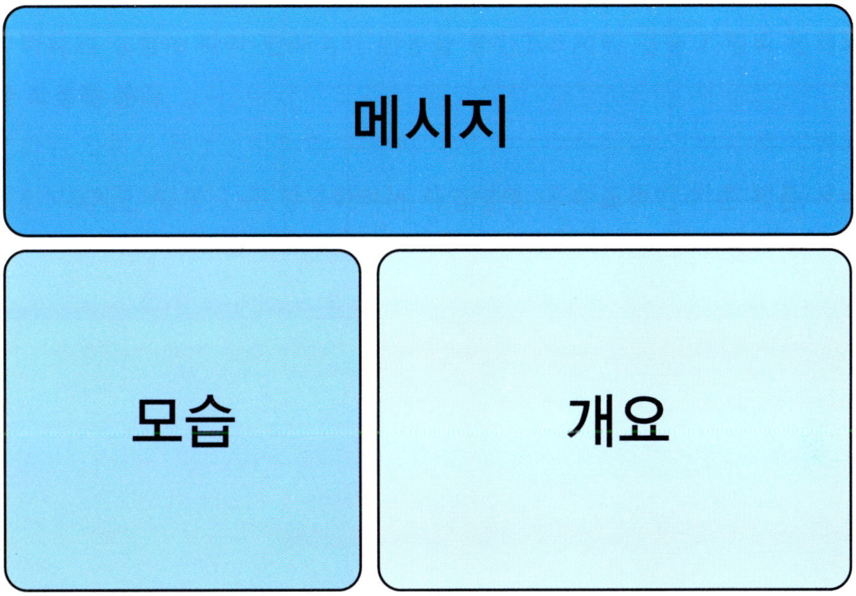

아이템 검증, 무엇이 가치 있는 보물인가?

CHAPTER 8

1. 창업아이템의 평가와 검증(Screeninig)의 개요

수많은 아이템을 탐색하고 발굴하지만 이 중에서 성공하는 아이템은 한정적이다. 어떤 아이템이 성공하고 어떤 아이템이 실패하는 것일까? 성공하는 창업아이템의 조건은 무엇인가?

이와 관련하여 벤처기업의 과거 창업 실패 사례 하나를 살펴보자. 이 기업이 도전했던 창업아이템은 3D 마네킹 뷰어 프로그램으로 마네킹에 가상의 옷을 입혀서 전후좌우로 돌려보고 자신에게 맞게끔 스타일을 바꿀 수 있는 애플리케이션이었다. 매년 창업하는 인터넷쇼핑몰의 수가 엄청나게 많기 때문에 창업자는 이러한 추세에 맞춰 쇼핑몰에 탑재되는 웹 기반의 프로그램을 제작한다면 성공할 것이라고 생각했다. 즉, 개발자인 친구의 능력을 믿고 쇼핑몰 증가세라는 시장의 수요를 가정한 채 생소한 프로그램 제작 사업에 뛰어들었던 것이다. 그런데 정작 개발을 담당한 친구의 연락이 점점 뜸해지더니 어느날 개발을 중지하고 취업을 하겠다며 일방적으로 중단해 버렸다. 투자를 받기 위해 사업계획을 쓰고 있던 창업자는 같은 기술을 가지고 있는 인력을 구하지 못하고 해당 사업을 접을 수밖에 없었다.

이 실패 사례가 시사하는 바는 무엇인가? 준비 없는 창업은 실패라는 교훈이겠지만, 이를 아이템 선정의 관점에서 보면 아이템이 아무리 좋아도 이를 내부에서 개발할 인력과 자본이 확보되지 않으면 성공할 수 없다는 것을 의미한다. 이는 핵심기술과 확실한 창업팀을 갖지 못한 채 아이템 개발에 뛰어들어서는 안 된다는 점을 잘 보여 주고 있다. 사실 20~30대 창업실패의 상당수가 서로를 믿기만 하고 준비 없이 창업을 긍정적으로만 바라보는 데에 있다. 이번 아이템 개발만 되면 다음일은 잘 풀릴 것이라는 막연한 생각을 가지고 친구들끼리, 동아리에서 모여 시작했다가 마감시간이 되면 서로 얼굴을 붉히는 경우가 태반이다. 사업은 단순한 친목모임이 아니기 때문에 아이템 개발 이전에 서로 일을 어떻게 나눠서 할 것인지에 대한 공감대를 명확하게 형성하고 필요한 부분은 계약서에 사인하고 일을 진행하여야 한다.

위 사례에서 사업 추진을 위한 여유자금 확보도 제대로 되었는지 의문시된다. 본인의 아이템이 좋다는 것을 홍보할 수 있는 자금과 개발을 위한 투자금에 얼마나 필요한 지를 명확하게 규명하고 투자자에게 완성된 아이템의 청사진 없이 앞으로 잘 될 것이라고 막연한 계획서를 보여야 하는 상황에서는 제대로 된 투자나 기타 도움을 받기 어려울 것이다. 충분한 자금을 지원받지 못한 친구가 자금사정에 쪼들려 취업을 선택할 수도 있었을 것이다.

이처럼 아이템 개발을 위해 창업자 자신은 적성에 맞는지, 개발 가능한 인력 및 자금 등의 자원은 확보했는지에 대한 현실적인 노하우를 사전에 점검하는 일이 중요하다. 또한 3D 마네킹 뷰어 프로그램처럼 아무리 좋은 아이디어라도 시장에서 수용 가능한지에 대한 사전점검이 미숙했던 것도 패인으로 보인다. 아무리 좋은 아이디어 상품이 있더라도 시장에서 수용이 안 되면 그대로 끝이다. 시장의 반응을 확인하지 못 한 채로 사업계획서를 작성한다면 투자는 받기 어렵고 매출은 하락하는 악순환을 만들 뿐이다. 시장의 관점에서 아이템을 점검하지 않고 잘 만들면 매출이 일어날 것이라는 막연한 기대감을 갖는 것은 큰 문제이다.

시장의 수요 확보와 관련하여 주의해야 할 것은 유행아이템과 유망아이템을 구분한 것이다. 유망아이템은 수요가 크고 지속적인 아이템이다. 이의 상당수가 일상생활과 밀접한 의식주 아이템이거나 사람들의 가장 기본적인 욕구를 충족시켜주는 아이템으로서 비수기도 없거나 짧아 수요가 크고 지속될 수밖에 없다. 대표적인 아이템으로는 우리의 생활에 들어와 문화로서 자리 잡은 스마트폰이나 라면이 이에 해당된다. 그런데 같은 라면이라도 일시적인 유행만 타고 지속되지 못하는 아이템이 될 수도 있다.

몇 년 전 팔도에서 출시한 '꼬꼬면'의 경우 하얀색 국물과 칼칼한 맛으로 소비자의 관심을 끌고 방송을 타면서 짧은 시간 내 급성장하여 2011년 12월 라면 시장 매출 2위(122억 원)라는 엄청난 기록을 세웠지만, 이듬해 1월 6위(86억 원), 2월 7위(58억 원), 3월 7위(54억 원), 4월 9위(30억 원), 5월 14위(23억 원)로 10위권 밖으로 밀려난 후 6월 16위(17억 원)로 급속도로 인기가 식어버렸다. 이처럼 유행아이템은 경제, 사회, 문화, 정책, 기후 변화 등 다양한 외부 변화에 따라 수요가 민감하게 영향을 받기 때문에 수요의 지속성과 반복성이 낮아 금방 소비자의 눈 밖에 벗어나게 되고 사라지기 십상이다. 따라서 창업아이템은 단순히 지금 소비자의 관심을 끌고 있는 유행에만 신경써서는 안 되며 소비자의 본능과 의식주 등 생활문화 전반에 깊숙이 영향을 미쳐 지속가능성이 확보될 수 있는 것을 선정해야 한다.

이상의 창업아이템 실패의 원인들을 반대로 생각하면 성공하는 창업아이템의 조건을 알 수 있다. 세계적인 컨설팅회사인 맥킨지의 전 아시아 대표이자 일본의 유명한 경제학자인 오마에 겐이치는 기업이 성공하기 위한 조건으로 3가지를 언급하였다.

첫째, 자신이 가장 잘하는 분야에서 경영하라.

둘째, 경쟁이 심하지 않은 곳에서 경영하라.

셋째, 고객이 많이 있는 곳에서 경영하라.

창업아이템을 가지고 시장에 진출하려는 창업자의 입장에서 이를 유심히 생각해 보면 2가지 관점으로 정리해볼 수 있다. '자신이 가장 잘하는 분야에서 경영하라'는 것은 창업자의 적성과 아이템 개발의 자원 확보가 가능한 분야에서 창업하라는 의미이며, '고객이 많이 있고 경쟁이 심하지 않은 곳에서 경영하라'는 것은 창업아이템의 차별적 가치로 인해 해당 아이템을 구매할 의사가 높은 시장을 선택해서 창업하라는 의미이다.

결국, 성공하는 창업 아이템은 창업자의 적성, 아이템 개발 자원 등 창업자 내부 역량과 충분한 시장수요 확보라는 2가지 조건을 만족시켜야 한다.

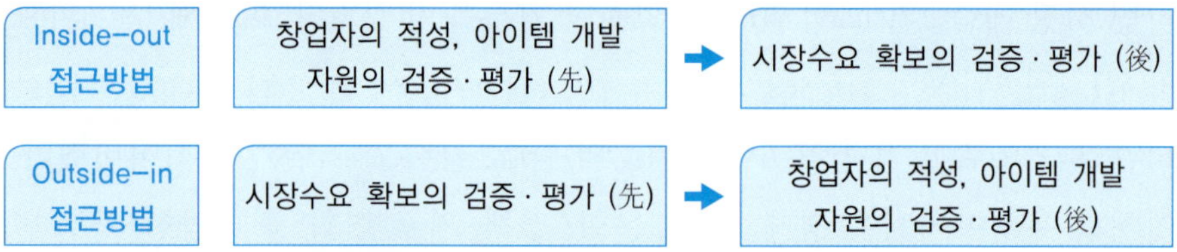

그림 8-1 성공하는 창업아이템 의 조건 도식화

2. 시장 · 고객 관점의 아이템 평가 및 검증(Outside-in 접근방법)

나의 아이템의 가치를 최종적으로 평가할 사람은 결국 시장에서 아이템을 구매할 고객이다. 따라서 아이템의 평가 및 검증을 정확하게 하려면 다양한 고객을 직접 만나 수행하는 것이 가장 정확하다. 하지만 앞서 말한 것처럼 자원이 부족한 창업기업의 입장에서는 가설적으로 아이템을 발굴하고 이에 대한 검증을 1차적으로 한 뒤 시장조사 및 분석을 진행하는 것이 현실적이다.

그렇다면 현 단계에서 시장에 있는 다수의 고객을 만나지 않은 상태에서 아이템을 평가 및 검증하는 가장 올바른 방법은 무엇일까? 창업가 자신과 고객의 입장이 될 수 있는 주변 사람들이 시장 · 고객의 관점을 중심으로 아이템을 평가하고 나서 창업자가 아이템 개발이 가능한지를 평가함으로써 창업아이템을 검증하는 것이 이에 해당한다. 먼저, 시장 · 고객의 관점에서 아이템을 평가 및 검증한다고 할 때 무엇을 가장 중요하게 보겠는가? 내가 생각한 창업아이템을 제품 또는 서비스로 구현해서 소비자의 눈앞에 펼쳐 놓았다고 생각하고 고객의 입장에서 상식적으로 판단해 보자.

해당 아이템을 구매할 사람이면 이것이 나에게 가치 또는 효용이 있는지를 보려고 할 것이다. 만약 가치가 있다고 판단된다면 그 다음에는 구매가격이 효용에 비교해서 비싸지 않은지를 확인하려고 할 것이다. 이렇게 시장 · 고객이 자신의 관점에서 아이템을 구매하겠다고 창업자에게 통보해 왔다면 창업자는 무엇을 고려해야 하겠는가? 고객이 요구한 효용과 가격에 적정한 이익을 내려면 비용을 어디까지 설정해야 할지를 결정해야 할 것이다. 만약, 비용을 충분히 절감할 수 없어 이익이 나지 않는다면 마케팅 목적상 특별한 사유가 있지 않는 한 아무리 고객이 해당 아이템을 원하는 가격에 구매하려고 한다고 해도 이에 맞춰 개발 및 출시할 수 없다. 해당 창업 아이템을 시장에 출시하기 위해서는 단가에 맞는 비용절감을 가능하게 하는 생산 및 운영혁신 방안을 도출해야만 할 수도 있다. 내부에서 해당 비용절감이 불가능하다면 제휴채널 등 외부의 파트너나 아웃소싱업체를 통해 가능할지를 확인해봐야 한다.

마지막으로 고객 입장에서 효용과 가격이 만족스럽고, 창업기업이 비용절감을 통해 이익을 남길 수 있는 상황이라 하더라도 해당 아이템을 도입하여 사업화하는 과정에서 다른 장애요소가 없는지 확인해봐야 한다. 정부, 금융기관, 창업팀 내부, 외부 파트너가 해당 아이템의 도입을 반대하거나 자금과 인력투입을 반대할 수도 있다. 아무리 시장성과 수익성이 좋다고 하더라도 개발을 위한 자원투입에 심각한 방해를 받는다면 아이템 개발은 성공하기 어려울 것이기 때문에 이러한 확인은 중요한 과정이다.

이상으로 시장 · 고객 관점을 중심으로 아이템을 검증 및 평가하는 프로세스를 4단계로 정리하면 '구매 효용성 검증 → 전략적 가격 책정 → 목표비용 설정 → 도입장애 극복'의 순서로 요약된다. 이를 그림으로 정리하면 [표 8-1]과 같다.

|표 8-1| 시장 · 고객 관점의 아이템 검증 · 평가 4단계 프로세스

구분	내용
1단계	〈구매 효용성 검증단계〉 새로운 아이템이 고객에게 효용성을 제공하는가?
2단계	〈전략적 가격 책정단계〉 책정된 가격을 고객이 쉽게 받아들일 수 있는가?
3단계	〈목표 비용 설정단계〉 이익을 낼 수 있는 비용목표달성이 가능한가?
4단계	〈도입 장애 극복단계〉 사업화 장애요소는 무엇이고 이것이 중요하게 취급되는가?

3. 창업자 · 개발자원 관점의 아이템 평가 및 검증 (Inside-out 접근방법)

앞서 외부환경적 측면에서 시장, 고객 관점에서 아이템이 평가 및 검증을 시작할 수도 있지만, 이를 반대로 창업자와 내부 자원의 관점에서 평가 및 검증을 시작할 수도 있다. '아이템의 발굴 및 검증'은 아직까지 외부환경에 대한 조사 분석을 본격적으로 수행하기 이전에 일차적으로 아이템을 선정해보는 단계이다. 따라서 시장 · 고객 관점에서 아이템을 평가 및 검증하는 것보다는 창업자 · 창업팀의 적성과 개발자원의 활용 가능성 등 창업자가 이미 잘 알고 있는 창업기업 내부의 관점에서 아이템을 평가 및 검증하는 것이 훨씬 빠르고 정확한 결과를 얻을 가능성이 높다.

이러한 창업자 · 개발자원 관점의 아이템 평가 및 검증은 크게 4단계로 나누어 진행할 수 있다.

|표 8-2| **창업자 · 개발자원 관점의 아이템 검증 · 평가 4단계 프로세스**

구분	내용
1단계	〈창업자 적합성 검증〉 새로운 아이템이 창업자의 적성에 맞는가?
2단계	〈아이템의 참신성 검증〉 시장과 고객에게 기존에 없는 새로운 가치를 제공하는가?
3단계	〈자원의 확보가능성 검증〉 아이템을 개발하기 위해 기술, 인력, 자금 등 내부 및 외부자원을 확보할 수 있는가?
4단계	〈사업의 성장성 검증〉 창업 아이템이 속한 사업영역의 성장성은 어느 정도인가?

이에 따르면 가장 먼저 확인해야 할 창업아이템의 평가 및 검증단계는 창업자와 아이템의 궁합 여부를 보는 '창업자 적합성 검증'이다. 창업자는 해당 사업에 대한 식견을 가지고 자신이 이 아이템을 가지고 사업에 뛰어들었을 때 비즈니스가 지속 가능하겠는가를 알아보아야 한다. 어떤 계획된 일의 성공과 실패는 그 일을 추진하는 주체 내지는 참여 인력의 인적 요인에 의해 결정된다고 해도 과언이 아니기 때문이다. 사업의 성패는 결국 창업자가 사업가로서의 적성과 자질을 얼마나 가지고 있느냐에 의해 좌우되며, 특히 신규 창업의 경우에는 아이템과 관련된 창업자의 적합성과 이와 관련된 업종에 대한 경험, 지식이 필수 불가결한 요소이다.

따라서 사업의 가능성에 대한 기본적인 평가와 함께 해당 아이템에 대한 창업자의 적성을 확인해 보아야 한다. 만약, 창업자의 적성에 맞지 않는 아이템을 추진하고 있다면 시장성이 좋아보여도 창업자의 강점과 맞지 않아 지속적인 경쟁우위를 확보할 수 없어 장기적으로 성공하지 못할 가능성이 크다. 아무래도 본인의 경험과 선행 지식이 풍부한 분야의 창업이 유리하며 이는 종종 창업자의 전공, 특기, 자격증, 면허증 혹은 해당 분야의 경험 등을 통하여 검증된다. 보다 심층적으로는 해당 아이템을 성공시키기 위해 창업자의 가치와 능력이 적합한지를 제3자의 시각에서 평가받는 것이 좋다. 또한, 창업자의 건강도 아이템 선정의 중요한 기준이 될 수 있다. 아이템 중에는 체력과 에너지가 유난히 많이 투입되어야 하는 것들이 있기 때문이다.

2단계로 고려해야 할 평가 항목은 아이템의 참신성이다. 비록 본격적으로 환경 분석을 하지 않았어도 디지털환경을 통해 정보의 입수와 분석이 손쉬워진 요즈음의 시대에 참신성과 관련된 기본적인 평가는 가능하다. 창업 아이템과 관련된 특허, 관련 기술동향, 잠재경쟁사의 사업영역 등의 분석을 통해 창업자가 추진하려는 아이템이 진부하지 않은지, 잠재고객들에게 경쟁사가 주지 않는 새로운 가치를 제공하는지의 여부를 판단해볼 수 있다.

창업자의 적합성과 아이템의 참신성이 검증되었다면 창업 아이템의 기본적인 가치는 확보된 셈이다. 이러한 아이템을 본격적으로 개발하려면 돈과 사람의 투입이 반드시 동반된다. 따라서 3단계에서는 해당 아이템을 선정하여 실제로 개발한다고 가정하고 이를 위해 예상되는 자금, 인력 등의 소요량을 냉철하게 계산해야 한다. 그리고 이를 창업자가 보유한 내부 자원, 외부 네트워크 등을 통해 조달할 수 있을지를 평가 및 검증하여야 한다.

가장 기본적으로는 창업기업 내부의 자원을 평가하여야 한다. 인맥의 경우 온라인 네트워크의 확장성을 활용함과 동시에 기본적으로 가정 여건이나 친척, 친구, 선후배 등 주변의 조력자가 있는지, 어느 정도 협력이 가능한지를 잘 살펴봐야 한다. 사업 시작단계에서는 조력자의 역할에 따라 자원동원의 수준이 많이 달라지기 때문이다. 자본 조달력의 경우도 마찬가지이다. 자기 자금으로 사업비를 조달할 수도 있지만, 타인 자금을 통해 조달하는 것이 훨씬 더 사업의 성장 가능성을 높일 수 있기 때문에 창업 아이템의 특성이나 규모에 따라 어떤 유형의 자금이 어느 정도 필요한지와 이러한 소요자금의 조달이 가능한지를 냉정하게 판단할 필요가 있다.

마지막 4단계에서는 이러한 창업아이템의 개발로 인해 해당 사업영역이 얼마나 성장할 수 있을지를 평가하고 검증해야 한다. 사업도 사람처럼 생명력을 가지고 움직이며 도입기, 성장기, 성숙기, 쇠퇴기의 생명주기를 갖는다. 해당 창업아이템을 선정하고 이를 기반으로 사업을 추진할 시 수요가 계속 늘어나 시장의 크기가 커질 것인지, 아니면 성숙기를 지나 쇠퇴기에 접어들었거나 사업을 본격적으로 추진하기에는 너무 이른 도입기에 불과한 지를 살펴보아야 한다. 이렇게 사업의 성장성을 검증하려는 이유는 이러한 평가를 통해 해당 창업아이템으로 인한 잠재고객 및 이로 인한 잠재시장의 증가 가능성을 어느 정도 예견할 수 있기 때문이다.

Practice 8-1 시장 · 고객 관점(외부환경요소)의 아이템 검증 및 평가 실습하기

창업가가 생각해 낸 아이템을 시장 · 고객의 관점(외부환경요소)에서 평가하기 위하여 아래의 실습표를 활용하여 검증 및 평가해 보자(이때 평가의 객관화를 위해서 가급적이면 다른 창업팀과 상호 평가자의 역할을 부탁하고, 가능한 5명 이상의 평가자에게 평가 결과를 얻어 평균한 수치를 활용하는 것을 권장한다).

[시장 · 고객 관점의 아이템 검증 · 평가표]

시장·고객 관점의 아이템 검증·평가 단계		평가점수 (5점 척도)					평가근거 (기술)
1단계	〈구매 효용성 검증단계〉 새로운 아이템이 고객에게 효용성을 제공하는가?	① 전혀 아니다	② 아닌 편이다	③ 그저 그렇다	④ 그런 편이다	⑤ 정말 그렇다	
2단계	〈전략적 가격 책정단계〉 책정된 가격을 고객이 쉽게 받아들일 수 있는가?	①	②	③	④	⑤	
3단계	〈목표 비용 설정단계〉 이익을 낼 수 있는 비용목표달성이 가능한가?	①	②	③	④	⑤	
4단계	〈도입 장애 극복단계〉 사업화 장애요소는 무엇이고 이것이 중요하게 취급되는가?	①	②	③	④	⑤	

Practice 8-2 창업자 · 개발자원 관점(내부역량요소)의 아이템 검증 및 평가 실습하기

창업가가 생각해 낸 아이템을 창업자 · 개발자원 관점(내부역량요소)에서 평가하기 위하여 아래의 실습표를 활용하여 검증 및 평가해 보자(이때 평가의 객관화를 위해서 가급적이면 다른 창업팀과 상호 평가자의 역할을 부탁하고, 가능한 5명 이상의 평가자에게 평가 결과를 얻어 평균한 수치를 활용하는 것을 권장한다).

[창업자 · 개발자원 관점의 아이템 검증 · 평가표]

창업자 · 개발자원 관점의 아이템 검증 · 평가 단계		평가점수 (5점 척도)					평가근거 (기술)
1단계	〈창업자 적합성 검증〉 새로운 아이템이 창업자의 적성에 맞는가?	① 전혀 아니다	② 아닌 편이다	③ 그저 그렇다	④ 그런 편이다	⑤ 정말 그렇다	
2단계	〈아이템의 참신성 검증〉 시장과 고객에게 기존에 없는 새로운 가치를 제공하는가?	①	②	③	④	⑤	
3단계	〈자원의 확보 가능성 검증〉 아이템을 개발하기 위해 기술, 인력, 자금 등 내부 및 외부자원을 확보할 수 있는가?	①	②	③	④	⑤	
4단계	〈사업의 성장성 검증〉 창업아이템이 속한 사업영역의 성장성은 어느 정도인가?	①	②	③	④	⑤	

PART 04

시장: 창업 환경요인 및 전략방향 분석

환경요인 분석,
보물섬은 어떤 곳일까?

CHAPTER 9

앞서 아이템을 발굴하고 이를 1차 검증하였다면 창업자는 자신의 아이템을 빨리 개발하고 시장에 출시하여 성공을 거두고 싶어질 것이다. 하지만 빠른 제품 및 시비스 출시와 이를 통한 시장 선점의 유혹에 쉽게 넘어가서는 안 된다. 시장이 창업자와 창업팀이 만든 아이템을 수용할지 여부는 그렇게 쉽게 결정되지 않는다. 발굴된 창업아이템은 아직은 실제 시장에서 검증되지 않은 창업자와 창업팀의 가설일 뿐이다.

이 단계에서 중요한 것은 창업환경에 대해 체계적인 분석을 수행함으로써 시장에서 아이템을 구체화하고 성공 가능성이 높아지도록 효과적인 검증작업을 추진하여야 한다. 이는 마치 전쟁에 임하기 전에 전장의 지형지물, 기후 및 군수품 등 외부 및 내부의 환경요인을 분석하는 일과 유사하다. "신에게는 아직 전선 12척이 남아 있나이다." 명량해전에서 이순신 장군의 한 이야기이다. 일본 수군 330여 척을 단지 10여 척의 배로 물리칠 수 있었던 성공의 비결은 무엇인가?

'선승이후구전(先勝而後求戰), 승리하는 군대는 먼저 승리를 만들어 놓은 이후에 전쟁을 한다'는 원칙에 철저했던 이순신 장군은 어떤 전쟁터에서도 철저한 환경 분석으로 전쟁에 대비하였다. 승리를 만들어 놓은 이후에 전쟁을 한다는 뜻은 이길 수 있는 환경여건을 미리 만들어 놓고 전쟁을 한다는 뜻인 것이다. 절대 열세인 전력으로 싸움에 임했던 명량해전에서도 마찬가지였다. 이순신 장군은 미리 두 달여 기간 동안 동안 울돌목의 지형과 시간에 따른 조류 변화 등 명량해협 일대의 지형지물을 탐방하고 어부들을 대상으로 치밀하게 정보를 수집하였다. 이러한 과정을 통해 어느 시점(Timing)과 지점(location)에서 싸워야 승산이 있는지를 확신하고 나서야 전쟁에 임하였다.

창업도 마찬가지이다. 철저한 환경 분석은 실패를 미연에 방지하고 성공적인 창업의 길을 열어준다. 창업에서는 정치, 사회, 경제, 기술 등의 거시환경의 트렌드를 분석하는 것도 필요하지만, 시장 내 고객과 경쟁사 및 자사의 3C(customer, competitor, company)요인에 대해 파악하는 것이 훨씬 더 중요하다. 이는 3C 분석이 창업아이템과 가장 직접적인 영향을 주고받는 거래관계자들을 대상으로 하기 때문이다. 분석의 효율성 차원에서도 그러하다. 거시적인 환경 변화를 체계적으로 파악하고 이를 충분히 전략에 반영하기 위해서는 평상시에 환경 변화를 모니터링하기 위한 시간투자를 많이 해야 한다. 매일 일상의 업무에 정치, 사회, 경제, 기술 등 주요한 거시환경의 영역별로 전문 데이터베이스를 구축해 놓는 기업들은 이를 사업기획에 반영하기 쉽지만, 여러 가지 일을 동시에 진행해야 하는 창업자와 창업팀의 사정은 다르다. 거시환경 분석 결과를 별도로 정리할 시간이 많지 않다. 중요한 거시환경 트렌드를 파악한 후에는 창업기업에 직접적인 영향을 미치는 3C 분석의 틀에서 이를 반영하여 이길 수 있는 전략을 수립하는 것에 집중해야 한다. PEST 분석*이나 5 Forces 분석** 등 거시환경 분석도 함께 수행하는 것이 좋다. 하지만 자칫 거시환경 분석의 비중을 너무 중시하게 되면 마치 닭잡는 데 소잡는 칼을 쓰는 것처럼 정보의 홍수 속에서 핵심을 놓치고 중복된 정보만 많이 수집하게 되는 결과를 낳을 수 있으므로 3C 분석의 핵심요인에

* PEST 분석(Political, Economic, Social and Technological analysis)은 거시환경요소를 정리하고 위협 및 기회요인을 분석하는 데 사용하는 도구임.

** 5 Forces 분석은 1979년 미국의 마이클 포터(Michael Porter) 교수가 발표한 산업구조 분석 기법으로 ① 기존 기업 간 경쟁, ② 신규 기업의 진입, ③ 대체재의 위협, ④ 구매자의 협상력, ⑤ 공급자의 협상력의 다섯 가지 경쟁요인을 분석하는 도구임.

대한 초점을 놓치지 않도록 유의해야 한다.

3C 분석은 컨설팅 사인 맥킨지의 전 아시아 대표인 오마에 겐이치가 1982년 출간한『기업경영과 전략적 사고』라는 책에서 제시한 기법으로 고객(customer), 경쟁사(competitor), 자사(company)의 3각 구도에서 차별화 포인트를 찾아내는 기법이다.

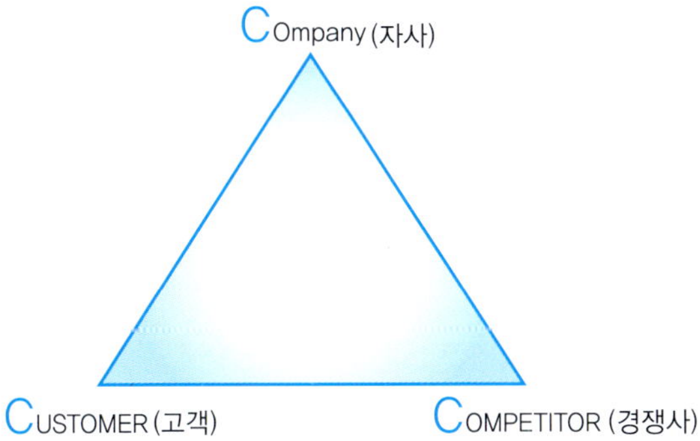

그림 9-1 3C 분석 도구

출처: http://blog.whois.co.kr/118)

창업기업의 입장에서 3C 분석은 생존 및 경쟁 우위를 확보하기 위한 전략 방향을 찾는 데 매우 유용한 도구이다. 이 중 고객(customer) 분석의 핵심은 전체 시장에서 나의 아이템을 구매할 수 있는 대상 고객군을 찾고 이들의 욕구를 알아내는 것에 있다. 이와 관련 시장의 규모, 성장성, 잠재수요 등의 정보와 대상고객군의 구매결정요인인 가격, 품질, 의사결정자의 욕구를 분석하는 것도 중요하다. 경쟁사(competitor) 분석은 고객에 대한 차별화된 가치를 발견하기 위한 목적으로 실시한다. 이와 관련 기존 및 신규기업의 경쟁구도를 파악하고 경쟁사의 자원과 역량(인력, 자본, 기술력, 마케팅 능력 등)에 관한 강약점을 분석하는 것이 중요하다. 자사(company) 분석에서는 자사의 자원 현황 파악을 기본으로 하고 경쟁사의 자원 및 역량과의 비교를 통한 강약점을 분석함으로써 고정비 절감 등 자원투입의 효율성을 높이기 위한 방향을 찾을 수 있다.

최근 1~2년 내 가장 크게 부상한 사업 중 하나인 부동산 중개 앱 시장을 3C 분석의 관점에서 살펴보자. 2015년 말 2조 원 규모 시장을 형성한 부동산 중개 앱의 숫자만 250여개나 되나, 이 중 2개 업체가 무려 90%를 독점하고 있다. 이들의 성공비결은 부동산 중개 앱이라는 아이템은 동일하지만 철저한 환경 분석을 통해 차별화된 가치를 제공한 것이 승부수인 것으로 판단된다.

우선 고객(customer) 분석의 관점에서 볼 때 대상고객 군을 잘 선정하여 핵심욕구에 맞는 서비스를 제공하였다. 기존의 부동산 중개는 주택, 아파트, 상가 등의 매매나 전세 정보의 수요가 있는 모든 사람들을 대상으로 하고 있었다. 하지만 부동산 중개 앱은 결혼을 늦게 하는 1~2인 가구의 만혼 트렌드와 모바일 기기의 확산 추세에 주목하여 오피스텔, 원룸 매물을 찾는 20~30대 1~2인 가구들에 집중하였다. 통계청에 따르면 실제로 1인 가구는 1990년대 102만 가구에서 2015년 500만 가구로 급증하고 있음을 알 수 있다.

이들이 원하는 것은 큰 면적의 매매나 전세수요가 아니므로 발품을 팔지 않고 모바일을 통해 빠른 시간 내 자신의 조건에 맞는 방을 찾는 것이었다. 1 : 1 맞춤형 중개 앱들은 원하는 지역과 예산뿐 아니라 반려동물 관련 정보와 주차정보까지 고려하고자 하는 욕구를 반영하여 검색창에서 쉽게 이를 선택하여 해당 옵션에 맞는 방을 신속하게 찾아줄 뿐 아니라 원하는 방의 사진을 미리 볼 수 있도록 고안되었다. 여기에 기존 부동산 중개업소의 고리타분한 느낌에서 벗어나 세련되고 트렌디한 느낌을 선호하는 젊은 층에 어필하기 위해 톱스타를 기용한 TV CF, 극장 광고 등을 적절히 활용한 적극적인 마케팅 활동을 잘 구사하였다.

경쟁사(competitor) 분석은 시장을 선도하고 있는 부동산 중개 앱들의 차별화된 핵심성공요인(key success factor)을 보면 알 수 있다. 부동산 119 등 기존 부동산서비스 업체들은 기존 중장년층을 대상으로 많은 정보를 제공할 수 있는 역량을 가지고 있지만 이를 이용하는 20~30대들에게는 복잡하게 느껴지며 정작 자신이 필요한 정보를 찾기 어려운 문제가 있었다. 이에 반해 모바일 앱의 경우 한두 개의 키워드만으로도 쉽고 빠르게 대학교 근처나 사무실 밀집지역과 가까운 원룸 · 투룸 빌라, 오피스텔 월세를 찾을 수 있다. 이러한 모바일 앱만의 편리성과 단순함에 적합한 소형 주택이나 오피스텔에 집중하여 차별화된 가치를 제공한 것이 차별화된 성공요인이다.

이 가운데에서도 1~2위 업체 등 시장을 주도하고 있는 모바일 부동산 중개 앱들의 차별화된 강점은 허위 · 미끼 매물 선별을 위한 다양한 신뢰성 보장정책에 있다. 대형 인터넷 포털, 기존 오프라인 중개 업체, 기존의 많은 중개앱들이 허위 · 미끼 매물로 소비자들이 집을 구하는 데 비용과 시간을 낭비하고 있다는 것이 주목받는 사회적 문제였다. 이를 해결하기 위해 이들은 방 사이즈와 함께 지하철역부터 집까지의 도보 이동시간(거리), 관리비, 주차정보, 엘리베이터 유무 등 세부 정보까지 반드시 공개하도록 하고 있다. 만약 올린 사진이나 지도상의 위치 등 공개 정보들이 실제와 다르거나, 실제는 이미 거래된 미끼 매물인 것으로 확인되면 정보를 올린 중개업자와 집주인의 서비스 이용을 중단 또는 퇴출시켰다. 또한 한강조망권 등 공지된 것과 다른 허위매물의 경우 청소용품, 소정의 현금, 기프트권 등으로 보상하고 허위매물을 광고한 중개업소에게는 경고 및 탈퇴 조치를 내리고 있다. 이처럼 경쟁사 분석에서는 경쟁사가 현재 보유한 자원과 역량으로는 어려운 차별화된 가치를 찾는 것이 중요하다.

하지만 자사(company) 분석의 관점에서는 헛걸음 보상제, 안심중개사 등 다양한 신뢰성 보장정책이 많아질수록 이를 관리하기 위한 인력, 자본 및 시간투자가 많아지는 문제가 발생하게 된다. 허위 · 미끼 매물을 너무 약하게 단속할 경우 신뢰성의 문제가 생기지만 너무 세게 단속할 경우 모바일 앱에 매물을 올리는 중개업체의 수가 급감하게 되는 문제가 발생한다. 따라서 자사 분석에서는 자사의 역량을 고려하여 중개업체 평점관리, 삼진아웃제 등을 통해 아주 악질적인 업체만을 걸러내기 위한 단속의 수준을 파악하는 것이 중요하다. 또한 창업기업이 많은 유저를 확보하는 전략을 구사할 수 있다면 일정 기간 동안은 매출보다는 고객 확보에 주력하거나 아니면 포털과의 제휴를 통해 부가서비스를 제공함으로써 고객에 대한 빅데이터를 확보하여 이를 자산화하는 전략도 유효할 수 있다.

이상의 부동산 중개 앱의 사례에서 보듯이 3C 분석을 제대로 수행한다면 고객의 욕구만 바라보거나, 경쟁사 대비 차별적 요소만 강조한다거나, 창업팀의 수익만 생각하지 않고 고객, 경쟁사, 자사 등 3자의 입장을 균형 있게 바라보고 전략을 수립할 수 있다. 자사의 입장에서는 고객 분석과 경쟁사 분석이 외부환경 분석의 핵심에 해당하며, 이에 대응한 자사의 자원과 역량을 분석하는 자사 분석은 내부환경 분석에 해당한다. 자사는 외부환경인 고객과 경쟁사 분석을 반영하여 차별적 가치를 최대한 높이도록 노력함과 동시에 내부환경인 자금 및 인력투입의 가능수준을 파악하여 자사의 수익이 일정수준 이상 유지되도록 해야 한다. 이를 위해서 고객 및 경쟁사에 대한 외부환경과 자사의 내부환경 중 어느 한쪽에만 전략이 치우쳐지지 않는 분석을 수행해야 한다.

1. 고객 분석

3C 분석 중 가장 먼저 해야 할 것은 고객 분석(customer analysis)이다. 이는 창업자가 개발한 아이템이 아무리 훌륭해 보여도 실제 구매할 사람인 고객의 마음에 들어야 비즈니스가 이루어진다는 가장 단순하면서도 중요한 진리 때문이다. 또한 고객이 누구인지 정의가 잘되어야 해당 고객을 대상으로 한 경쟁자(제품)와 투입될 자사의 자원이 파악되어 경쟁자 분석(competitor analysis)과 창업자 분석(company analysis)이 가능해지기 때문이다.

먼저 고객(customer)의 정의부터 살펴보자. 고객은 소비생활을 위하여 사용하는 불특정 다수라는 소비자(consumer) 의미와 유사하지만, 판매자의 입장에서 재화나 용역을 구매했거나 구매 가능성이 큰 사람이라는 조금 구체적인 의미로 사용된다. 고객은 개인, 가구, 기업이나 기관 등으로 나눌 수 있는데, 통상 전자를 B to C(Business to Consumer) 고객, 후자를 B to B(Business to Business) 고객이라고 칭한다. 경우에 따라서는 B to G(Business to Government) 고객을 정부 및 지방자치단체, 이와 유사한 기관을 칭할 때 사용하기도 한다. 창업자의 입장에서 B to C 고객은 재화와 용역을 구매하는 개인이나 가구를 뜻하며, 통상적으로 상점에 물건을 사러 오는 손님과 같은 뜻이다. B to B 또는 B to G 고객은 기업이나 관공서 등 단체에서 재화 및 용역을 구입하는 경우에 해당하며, 이때 개인이나 가구의 의미보다는 그 단체가 곧 고객이라고 할 수 있다.

한편, 시장(market)의 사전적인 의미는 재화 및 용역을 한곳으로 집중시키고 그것을 다시 배분하는 기능, 예를 들어 북유럽 시장, 남대문 시장 등의 개념적인 장소를 뜻한다. 하지만 시장을 고객 혹은 소비자와 관련지어 본다면 제품이나 서비스가 일정한 특성에 따라 구분되는 시장으로 정의할 수 있다. 예를 들어, 20대 신세대 시장, 스키니 진 시장, 여성 숙녀복 시장 등으로 구분할 수 있다.

고객 분석을 통해 확인해야 할 핵심 질문은 아래의 3가지이다.

① 창업자의 아이템을 구매할 고객은 누구인가?

② 창업자의 고객이 원하는 것은 무엇인가?

③ 고객의 구매결정에 무엇이 영향을 미치는가?

1) 시장세분화(Segmentation) 및 목표시장 선정(Targeting)

이는 앞서 '창업자의 아이템을 구매할 고객은 누구인가?'에 대한 대답을 얻기 위한 분석방법이다. 창업자나 초기 창업기업이 가진 자원은 한정적이다. 따라서 한정된 자금 및 인력 등의 자원을 집중하여 쓰기 위한 시장을 한정하여 접근할 필요가 있다. 즉, 시장세분화(segmentation) 및 목표시장 선정(targeting)은 한정된 자원을 어디에 투입하는 것이 가장 효과적인지를 파악하는 과정이다.

시장세분화란 창업자 또는 창업기업의 아이템에 대해 같은 욕구, 같은 구매결정요인, 같은 구매경로 등 같은 생각을 하고 있는 고객들을 그룹으로 묶은 것이다. 창업자의 시장은 개인인지 단체인지에 따라 구분될 수 있고 두 가지 모두가 해당 시장이 될 수 있다. 개인고객의 욕구, 구매결정요인에 따라서도 시장을 다양하게 구분할 수 있고 단체 고객 및 제품의 특성에 따라서도 시장이 다양하게 세분화되기도 한다. 조금 더 구체적으로는 고객의 욕구와 선호도, 구매결정요인의 차이, 고객의 유형, 구매 경로, 제품의 유형, 지리적 조건, 인구 통계학적 조건 등이 세분화의 기준이다.

시장세분화를 제대로 수행하려면 6하원칙을 응용하여 다음과 같은 질문을 던져보아야 한다.

- Who: 창업아이템과 관련된 시장에서 누가 구매하고 있는가?
- What: 고객들은 무엇을 원하고 있는가?
- Why: 고객들은 왜 구매하는가?
- When & Where: 구매는 언제, 어디서 이루어지는가?
- How: 고객들은 어떠한 절차와 수단을 통해 구매하며, 구매한 제품/서비스를 어떻게 이용하고 있는가?
- How much: 창업자가 진입하려는 사업영역에서 기존 기업들은 어느 시장에서 높은 수익을 올리고 있으며, 어느 시장에서 낮은 수익을 올리고 있는가?

창업 초기의 기업인 경우는 세분화된 시장 중에서 창업기업에게 맞는 시장을 선정하여 판매하는 것이 현명하다. 단, 이러한 세분시장은 작게 구분한다고 좋은 것은 아니다. 세분시장은 무엇보다도 구매력 측정이 가능해야 한다. 연간 혹은 기간별로 시장규모가 어느 정도인지 알 수 있어야 한다. 아울러 해당 시장을 대상으로 판매할 경우에 경제성이 있어야 하며, 경쟁우위를 확보할 수 있어야 한다. 이러한 세분시장에서 창업기업에게 맞는 목표시장을 선정하여야 한다. 목표시장은 세분화된 각 시장을 평가하여 선정하여야 하는데, 일반적으로 시장성, 성장성, 수익성, 경쟁성, 적합성을 고려하여 선정한다.

제일 먼저 평가할 부분은 시장성과 성장성 부분이다. 즉, 시장이 규모가 크고 성장 가능성이 높아야 한다. 그렇지만 세분시장의 규모와 성장이 좋다고 무조건 좋은 시장이라고 말할 수도 없다. 그 이유는 이런 시장은 경쟁자가 그만큼 많고 투자비가 많이 소요되기 때문이다. 따라서 자사의 강점을 이용하여 공략할 수 있는 틈새시장을 찾아보는 것도 필요하다. 혹은 정책이나 제도를 이용하여 확보할 시장이 있으면 좋다. 특히, 창업기업의 경우에는 경쟁이 심한 시장을 목표하는 것보다 이처럼 시장의 규모가 작더라도 강점이 있는 틈새시장이나 정책적인 시장을 목표로 하여 발판을 마련하는 전략이 필요하다.

다음으로는 해당 시장에서 경쟁우위가 가능한가를 따져보아야 한다. 1차적으로는 시장에서 직접 만나서 경쟁자와의 경쟁우위 정도를 파악해야 한다. 이 외에도 공급자 및 구매자 측면에서의 경쟁력도 판단해야 한다. 예를 들어, 원재료를 공급하는 자가 우수한 교섭력을 가지고 원재료 공급의 가격 혹은 품질을 좌우할 수도 있다. 제조회사에 납품을 하거나 유통채널에 상품을 공급하는 경우에도 구매자의 구매파워를 앞세워 과도한 납품단가 인하나 저가격을 요구할 수도 있다. 이럴 경우 창업기업의 수익성은 악화될 수밖에 없고, 원가 및 경비 절감의 노력이 한계에 다다르면 목표시장에서 철수하거나 유통채널을 변경해야 할 경우도 발생한다.

마지막은 창업기업의 비전과 목표를 선택한 세분시장에서 달성할 수 있는지 검토해야 하며 보유한 인력과 자금으로 세분시장에서 성공할 수 있는지를 따져봐야 한다.

정리하면, 목표로 하는 세분시장은 첫 번째는 '규모가 크고 성장성이 좋은가? 또는 세분시장의 매력도는 크지 않으나 자사의 강점 혹은 정책이나 제도를 이용하여 공략할 틈새시장이 있는가?'를 따져봐야 하며, 두 번째는 '선택한 세분시장에서 경쟁기업과의 경쟁에서 우위를 점할 수 있는가?' 세 번째는 '창업기업의 비전과 목표가 해당 세분시장에서 달성할 수 있는가? 와 보유한 자금과 인력이 이를 뒷받침하는가?'를 살펴봐야 한다.

시장의 규모와 성장성, 경쟁우위 가능성, 창업기업 비전과 목표의 일치성, 보유 자금 및 인력과의 적합성을 고려하여 세분시장이 선정되었다면 세분시장의 고객을 다시 한번 구체적으로 정의한다. B to C(Business to Customer) 고객의 경우는 우선 고객의 성, 연령, 소득수준, 지역 등으로 구분한다. 더 나아가서 고객층의 특성을 혁신 선도 고객층, 일반 다수층, 후발 수용층 등으로 나눌 수도 있고 주부, 사무직 여성, 생산직 근로자 등으로 나누어 정의할 수도 있다. 즉, 세부적인 고객 특성을 성, 연령, 가족, 소득, 직업 등 인구통계적 기반 위에 고객의 심리요인 또는 상품구매 속성(품질 중시, 서비스 중시, 부가상품 중시, 반복적인 구매 또는 부정기적 구매 등)을 고려하여 정의한다.

고객이 기업, 단체, 관공서 등인 경우에도 해당 기업 및 단체가 영위하고 있는 업종의 종류, 종업원 수 또는 매출액의 규모, 국내 또는 해외, 유럽 또는 지방 등 보다 구체적인 목표지역을 구분하여 정의한다. 어느 단체 혹은 관공서를 고객으로 이미 확보한 상태이거나 또는 고객이 될 가능성이 매우 큰 단체의 명칭과 관련 부서(총무과 총부부장, 사무국의 관리팀장 등)를 알고 있다면 초기 창업기업이 시장에서 정착하는 데 큰 도움을 받을 수 있을 것이다.

이상으로 '창업자의 아이템을 구매할 고객은 누구인가?'에 대한 해답을 얻기 위해 시장세분화(segmentation) 및 목표시장 선정(targeting)을 성공적으로 진행하였으면 이제 나머지 두 가지 핵심질문 '고객이 원하는 것은 무엇인가?', '창업자 고객의 구매결정에 무엇이 영향을 미치는가?'를 중심으로 목표고객에 대한 심층 분석을 할 수 있다(보다 더 깊숙히 분석하기 위해서는 포지셔닝(Positioning)전략 분석도 병행되어야 하나 이는 분석보다는 전략적 성격이고 마케팅 전개 차원에서 별도로 심층 논의가 필요하여 본 서에서는 목표고객에 대한 심층 분석 내용으로 대체하였다). 이는 소비자고객(Business to Consumer)과 기업, 기관, 단체 등 고객(Business to Business)에 대한 분석으로 구분하여 진행하는 것이 효과적이다.

2) 개인고객 분석(Business to Consumer Analysis)

개인이나 가구의 경우에는 재화나 용역에 대한 구매욕구가 생기게 되면 다양한 선택의 대안 중에서 하나를 혹은 우선순위를 정하여 상위의 몇 가지를 선택하게 된다. 이렇게 재화 및 용역을 선택할 때 개인에 따라서 몇 가지의 평가기준을 가지고 선택하게 된다. 우선적으로는 개인별로 구매에 관한 신념을 가지고 있는 경우이다. 국산품을 사는 것이 건강에 안전하다라고 한다든지, 시중에 잘 알려진 제품을 구매해야 품질이 좋다라든지 하는 경우가 이에 해당된다. 식품의 경우 본인의 기호에 따라서 신맛, 매운맛, 고소한 맛, 둥근 것, 네모진 것, 붉은 색상, 푸른 색상 등 선호하는 것을 구입하는 경우가 있다.

어떤 개인은 실제 제품이나 서비스의 기능, 품질 등의 효익을 중시하는 경우도 있고, 포장이나 로고, 브랜드 등 상징적인 부분에 영향을 미치는 경우도 있다. 또 애프터서비스나 반품, 배달 등의 서비스 부분을 고려하는 경우도 있다. 또한 위신을 생각하는 경우에는 소형 제품 혹은 저렴한 물건을 구입해야 됨에도 불구하고 중대형 혹은 고급제품을 구입하는 경우도 있다. 이처럼 개인고객의 구매에 영향을 미치는 첫 번째 요인은 개인의 신념이나 기호에 따른 구매이다.

두 번째 구매결정에 영향을 미치는 요인은 고객 본인에게 주어진 환경이다. 무엇보다도 소득수준이 결정적인 영향을 미친다. 아울러 본인 및 배우자의 성별, 연령별, 자녀의 성별·연령별 기준, 즉 인구통계적인 요소에 의하여 영향을 받게 된다. 본인이 소속된 준거집단, 즉 회사, 동호회, 지역단체, 종교단체 등에 의하여 영향을 받기도 한다. 이러한 고객구매결정기준은 판매자의 입장에서 중요한 요소라고 할 수 있는데, 기존의 판매경험이나 자료, 지식 등을 통하여 파악할 수 있지만 신규 제품이나 서비스인 경우는 고객구매결정요인을 파악하고 사업전략에 적용하여야 한다.

|표 9-1| **개인고객의 상품구매결정과정**

구분	내용
구매결정과정	상품구매욕구⇒상품구매탐색⇒구매결정요인⇒상품구매 및 사용⇒사용 결과 및 평가
구매결정요인	• 개인의 신념이나 목적에 따라서 • 개인의 소득수준에 의하여 • 개인 및 가족의 성별, 연령별, 직업별 특성에 따라서 • 개인의 기호 및 취미에 의하여 • 소속 준거집단의 영향을 받아서

이러한 고객구매결정요인을 파악하기 위하여 소비자 조사를 실시할 수 있다. 직접 소비자를 대면하여 조사를 실시할 경우에는 신뢰성 있는 응답을 얻은 수 있지만 비용이 많이 든다는 단점이 있다. 전화 및 인터넷을 통하여 설문을 받기도 하는데, 이러한 경우에는 원거리에 있는 소비자도 조사할 수 있고 비용도 저렴하게 이용할 수 있지만 응답의 신뢰도가 떨어지고 응답률도 적다는 단점이 있다. 직접 설문지를 배포하고 소비자에게 직접 기입하도록 하는 경우에는 소비자가 일일이 작성해야 하는 부담이 있기 때문에 구매

시점 전, 후에 사은품과 함께 조사할 경우 응답률을 높일 수 있다.

어떤 상품을 구입하기 위해서는 많은 시간과 노력을 투자해야 하는 경우도 있고 어떤 경우는 충동적인 구매와 같이 거의 시간과 노력을 들이지 않고도 구매하는 경우가 있으며 습관적인 구매행태를 보이는 경우도 있다. 이처럼 고객의 구매행태를 파악하여 상품의 판매전략을 고려해야 하는 것이 좋다. 남성의 경우, '구두를 닦는다 → 이발을 한다 → 영어학원에 등록한다 → 노트북을 구입한다 → 해외여행을 간다 → 자동차를 구입한다'의 경우는 구매의사결정에 시간과 노력을 더 투자하는 순서대로 나열한 것이다. 구입하려는 재화나 용역의 가치에 따라서 시간과 노력을 더 혹은 덜 투자하기도 한다.

|표 9-2| 개인고객 분석 체크리스트

구분	체크리스트
내용	• 상품구매결정이 고객의 성 혹은 연령에 의하여 좌우되는가? • 상품구매결정이 고객의 소득수준에 의하여 결정되는가? • 상품구매결정이 고객의 가족(배우자, 부모, 자녀)에 의하여 결정되는가? • 상품구매결정이 고객의 신념이나 목적에 의하여 좌우되는가? • 상품구매결정이 고객의 취미나 기회에 의하여 좌우되는가? • 상품구매결정이 고객의 소속 준거집단에 의하여 좌우되는가? • 상품구매결정이 상품의 본래의 효익이나 기능을 우선하는가? • 상품구매결정이 상품의 포장 및 디자인 등 상징성에 좌우되는가? • 상품구매결정이 상품의 배달, 애프터서비스 등 지원요소에 좌우되는가? • 상품구매결정에 많은 시간과 노력의 투자가 필요한가? • 잠재고객 및 비잠재고객을 구분할 기준이 있는가?

3) 기업(기관, 단체 등) 고객 분석(Business to Business Analysis, Business to Government Analysis)

제품이나 서비스를 기업에 납품하거나 판매 혹은 제공하고자 할 경우에는 개인 소비자와는 구매의사결정과정이 다르다. 예를 들어, 부품을 개발하여 제조회사에 납품한다고 하자. 이럴 경우에는 사전에 제품설계 및 개발

단계 이전부터 해당 제조회사의 요구가 있었거나 아니면 시장조사를 통하여 제조회사의 수요가 상당히 있을 것이라는 가정하에 제품을 생산하게 된다. 납품의 경우가 아니라 기업, 기관, 관공서 등에 물품을 판매하거나 서비스를 제공하는 경우에도 내부의 일정한 구매경로를 통하여 구매하게 된다.

예를 들어, 회사의 총무부에서 전 직원을 위한 선물을 구입한다고 하자. 먼저 해당 제품과 관련된 기안서를 작성하여 결재를 득해야 할 것이다. 이 과정에서 복수의 여러 회사로부터 제품의 사양이나 금액 등의 조건을 조사하여 비교안을 만들 경우도 있을 것이다. 금액의 규모에 따라서는 상무이사 혹은 대표이사까지 결재를 받아야 되는 전결규정이 있을 수도 있다. 상사의 결재가 나면 바로 물건을 구입하기도 하지만 가격조정을 한다든가 인도조건 및 부가서비스를 위한 협상을 하여야 할 수도 있다. 일정금액 이상이면 입찰을 통하여 구매해야 한다는 규정이나 의무제도가 있을 수도 있다. 이러한 것은 기업체를 대상으로 한 교육의 제공이나 기타 청소 등의 용역제공 사업에서도 마찬가지이다.

이처럼 기업이나 관공서, 단체를 대상으로 사업을 하는 경우에는 구매절차가 체계적이고 복잡하다. 기존에 기업이나 단체고객에게 제품이나 서비스를 제공하고 있는 경우라면 좋은 관계를 잘 유지하고 있으면 거래행위가 지속될 수도 있지만 중간에 해당 기업의 담당자가 바뀌었다든지 내부 구매의사결정체계에 변화가 생긴다면 처음부터 다시 공을 들여야 한다.

더군다나 창업기업의 경우에는 전혀 새로운 고객을 발굴하여야 하는데, 이는 여간 어려운 일이 아니다. 이럴 경우에는 제품이나 서비스의 특성에 따라서 먼저 목표 고객의 특성을 규정해야 한다. 창업기업의 제품과 서비스는 어느 업종을 영위하고 있는 기업 혹은 기관에 적합할 것인가? 고객의 규모는 어느 정도가 적합한가? 혹은 어느 지역에 위치한 고객까지를 목표로 할 것인가?를 결정하여야 한다.

|표 9-3| 기업 및 단체 고객 분석 체크리스트

구분	체크리스트
내용	• 고객이 제조회사이고 창업자는 부품을 납품하는 일인가? • 제품 설계 및 제조단계 이전에 고객의 욕구가 파악되는가? • 고객의 내부 구매의사결정과정은 어떻게 되어 있는가? • 고객은 구매 금액에 따라서 의사결정과정을 달리하는가? • 구매를 담당하는 고객의 부서 및 담당자는 누구인가? • 고객은 어느 업종(군)을 영위하고 있어야 하는가? • 고객의 임직원 규모는 어느 정도여야 하는가? • 고객이 위치한 곳은 국내인가 해외인가? 보다 구체적인 지역은 어디인가? • 고객의 매출액 규모는 어느 정도여야 하는가? • 잠재고객과 비잠재고객을 구분할 기준은 무엇인가?

2. 창업자 vs 경쟁자 분석

고객분석(customer analysis)이 끝났으면 이제 창업자 분석(company analysis)과 경쟁자 분석(competitor analysis)을 할 차례이다. 시장에는 거의 대부분 경쟁사와 경쟁제품이 존재하기 때문에 창업기업이 살아남기 위해서는 반드시 차별화된 경쟁력을 갖추어야 한다. 이를 위해서는 철저한 경쟁자 분석이 필수적이다.

창업기업에 있어 경쟁자 분석은 창업자 자사 분석과 함께 진행하는 것이 권장된다. 대부분의 창업기업은 기존 경쟁자가 있는 시장을 침투해 들어가야 하는 입장이기 때문에 그러하다. 경쟁제품/서비스와 다른 새로운 가치를 전달하는 아이템으로 무장한다고 하더라도 한정된 예산을 가지고 소비하는 고객의 입장에서 보면 경쟁은 필수적으로 존재할 수밖에 없다. 예를 들어, 여행객의 이용가치를 생각해보면 기차의 경쟁제품은 또 다른 기차뿐 아니라 자가용 또는 비행기가 될 수 있으며, 편의점에서 간식을 사먹으려는 학생의 입장에서는 라면, 삼각김밥, 빵, 과자 등이 전부 경쟁제품이 될 수 있다. 이렇게 놓고 볼 때 경쟁자란 단순히 유사업종의 유사제품이나 유사서비스만을 의미하는 것이 아니라 목표고객이 동일하고 고객의 문제나 원하는 것을 유사한 방식으로 해결해주는 모든 개인 및 조직을 의미한다. 즉, 서로의 시장을 빼앗거나 뺏기는 관계에 있는 경우는 전부 경쟁자이다. 따라서 창업자와 창업팀은 자사의 역량을 파악하는 것과 마찬가지로 시장에서 경쟁자를 분석해야 한다.

결국, 자사 분석과 경쟁자 분석은 분리하여 보는 것보다 창업자와 경쟁자의 대결구도로 보고 항상 상호 비교하여 분석하고 전략적인 시사점을 찾는 것이 효과적이다. 이를 위해서는 '먼저 경쟁자가 누구인가?'라는 질문에 답하여야 한다. 해답은 '경쟁자는 고객으로부터 찾는다' 이다. 즉, 목표 고객에게 동일한 문제를 해결하거나 동일한 가치를 제공하고 있는지의 여부를 확인함으로써 찾을 수 있다. 이것이 3C 분석에서 고객 분석을 먼저 하는 이유라고 앞서 기술한 바 있다.

경쟁자를 찾고 나서는 창업자 및 경쟁자 분석을 통하여 경쟁우위전략을 수립하고 향후 발생할 수 있는 경쟁 시나리오에 대응하여야 한다. 아울러 경쟁기업의 장점을 파악하여 극복해야 하며 창업기업이 가지고 있는 장점을 더욱 키워서 진입장벽을 높여야 한다. 실제 경쟁 분석을 하다보면 시장에서 알려진 경쟁기업의 현재 상태에 대하여 올바르게 알 수 있으며 시장 내에서 기회와 위협요소를 파악하고 대응할 수 있다.

경쟁자의 범위를 단지 기존 시장의 경쟁자뿐 아니라 목표고객이 동일한 잠재적인 경쟁자까지 범위를 넓히고 창업자의 경쟁력의 수준을 체계적으로 파악하기 위한 도구가 바로 마이클 포터(Michael Porter) 교수가 발표한 산업구조 분석 기법 '5 Forces Model'이다. 원래 이는 특정 산업의 경쟁강도를 파악함으로써 해당 산업이 얼마나 매력적인지, 수익성은 어느 정도 될 것인지를 평가하기 위한 기법이다. 이를 위해 하나의 산업을 구성하고 있는 5개의 경쟁요인, 즉 경쟁자, 잠재적 신규 진입자, 대체재, 공급자, 구매자를 파악하여 산업구조를 분석하고 창업 및 경영전략에 참고할 필요가 있다.

마이클 포터의 5가지 경쟁요인을 파악하기 위한 핵심질문은 다음과 같다.

- 경쟁자: 기존 기업 간 경쟁은 어느 정도인가?(라이벌 기업 간의 경쟁 강도 등)
- 잠재적 신규 진입자: 산업에 잠재적으로 진입할 수 있는 기업의 위협은 어느 정도인가?
- 대체재: 신규 대체재 등장이나 가격 대비 기술향상 정도에 의한 위협은 어느 정도인가?
- 공급자: 공급자가 기업에 갖는 주요 교섭력은 어느 정도인가?
- 구매자: 구매자가 기업에 갖는 주요 교섭력은 어느 정도인가?

경쟁요인	내용
산업 내 경쟁자 (Industry Rivalry)	집중과 균형, 경쟁다양성, 회사이해관계자, 산업성장성, 고정(혹은 재고)비용, 브랜드 인지도
잠재적 신규진입자 (Potential New Entrants)	규모의 경제, 독점적 제품생산, 브랜드 인지도, 전환코스트, 대규모 자본 필요, 정부정책, 보복 당할 우려, 절대적 코스트 우위, 유통경로에 접근
대체재 (Substitutes)	대체재에 의한 가격 변화 정도, 전환코스트, 구매자의 대체재에 대한 성향
공급자 (Suppliers)	재료차별화, 판매자의 판매처 전환에 따른 비용, 대체제의 존재, 판매자 집중 정도, 판매자 규모의 중요성, 산업에서 총 구매원가에서 차지하는 비율, 재료가 비용 및 차별화에 주는 영향, 전방산업 병합능력 대비 산업의 후방병합 위협 정도
구매자 (Buyers)	구매자의 파워, 구매자의 규모, 구매자의 구매처 변경에 따른 비용, 구매자 정보, 후방병합 능력 대비 산업의 전방병합 위협 정도, 대체제, 가격 및 통합구매, 제품 차별성, 브랜드 인지도, 품질과 실적에 영향, 구매자 프로파일, 의사결정자의 인센티브

그림 9-2 마이클 포터의 5가지 경쟁요인

잠재적 신규 진입자는 해당 산업에 신규 진입자가 증가할 가능성이 높은지를 보는 것이다. 이를 위해 최근에 시장에 진입한 업체를 파악하는 것도 좋다. 신규 진입자들이 생기면 기존 기업들은 신규 진입을 막기 위한 방어 활동을 해야 한다는 부담이 생기게 되며 이로 인해 가격, 비용, 투자의 증가 가능성이 높아져 수익성이 낮아질 수 있게 된다. 스타벅스, 커피빈 등 대형 프랜차이즈들이 메뉴와 매장에 지속적인 투자를 하는 것도 이러한 이유 때문이다. 이러한 잠재적 신규 진입자를 막는 것이 바로 진입장벽이다. 진입장벽에는 공급 측면의 규모의 경제 수준, 수요 측면의 규모의 경제 수준, 전환 비용의 크기, 신규진입을 위한 소요 자본의 크기, 사업 규모와 무관한 기존 사업자 우위 수준, 유통 채널의 선점 수준, 특허 등의 정부 규제활용 수준 등이 있다.

그밖에 구매자의 영향력이 커지면 커질수록 기업이 위협을 받는다는 측면에서 구매자도 경쟁요인의 하나이다. 공급자가 가격을 올린다든가, 품질을 소홀히 한다든가, 다른 경쟁자와 자사를 차별하는 경우도 발생한다. 특히, 공급자가 소수이거나 차별화되어 있을 때, 대체재가 없거나 공급자 선택에 제한을 받을 때, 공급자에게 별로 중요하지 않은 고객일 때 경쟁위협의 강도는 커질 것이다. 기존 경쟁자의 경우는 무시할 수 없는 경쟁요인이다.

이상으로 경쟁상대를 포괄적, 총체적으로 작성하고 그 중 시장 내 핵심 경쟁자를 선정한다. 요즘은 인터넷 기반이 잘 되어 있기 때문에 경쟁자의 위치, 규모, 주요 상품, 조직규모, 주요전략, 최근동향 등 기초 프로필 조사가 용이해졌다. 기초조사가 끝나면 매출액, 시장점유율 및 연도별 정량적 정보를 조사한다. 기존 경쟁자뿐만 아니라 신규 경쟁자, 대체재도 병행 조사한다.

|표 9-4| **창업자(팀) 및 경쟁자 상호 비교 분석 절차**

구분		내용
분석 절차		경쟁자 정의 → 경쟁정보 정의 → 경쟁정보 획득 → 경쟁전략 수립
상호 비교 분석 포인트	마케팅 측면	핵심상품, 강점, 약점, 목표시장, 브랜드파워
	재무적 측면	재무상태, 매출액 및 이익, 유동성 및 안정성

또한 자사의 가치사슬 역량을 파악하듯이 경쟁자의 가치사슬별 역량을 파악하여 비교하고 전략수립에 참고한다.

|표 9-5| **창업자(팀) 및 경쟁자 분석 비교표**

구분		창업자(팀)	경쟁사 A	경쟁사 B	경쟁사 C
핵심상품					
재무	매출				
	수익성				
	안정성				
고객	B to C				
	B to B				
	B to G				
브랜드					
강점					
약점					
Segmentation					
시사점					

신규로 시장에 진입하는 경우는 시장진입장벽을 파악하고 대책을 세워야 한다. 특허제품, 높은 기술력, 높은 자본, 시장포화상태, 규모의 경제, 브랜드 인지도, 유통채널 확보 문제, 공급자문제, 정책 또는 제도의 문제들이 주요 시장진입장벽 요인이다. 이러한 시장진입장벽을 없애는 데 걸리는 시간과 해결방안을 같이 고려한다.

| 표 9-6 | 시장진입장벽 요소 분석표

구분	중요도(5점척도)	해결 기간	해결 방안
산업 재산권			
기술 및 디자인			
자본조달			
시장성숙 및 포화			
규모의 경제			
초기 인지도			
유통채널 확보			
공급자 파워			
관련 법규			

3. 거시환경 분석, 환경 변화의 트렌드에 주목하라

앞서 3C 분석만 제대로 수행하여도 창업자가 제한된 자원을 가지고 고객에게 경쟁자와 다른 차별화된 가치를 제공할 수 있는 전략방향을 찾을 수 있다. 여기에 거시환경 분석을 적절한 수준으로 병행한다면 보다 시대의 흐름에 부합하는 사업전략 수립이 가능하다.

엄밀히 말하자면 3C 분석과 거시적 영역에 대한 환경 분석은 서로 분리될 수 없는 관계로 연결되어 있다. 3C 분석은 창업자의 입장에서 볼 때 고객, 경쟁자, 창업자라는 핵심 이해관계자들에 대한 분석으로 구성되어 있는데, 이들 핵심 이해관계자들은 정치, 경제, 사회, 기술 등 거시환경 영역의 변화로부터 영향을 받지 않을 수 없기 때문이다. 반대로 이들 핵심 이해관계자들이 어떠한 선택을 하느냐에 따라 외부환경도 바뀌게 된다.

예를 들어, 6장의 서두에 사례로 들었던 부동산 중개 앱의 사례를 생각해 보자. 부동산 중개앱이 성공을 거둘 수 있었던 것은 모바일 환경에 익숙한 1~2인 가구 중심의 20~30대들이 쉽고 빠르고 편리한 방법으로 월세나 오피스텔을 찾기를 원한다는 시장세분화와 타깃고객의 욕구를 반영한 결과이다. 그런데 이러한 고객의 수요는 큰 면적의 매매나 전세수요보다 월세나 오피스텔의 수요가 늘어나고 있다는 사실을 바탕으로 하고 있다. 그리고 이는 다시 1~2인 가구 수의 급격한 증가, 모바일 기술의 발전과 그로 인한 감각화 성향, 소유보다는 사용 중심의 웰빙 트렌드, 2009년 이후 부동산 투기수요와 전세공급 축소에 따른 월세전환 트렌드 등의 거시환경 분석 결과가 전제되어 있다. 따라서 제대로 된 3C 분석을 수행하려고 한다면 거시환경 분석이 자동적으로 병행될 수밖에 없다.

만약, 앞으로도 부동산 시장의 불안정성이 몇 년간은 계속되어 월세 등 임차인의 이사 수요가 지속적으로 증가하고 1~2인 가구의 가치소비 성향과 함께 시간절약과 편의성을 중시하는 성향이 강화된다면 고객들의 어떠한 욕구가 강화될까? 부동산 매물을 소개받은 후 이삿짐센터와 청소 도우미까지 일괄적으로 중개해주는 원스톱 서비스에 대한 욕구가 높아질 수 있을 것으로 추정된다. 실제로 부동산 중개앱에서는 해당 서비스 영역을 강화하는 쪽으로 움직이고 있다. 물론 이의 성패는 고객들의 원스탑 서비스에 대한 가격 수용 여부와 서비스의 표준화 등의 고객 및 자사역량 등 3C 분석의 영역에서 보다 직접적으로 결정되겠지만 거시환경의 변화가 고객의 수요와 이에 따른 차별화된 가치개발의 움직임에 영향을 준다는 사실을 확인할 수 있을 것이다.

거시환경분석 기법으로는 흔히 PEST 분석 또는 STEEP 분석이 많이 사용된다. PEST 분석(Political, Economic, Social and Technological analysis)은 정치, 경제, 사회, 과학기술 분야별로 거시환경요소를 정리하고 위협 및 기회요인을 분석하는 데 사용하는 툴이다.

STEEP는 PEST 분석을 기반으로 환경오염과 친환경에너지 등으로 갈수록 이슈가 높이지는 영역인 자연 환경(Ecological)측면에서의 변화요소를 추가로 정리하고 위협 및 기회요인을 파악하는 데 사용한다. 때로는 여기에 다시 Global 이슈를 국내이슈와 구분하여 STEEPG 분석을 사용하기도 한다.

중요한 것은 PEST, STEEP 또는 STEEPG 중 어떤 분석의 틀을 선택하든 간에 거시환경으로부터 수집 및 분류하고자 하는 정보의 영역(category)을 정하고 각 영역별로 변화요소를 파악하는 데 그쳐서는 안 된다는 것이다. 이를 창업기업의 3C 분석과 연결할 수 있도록 창업기업과 창업기업의 아이템에 이러한 변화요소들이 어떠한 영향을 미치는지, 어떠한 기회와 위협요소가 발생할 수 있는지를 파악하는 데 주력하여야 한다. 그렇게 하여야 거시환경 분석의 결과가 3C 분석과 유기적으로 연결되면서 창업아이템의 성공에 적합하고 체계적인 분석의 목적이 달성될 수 있을 것이다. 또한 각 분류영역별로 정보를 균형 있게 수집하되 창업아이템의 성공에 관련성이 낮은 거시환경 정보를 많이 모으는 것은 지양해야 한다. 이를 방지하기 위하여 필자는 3C 분석을 먼저 하고 관련된 거시환경 정보를 추가로 모으면서 3C 분석을 보완하는 방식으로 분석 작업을 추진할 것을 권장한다. 그래야 관련된 정보들을 중심으로 분석작업을 효율적이고 일관되게 진행할 수 있다. 일반적인 책의 순서와는 달리 이 책에서 3C 분석을 거시환경 분석보다 앞에 놓은 것은 이러한 이유 때문이다.

다음은 화장품 시장의 주요 변화요인(트렌드)들을 사회/문화(S), 기술/과학(T), 경제/산업(E), 생태환경(E), 정치/제도(P)의 5가지 STEEP영역별로 정리해 놓고 이것이 화장품 시장 전반에 걸쳐 어떠한 영향을 미치는지를 정리해 놓은 사례이다. 만약 화장품 산업 쪽에 창업하려는 아이템이 명확하다면 화장품 시장에의 영향을 해당 아이템과 창업기업에 미치는 영향을 바꾸어 정리할 수 있을 것이다.

| 표 9-7 | STEEP분석의 사례: 주요 트렌드들과 화장품시장에 미치는 영향 정리

영역	주요 트렌드	화장품 시장에의 영향
사회/문화 (Society)	• 고령사회의 영향력 확산 • 문화적 다양화 및 개성화 증대	• 항노화 화장품의 빠른 성장 및 시장 확대 • 글로벌 제품전략, 감성마케팅, 가치소비 소구 중요
기술/과학 (Technology)	• 기능성 중시, 환경에 대한 불안 • 과학기술의 융복합화	• 효능 및 안전성 관련 '과학적 증거주의' 확산 • 의료 및 IT, BT, NT 와의 융합화 진전 - 코스메슈티컬, 이너뷰티 제품 등 창출
경제/산업 (Economy)	• 경제글로벌화 심화	• 수출기회 확대 및 경쟁의 글로벌화
생태환경 (Ecology)	• 기후 변화 및 환경문제 심화	• 천연 · 유기농 · 바이오 소재 및 화장품 시장 확대
정치/제도 (Politics)	• 국제규제 및 인증강화	• 대체실험법 개발 등의 연구 및 활용 활성화 • 자연친화성 인증제품 활성화

출처: 윤한술 외, 2016, 화장품 R&D 투자방향 및 사업기획 연구, 보건복지부.

위의 표를 한단계 구체적으로 살펴보면 2015년 기준으로 세계화장품 시장은 약 4%대의 성장률을 나타내고 있으나 향후 2020년까지는 5%대로 높아지면서 꾸준한 상승세를 이어갈 것으로 전망하고 있다. STEEP영역별로 화장품 시장에의 변화요인을 정리하면 다음과 같다.

① (사회/문화 영역) 고령사회의 영향력 확산 → 항노화 화장품의 빠른 성장 및 시장 확대

- '젊음의 아름다움'을 추구하는 항노화 화장품의 빠른 성장(연평균 10% 이상) 전망됨

② (사회/문화 영역) 문화적 다양화 및 개성화 증대 → 글로벌 제품전략, 감성마케팅, 가치소비 추구 등이 중요

- 글로벌 경제하에서 지역, 인종, 국가별 특성에 대응하기 위한 글로벌 제품전략이 매우 중요하게 부상됨
- 다양한 문화를 고려한 감성마케팅 중요, 지속 가능성에 대한 관심으로 친환경 소비(그린 마케팅) 등 가치소비 등이 활성화

③ (기술/과학 영역) 환경에 대한 불안, 기능 중시 → 효능 및 안전성 관련

'과학적 증거주의' 확산

– 화장품의 기능과 안정성에 관한 근거를 명확하게 제시할 수 있는 화장품 개발 및 마케팅 방식이 증가할 것으로 전망됨

④ (기술/과학 영역) 과학기술의 융복합화 → 화장품과 신기술 및 인접산업 영역 간 융합화 진행

– 기존 화장품 고유기술 외 의료산업, 제약산업, 식료품 산업 등 인접 산업의 기술을 접목하여 상호영향을 주고받는 방향으로 발전하고 있음

– IT, BT, NT 등 다양한 융복합 기술을 통한 고기능 화장품개발 증가 중

– 기존 화장품 기술의 효능을 뛰어넘는 고기능 코슈메티컬 시장은 전 세계적인 트렌드로, 특히 아시아지역에서 빠르게 성장하고 있음

– 식이화장품으로 미용식품(Beauty supplement)에 대한 주요 소비층이 노년층 중심에서 점차 젊은 층으로 확산되고 있음

⑤ (경제/산업 영역) 경제의 글로벌화 심화 → 화장품 수출기회 확대 및 경쟁의 글로벌화

– 세계시장으로의 진출 기회가 증대되면서 경쟁의 수준도 글로벌 선진기업과의 경쟁으로 높아지고 있음

– 현재는 중화권 중심으로 편중되어 있으나 중동 · 중남미 · 유럽 등으로 수출국이 다변화 예상, 한류에 편승하는 전략도 유효

* 당분간은 중화권의 신장률이 높아 비중의 변화를 가져오기는 어려움

⑥ (생태환경 영역) 기후 변화 및 환경문제 심화 → 천연 · 바이오유래 화장품 소재 시장 확대, 천연 및 유기농 화장품 시장 확대

– 환경문제에 대한 관심과 유해성에 대한 불안감 등으로 천연 및 유기농 소재 및 화장품 시장의 지속 성장이 예상됨

– 바이오를 사용한 자원, 신소재 및 화장품 시장도 높은 성장 전망들이 나오고 있음

⑦ (정치/제도 영역) 국제규제 강화 → 원료비 상승 및 대체실험법 개발 등의 연구 활성화

– 나고야의정서로 인한 원료수입 제한으로 해외원료수입 부담이 증가하고 국내 토종 생물자원 중시 가능성이 확대되고 있음
– 동물실험 규제강화로 인한 대체 in-vitro실험 도입 증가가 요청됨

⑧ (정치/제도 영역) 환경친화성에 관련 인증 강화 → 관련 시장의 활성화
– 유기농화장품 인증에 대한 수요가 증가하고 ECOCERT 등 관련 라이센스를 취득하여 제품 출시하는 유기농화장품 브랜드가 확대될 전망임

이상의 거시환경 분석을 잘 하기 위해서는 평상시에 인터넷, TV, 신문 등 다양한 미디어에서 흘러나오는 정보들을 위의 거시환경 분석의 틀로 걸러서 보는 습관을 들이는 것을 권장한다. 즉, 특정 뉴스가 부상되었을 때 이것이 정치, 경제, 사회, 기술 등 거시환경의 영역에 어떠한 변화를 일으키고 있는 지의 변화방향과 영향력을 체계적으로 분류하여 평가하는 작업을 해보는 것이 필요하다.

이를 위해 먼저 신문, 인터넷, 잡지 등을 통해 일반적인 환경을 분석하고 난 다음 창업에 필요한 주제로 판단된다면 전문 잡지나 분석지를 통해 보다 이슈들을 심층적으로 분석하고 자료를 축적해 놓을 필요가 있다. 좋은 정보는 두뇌에 좋은 영양분의 역할을 하여 창업에 도움이 되는 양질의 아이디어를 만드는 데 도움을 줄 것이다.

정보를 수집할 때는 반드시 정보의 출처를 확인하는 것이 중요하다. 나중에 사업계획서를 수립할 시에 활용될 수 있으려면 해당 정보가 단순히 일반인의 개인적인 견해가 아니라 실제 발생한 사실에 해당되는 내용, 통계정보, 전문가가 사실을 바탕으로 분석한 결과여야 사업계획서를 읽는 사람들에게 신뢰를 줄 수 있기 때문이다. 특히, 사실이 아닌 개인의 주관적인 의견에 해당하는 내용을 바탕으로 사업계획서를 수립하게 된다면 이는 없는 수요를 있다고 판단하거나, 경쟁사의 능력을 잘못 파악하거나, 환경의 영향력을 잘못 이해한 체로 창업을 출발하게 되어 나중에 창업 기업의 존립 자

체를 위험하게 만들 수도 있다. 개인적인 의견과 사실을 명확하게 구분하기 위해서는 개인적인 의견이 주는 의도를 생각하고 애매모호한 표현을 걷어내는 것이 중요하다. 이를 위해 때로는 사례로 제시한 기사에 반대의견을 제시하는 다른 기사를 찾아 비교하는 것도 필요할 수 있다. 올바른 정보가 올바른 생각을 낳고 이를 토대로 올바른 창업전략이 나올 수 있기 때문이다.

Practice 9-1 창업자, 고객, 경쟁제품에 대한 3C 분석 실습하기

창업을 위한 방향 수립 및 아이템 구체화를 위해서는 먼저 창업아이템을 둘러싼 핵심 환경요건인 3C(창업자, 고객, 경쟁제품)에 대한 주요 사항들을 파악하는 것이 필요하다. 보다 현실적인 분석을 위해 아래에 제시한 각각의 양식을 채우면서 3C 분석을 수행해 보자.

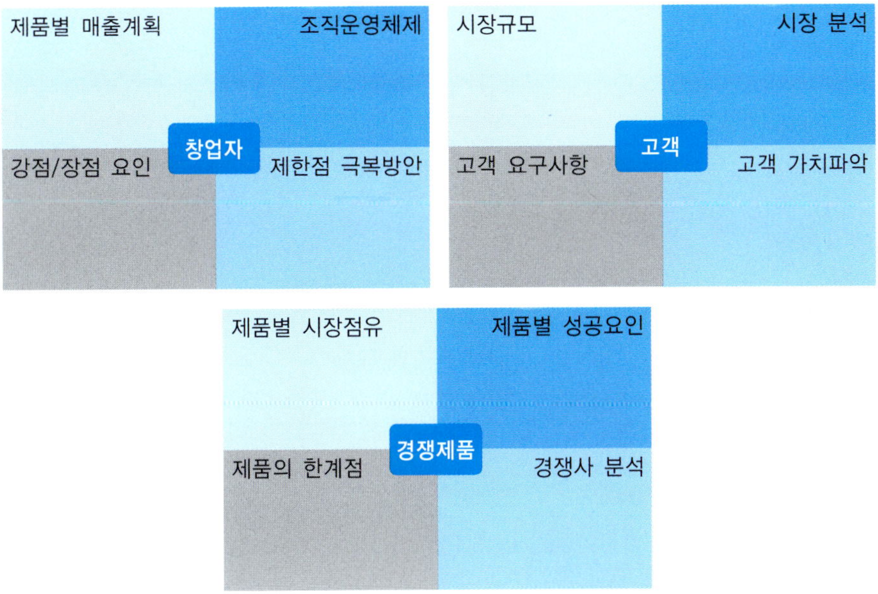

Practice 9-2 창업자(팀)의 경쟁강도를 파악하기 위한 5 forces 분석 실습하기

창업자(팀)가 관심을 가지고 있는 사업 분야와 아이템의 경쟁력을 결정하는 5가지 힘(5 forces)이 현재 무엇이 있으며, 그 영향력의 크기는 어느 정도인지 아래의 표를 활용하여 분석해 보자.

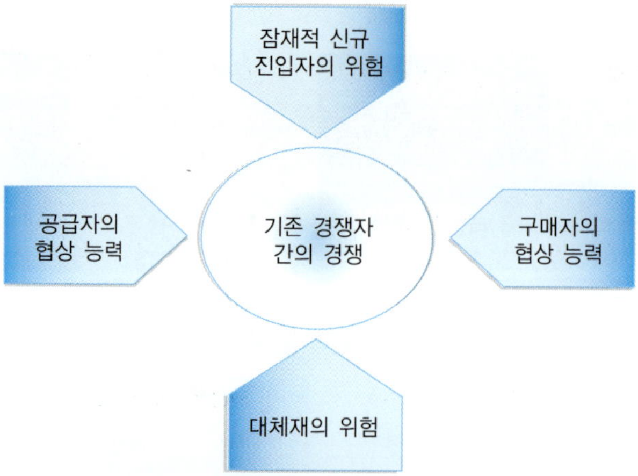

5 forces		분석 결과
기존 경쟁자	• 기존 기업 간 경쟁은 어느 정도인가? (라이벌 기업 간의 경쟁 강도 등)	•
공급자	• 공급자가 기업에 갖는 주요 교섭력은 어느 정도인가?	•
구매자	• 구매자가 기업에 갖는 주요 교섭력은 어느 정도인가?	•
대체재	• 신규 대체재 등장이나 가격 대비 기술향상 정도에 의한 위협은 어느 정도인가?	•
잠재적 신규 진입자	• 산업에 잠재적으로 진입할 수 있는 기업의 위협은 어느 정도인가?	•

Practice 9-3 창업자(팀)의 거시환경 트렌드 파악을 위한 PEST 분석 실습하기

창업자(팀)가 관심을 가지고 있는 사업 분야에 대해 영향을 미치는 주요 변화요인(트렌드)들을 정치/제도(P), 경제/산업(E), 사회/문화(S), 기술/과학(T)의 4가지 PEST영역별로 정리한다. 그리고 나서, 이러한 요인들이 창업자(팀)의 사업에 어떠한 영향을 미치는지를 분석해 보자.

영역	주요 변화요인	창업자(팀) 관심 사업분야에의 영향
정치/제도 (Politics)	•	•
경제/산업 (Economy)	•	•
사회/문화 (Society)	•	•
기술/과학 (Technology)	•	•

전략방향 분석, 보물이 어디에 있을까?

CHAPTER 10

창업자가 3C 분석 등 환경 분석을 체계적으로 정리하다보면 희미하게라도 전략방향에 관한 아이디어가 떠오를 것이다. 이러한 아이디어를 보다 정확하게 판단하여 나만의 창업의 방향으로 수행한다면 성공적인 창업을 할 수 있을 것이다. 창업의 성공을 위해 이러한 환경에 대응하여 어떠한 방향으로 나아가야 할지 방향을 명확하게 도출하고 싶다면 이 시점에 SWOT 분석을 통해 창업자(팀)의 전략 방향을 도출하는 것이 유용하다. 이는 구체적인 비즈니스 모델 설계를 통해 어떤 가치를 제공하여 얼마의 수익을 어떻게 남길지 결정하기 전에(What to do and How to do) 어디서 어떤 형태로 비즈니스를 전개할지 방향을 정하는 것(Where to do)이 현명하기 때문이다. 이는 마치 전쟁에서 승리를 하기 위한 전술을 만들기 전에 어느 전장에서 어떻게 적군을 맞이 할지 전략 방향을 설정하는 것과 같다.

1. SWOT 분석의 정의

SWOT 분석은 1960~1970년대 미국 스탠포드 대학의 알버트 험프리에 의해 창안된 전략개발 도구로서, 기업의 내부자원인 상대적 강점(Strength)과 약점(Weakness)을 외부환경인 시장의 기회(Opportunity)와 위협(Threat)에 대응하여 생각함으로써 사업 추진의 전략적 방향을 만들어 내는 분석활동이다. 즉, 외부적인 기회와 위협요인을 확인하고 기업 내부의 강점과 약점을 파악하였다면 여기에서 끝나는 것이 아니라 외부적 기회 및 위협요인과 내부적 강약점을 2×2 매트릭스 형식으로 정리하여 도식화한다. 해당 매트릭스의 각각의 셀에는 강점 또는 약점과 기회 또는 위협요소들이 서로 연관될 수 있다. 각각의 셀에 이러한 연관을 통해 사업추진의 전략적 방향을 나타내는 항목들을 [표 10-1]과 같이 강점-기회(SO)전략, 강점-위협(ST)전략, 약점-기회(WO)전략, 약점-위협(WT)전략이라는 제목으로 분류하여 각각 정리하고 항목들 간의 우선순위를 정함으로써 대응전략을 찾을 수 있다.

|표 10-1| SWOT 분석

구분	강점(Strength)	약점(Weakness)
기회(Opportunity)	강점-기회(SO)전략	약점-기회(WO)전략
위협(Threat)	강점-위협(ST)전략	약점-위협(WT)전략

SWOT 분석을 활용하면 내부의 자원을 활용하여 기회와 위협요인에 효과적으로 대처하도록 전략적 분석이 가능하다. 즉, 창업자의 강점을 최대한 살려서 새로운 사업기회를 포착하고 약점은 최소화하는 전략방향을 찾을 수 있다. 이는 보물이 어디 있는지를 알 수 있다면, 보물섬으로 가는 길도 보이는 것과 같은 원리이다.

2. SWOT 분석의 단계

필자는 독자들이 SWOT 분석을 효율적으로 진행할 수 있도록 SWOT 분석의 대상 선정, SWOT 영역별 항목 도출, SWOT 영역별 항목의 우선순위 결정, SWOT 매트릭스 작성, 사업추진의 전략방향 도출 등 5단계로 구분하였다.

1) 1단계 : SWOT 분석의 대상 선정

창업아이템을 개발 및 출시하려는 창업자의 입장에서 SWOT 분석의 대상은 '창업아이템'이 될 것이다. 하지만, 만약 창업을 시작하여 기업을 만든 후 창업기업 전체의 전략방향을 찾고 싶다면 대상이 '창업기업'이 되어 창업아이템을 대상으로 분석하였을 때보다는 폭이 넓어지게 된다.

창업아이템이 대상이라면 SWOT 분석 시 강약점을 분석하는 대상이 경쟁제품이 될 수 있지만 창업기업 전체가 대상이라면 SWOT 분석 시 비교 대상이 경쟁사가 되며, 연구개발/제조/마케팅 등 창업활동 자체가 분석의 대상이 될 수 있다. SWOT 분석을 '창업아이템'의 수준에서 진행할 경우에 아이템 개발 및 출시를 위한 마케팅전략이 되며, '창업기업'을 대상으로 진행하면 창업기업의 생존을 위한 전략방향을 도출할 수 있다.

창업아이템을 대상으로 한다고 하더라도 예를 들어 인터넷 쇼핑몰 창업을 할 경우에는 인터넷 쇼핑몰에 입점시키려는 특정 상품군 하나가 아닌 인터넷 쇼핑몰 자체가 SWOT 분석의 대상이 된다. 이를 통해 소비자의 시각으로 경쟁쇼핑몰과 창업기업의 쇼핑몰을 비교함으로써 장점과 약점을 확인할 수 있다. 결국, SWOT 분석을 본격적으로 하기 전에 먼저 대상을 잘 정하는 작업이 선행되어야 한다.

분석 대상이 결정되었으면 이와 관련된 업종, 타깃시장, 경쟁 상황, 창업가 및 동원 가능한 외부 네트워크 능력 등의 기본 정보를 정리하여야 한다. 이미 3C 분석을 철저하게 하였다면 이는 어렵지 않게 정리할 수 있을 것이다.

2) 2단계 : SWOT 영역별 항목 도출

SWOT 분석의 대상을 결정하고 현황을 정리하였다면 이제 본격적으로 해당 대상에 대한 강점, 약점, 기회, 위협요인을 도출할 수 있다. [표 10-2]의 양식을 이용하여 강점, 약점, 기회, 위협요인을 적어 보자.

|표 10-2| SWOT 영역별 항목 도출

강점(Strength)	약점(Weakness)
① ② ③ ④ ⑤	① ② ③ ④ ⑤
기회(Opportunity)	**위협(Threat)**
① ② ③ ④ ⑤	① ② ③ ④ ⑤

SWOT 분석 시 많이 혼동되는 것 중에 하나가 강점과 기회, 약점과 위협요소를 구분하는 것이다. 강점과 약점은 창업기업의 내부환경에 관한 것이므로 창업자나 창업팀의 노력을 통해 개선이 가능한 영역이다. 반면, 기회와 위협은 외부환경에서 비롯되므로 창업자나 창업팀이 인위적으로 변화시킬 수 없다.

예를 들어 기술력, 높은 원가/가격 경쟁력, 다양한 산업에의 제품응용여부 등은 시간은 걸리겠지만 노력에 의해 개선될 수 있는 영역이므로 강점이나 약점의 영역에 해당한다. 반면, 시장 전체의 성장률, 경쟁자 진입 여부, 공급제품 원가 변화, 경기변동, 무역규제의 변화는 창업자나 창업팀의 노력에도 불구하고 인위적으로 변화시키는 것이 거의 불가능하므로 기회나 위협의 영역에 해당한다. 이러한 구분 기준에도 불구하고 강점/약점, 기회/위협 양쪽 모두에 해당된다고 판단된다면 비중이 큰 쪽으로 기록하는 것을 권장한다.

이상의 SWOT 영역별로 항목을 도출하기 위한 분석의 요인들을 정리하면 다음과 같다.

|표 10-3| SWOT 영역별 주요 분석요인

강점(Strength)	약점(Weakness)
차별화된 기술력, 우수한 연구개발기관과의 관계, 높은 원가/가격 경쟁력, 우수한 마케팅 인력, 안정적 자금조달 능력, 안정적인 유통채널, 다양한 산업에의 응용 가능한 제품 등	낮은 제품개발력, 협소한 제품군, 가격인상 취약성, 자금조달 능력 부족, 마케팅 능력 부족, 상대적 높은 원가, 제조 또는 개발업체의 부족, 공급자에 대한 취약성 등
기회(Opportunity)	**위협(Threat)**
시장의 빠른 성장, 낮은 진입장벽, 해당 산업의 확장성, 새로운 유형의 고객 출현 가능성, 경쟁기업의 쇠퇴, 수직적 통합, 고객 욕구 증대, 유리한 사회적 사건, 경기상승 등 유리한 경제적 요인, 유리한 법/정책/제도 등	시장 성장률 둔화, 새로운 경쟁자 진입, 공급제품 원가 증대, 구매자/공급자 협상력 증대, 원자재 부족, 대체상품의 개발(수입 대체품 등), 기술의 변화 가능성, 불리한 수요층의 인구 변화, 경기침체, 고객 강한 압박, 무역규제, 불리한 법/정책/제도 등

강점, 약점, 기회, 위협요인을 찾을 때는 추상적인 표현을 쓰지 말고 구체적으로 작성해야 한다. 이를 위해서 효과적인 방법은 몇몇 경쟁제품 또는 주요 경쟁사를 선정해놓고 이를 연구개발, 제품, 생산, 마케팅, A/S 등의 측면에서 비교해가면서 내부적인 요인들은 강점, 약점으로 정리하고 이에 영향을 미치는 외부적인 요인들은 위기, 기회로 정리하는 것이다. 예를 들어, 게임산업에 대한 규제가 누구에게는 위협이지만 보다 건전하게 즐길 수 있는 게임업체에게는 경쟁사와 비교 시 상대적으로 성장할 수 있는 기회가 될 수 있다. 작성 시에는 수치를 포함하여 가능한 구체적으로 작성해야 애매모호하지 않고 명확한 사업추진의 전략방향을 만들어 낼 수 있다는 점을 기억해야 한다.

3) 3단계 : SWOT 영역별 항목의 우선순위 결정

앞서 [표 10-2] SWOT 영역별 항목 도출에서 번호를 설정한 것은 단순히 숫자기호를 나열함으로써 기재된 항목들 간에 구분을 편리하기 위해서 만든 것은 아니다. 숫자기호 ①~⑤는 영역별 항목의 우선순위를 나타낸다. 이 우선순위에 따라 정리함으로써 SWOT 각 영역별로 어떤 항목이 중요하게 반영되어야 하는지를 알 수 있다. 반드시 ①~⑤까지 5개의 항목에 한정될 필요는 없다. SWOT분석의 대상과 분석된 항목들의 수준에 따라 항목 수는 일부 줄어들거나 더 늘어날 수 있다. 다만, 항목 수가 5개보다 현저히 줄어들거나 많아지면 사업추진의 전략방향을 뽑아내기 어려우므로 우선순위를 정할 항목의 가짓수를 5개를 기준으로 하라는 것이다. 사실 우선순위를 높여 전략에 반영해야 할 항목들이 5가지 이상인 경우는 드물다. 항목의 수가 5가지가 넘어간다면 창업기업의 현재 상황이 아니라 차후에 중장기적으로 반영할 사항으로 따로 구분하여 기록하는 것이 맞는 것이 아닐지 다시 검토할 필요가 있다.

아래는 오프라인 아기 사진을 전문적으로 촬영하는 기업이 온라인 시장 확대에 대비하는 전략수립을 위해 만든 SWOT 분석 사례이다.

| 표 10-4 | SWOT 영역별 항목 도출

강점(Strength)	약점(Weakness)
① 넓은 촬영공간, 편의시설 및 주차장 ② 유명산부인과와 산후조리원 인근에 위치한 유리한 입지조건 ③ 백화점 인근으로의 높은 접근성 ④ 결혼, 한복, 베이비 관련 근접사업자와 유사한 콘셉트 ⑤ 경영자의 지속적인 혁신마인드	① 외부도로에서 보이지 않는 위치(가시성) ② 직원들의 높은 이직률 ③ 회원관리 능력의 부족 ④ 내부 회계(재무) 능력의 부족 ⑤ 광고 효과성 측정을 못하고 있음
기회(Opportunity)	**위협(Threat)**
① 아이에 대한 투자 증가 ② 온라인 사진시장 규모 확대로 인화시장 측면의 규모 확대 ③ 정부의 출산 장려책	① 낮은 출산율 ② 전문가용 카메라(DSLR)의 일반화 ③ 온라인으로 사진을 보려는 수요 증가 ④ 경기위축으로 인한 가계재정 악화 및 소비축소 ⑤ 저가 위주의 경쟁자 증가

주) 은종성 (e비즈북스, 2010년) 쇼핑몰 사업계획서 만들기를 참고하여 업데이트

4) 4단계 : SWOT 매트릭스 작성

SWOT 분석의 백미는 SWOT 4가지 영역별로 항목을 도출하고 그 우선순

위를 평가하는 데 있지 않다. 핵심은 전략적 방향을 도출하기 위해 SO, WO, ST, WT의 영역으로 전략대안을 도출하는 것에 있다. 창업자와 창업팀은 내부 및 외부환경 분석의 결과를 가지고 강점은 살리고, 약점은 보완하며, 기회는 활용하고 위협은 억제하기 위한 전략대안의 도출이 가능하다. 이는 외부적 기회 및 위협요인과 내부적 강약점을 2×2 매트릭스 형식으로 정리하여 도식화함으로써 가능하며, 그 결과는 SO전략, ST전략, WO전략, WT전략의 총 4가지 유형의 전략대안으로 구분할 수 있다.

① Strength: Opportunities 기회극대화 전략(우선수행)

창업기업의 강점을 활용하여 기회를 선점할 수 있는 전략적 상황의 경우 이를 극대화하는 전략을 써야 한다. 이를 통해 경쟁우위(Competitive Advantage)를 확보할 수 있으므로 이는 공격적인 전략 유형에 해당한다.

② Strength: Threats 위협최소화 전략(위협해결)

위협을 강점으로 최소화하면서 기회로 전환하는 상황까지도 기대할 수 있는 전략 유형이다. 다만, 강점이 있어도 시일이 지나면 외부위협 때문에 그 강점이 무력화될 가능성이 있으므로 강점을 활용해 먼저 외부위협을 최소화하려는 노력을 해야 한다.

③ Weakeness: Opportunities 약점보완 전략(우선보완)

이 영역의 전략 유형은 잘 활용한다면 외부의 기회를 활용하여 약점을 강점으로 전환하는 역발상도 기대할 수 있지만, 일반적으로는 기회를 활용하기 위해서는 약점을 보완하는 전략을 추구할 필요가 있다. 만약 이러한 기회를 약점 때문에 제대로 활용하지 못한다면 시간이 흐름에 따라 기회요인도 점점 제약될 것이다. 동일한 기회에 대하여 자사의 약점이 경쟁사에게 강점이 되는 경우가 최악의 선택이 되기 때문이다.

④ Weakeness: Threats 위협예방 전략(장기보완)

약점이 있는데, 위협까지 만날 경우 부정적인 영향이 커지므로 최선책은 이러한 상황을 만나지 않도록 미리 예방적 조치를 취하는 것이 좋다. 장기적으로는 이러한 위협요인을 막을 수 있도록 내부 자원을 보완하는 전략을 추구하여야 한다. 이것이 이루어지지 않은 상황에서 위협을 만날 경우 창업기업은 상당한 기간 동안 어려움을 겪을 수 있기 때문이다.

|표 10-5| SWOT 매트릭스

내부요소 / 외부요소		1. 강점(S)	2. 약점(W)
		① ② ③ ④ ⑤	① ② ③ ④ ⑤
3. 기회 (O)	① ② ③ ④ ⑤	SO 전략 우선 수행 내용 주어진 기회에 강점을 최대한 활용하는 전략	WO 전략 우선 보완 내용 기회를 활용하여 약점을 보완하는 전략
4. 위협 (T)	① ② ③ ④ ⑤	ST 전략 위험해결 내용 강점을 활용하여 위협요인을 회피하는 전략	WT 전략 장기보완 내용 약점을 보완, 극복하면서 위협요인을 회피하는 전략

이상의 SWOT 분석의 전략대안은 모두 수치적, 구체적으로 써야 한다. 가능하다면 현장에 직접 가서 실제 상황을 이해하고 사실을 중심으로 분석해야 한다.

|표 10-6| SWOT 매트릭스 작성 사례

구분	강점(Strength) ① 다양한 채널 홍보 진행 ② 넓고 편안한 시설 ③ 경영자의 혁신 마인드	약점(Weakness) ① 높은 직원 이직률 ② 회원관리 능력 부족 ③ 광고효과성 측정 미비
기회(Opportunity) ① 아이에 대한 투자증가 ② 사진인화시장 확대 ③ 정부의 출산장려책	강점-기회전략(SO) S①O① 인터넷홍보 강화 S①S③O② 영업확장	약점-기회전략(WO) W②O① 직원역량강화 교육 실시
위협(Threat) ① DSLR 카메라 일반화 ② 저가위주 경쟁자 증가 ③ 고객의 가격탄력성 높음	강점-위협전략(ST) S②T③ 주중으로 업무분산 S②T①T② 사진촬영교실 S②T②T③ 공간임대서비스	약점-위협전략(WT) W①W②T③ 고객접점에서 서비스 표준화 W①W②T②T③ 직원 성과/보상체계 수립

주) 은종성 (e비즈북스, 2010년) 쇼핑몰사업계획서만들기를 참고하여 업데이트

위의 전략대안은 구체적으로 실행할 수 있는 형태로 작성되어야 한다. 위의 사례는 전략대안의 간단한 키워드만 기술한 것으로, 예를 들어 'S①S③O②. 영업확장'보다는 ''S①S③O②. 온라인 사진 애호가, 전문가 등 다양한 채널별 영업인력 1명 이상 확보 및 사진인화 서비스의 혜택에 집중된 판매활동 추진' 등 보다 구체적인 문구로 작성해야 실행도 구체적이 된다.

3. 사업추진의 전략적 방향 도출

"모든 것을 다하겠다는 것은 아무것도 안하겠다는 뜻과 같다!"

전략수립 시 흔히 하는 실수는 SO, ST, WO, WT 4가지를 분석하여 4가지 전략방향을 도출한 다음 이를 실행할 수 있도록 사업을 추진하는 것이다. 무엇을 하든 항상 자원이 제약되어 있는 현실을 간과한 결과, 얼마 안 있어 사업의 추진은 장애에 부딪히고 만다. 더욱이 창업기업의 입장에서는 4가지 전략 유형을 다 실행할 만큼 자금이나 인력이 충분하지 않다. 따라서 각각의 전략 유형에서 도출된 전략대안의 장단점을 비교하고 자원 투입 대비 효과가 가장 좋은 대안을 선택해야 한다. 그리고 해당 대안을 구체적으로 실

행하기 위한 전략과제와 성과지표를 도출하여 하나라도 제대로 실천하는 것이 중요하다.

앞서 설명했듯이 SWOT 중 강점이나 약점은 경쟁사를 대비한 차이를 비교분석했을 때 나오는 강점과 약점인 것이며, 기회나 위기는 경쟁사나, 창업기업 내부가 아니라 외부의 측면에서 기회와 위기를 도출한 것이다. 이러한 측면에서 보았을 때 많은 경우 사업추진을 위해 가장 유리한 전략은 강점을 이용하여 기회를 공략하는 SO 전략(우선수행과제)이 될 공산이 크다. 대체로 SO 전략은 1년 내 단기에 집중하여 기회를 선점해야 할 대안에 해당한다. 자원이 너무 부족하다면 1차적으로는 SO전략에만 집중하는 것이 현명하다.

그 다음에는 WO 전략(우선보완과제)과 ST전략(위협해결과제)을 생각해 볼 필요가 있다. 강점으로 중대 위협요소를 없앨 수 있는지를 분석하여야 하며, 아니면 기회를 활용해 약점을 보완할 수 있는 방안을 생각해 봐야 한다. 이는 2~3년 정도의 중기적 추진 과제로 볼 수 있다. 마지막으로 WT는 장기보완과제 5년 이상에 해당한다. 중대 위협이 우리의 약점을 잘 못 건드리게 되었을 때 문제를 생각해 보면 된다. 하지만 자원의 제약상 WT전략은 추진할 수 있는 가장 마지막 과제가 되는 경우가 대부분일 것이다.

다만, 위의 네 가지 전략 중 하나 또는 일부만 선택했다고 해서 나머지 전략을 모두 버리라는 것은 아니다. 기업의 외부환경과 내부환경은 고여 있는 물처럼 정체되어 있는 것이 아니라 끊임없이 변화한다. 따라서 하나 또는 소수의 핵심 전략에 집중하되 시장 상황이 변화하면 그 상황에 최적화된 전략으로 전환을 고려하여야 한다. 전략대안 선택 시 고려해야 될 요인은 추진하려는 사업목표와의 적합성, 사업목표의 달성 가능수준, 사업추진의 효율성, 경쟁제품 또는 경쟁자와의 차별성, 전략수행 결과의 파급 효과 등이며, 이들을 종합적으로 고려해야 한다.

Practice 10-1 SWOT 분석 실습하기

창업자와 창업팀이 추진하려는 아이템의 성공을 위해 전략적 방향을 명확하게 도출하는 것이 필요하다. 아래의 SWOT 분석 양식을 활용하여 사업 전략방향 도출에 대한 실습을 해보자. 아직 기업설립 전 단계의 예비창업자라면 강점과 약점의 항목들은 추진하려는 아이템과 관련된 창업가나 창업팀의 차원에서 분석하는 것이 맞다. 아직 창업팀만의 아이템이 없는 경우 ① 진출하려는 사업영역 전체를 놓고 이에 대한 창업가나 창업팀의 SWOT를 분석하는 것이 권장된다. ② 이와 함께 최소한 자신이 관심을 갖고 있는 아이템과 관련된 사례를 찾아 SWOT 분석연습을 한다.

[SWOT 매트릭스 작성]

구분	강점(Strength) ① ② ③	약점(Weakness) ① ② ③
기회(Opportunity) ① ② ③	강점-기회전략(SO)	약점-기회전략(WO)
위협(Threat) ① ② ③	강점-위협전략(ST)	약점-위협전략(WT)

PART

05

가치:
비즈니스 모델링

비즈니스 모델링, 보물찾기 지도를 만들어라

CHAPTER 11

창업의 성공을 위해서는 무엇이 필요할까? 뛰어난 기술, 제품 또는 서비스만 있다고 창업이 성공하는 것이 아니다. 시장의 흐름을 정확하게 파악하고 기존의 제품이나 서비스로는 만족시키지 못하는 고객이 원하는 니즈(needs)와 원츠(wants)에 부합하는 강력한 가치(value)를 제안할 수 있어야 한다. 뿐만 아니라 창업자를 포함하여 창업팀 내부에 경쟁력 있는 자원과 역량이 있어야 하며, 적절한 자금, 공급자, 외부 파트너의 도움이 필요하다. 이러한 일련의 창업실무를 진행함에 있어 효율적으로 비용을 써야 하며 지속적으로 적정 수준 이상의 자금이 수익으로 들어오는 구조를 만들어 놓아야 한다.

이 모든 창업의 성공요소들과 그것들 간의 관계를 명확하게 파악하여 투자자, 금융기관, 협력 파트너 등 이해관계자들에게 핵심만 요약하여 설명할 수 있는가? 그렇다면 비즈니스 모델을 알고 있는 것이다. 비즈니스 모델을 한 마디로 말하자면 사업아이템이 시장에서 성공하기 위해 필요한 핵심요소들을 정리해 놓은 설계도면이다. 즉, "어떤 고객을 대상으로 어떠한 가치를 담은 제품이나 서비스를 어떠한 자원을 가지고 만들고 전달하여 수익을 창출할 것인가?"에 대한 구상이 창업자의 머릿속에 들어 있어 명확하게 답할 수 있다면 그 창업자는 비즈니스 모델을 가지고 있는 것이며, 답할 수 없다면 아직까지 비즈니스 모델을 만들지 못한 것이다. 비즈니스 모델을 만들기 위한 핵심질문은 다음과 같다.

- 고객의 문제는 무엇이며, 이를 무엇으로 해결해 줄 수 있는가?
- 고객이 왜 창업자의 아이템을 선택해야 하는가?
- 창업 아이템의 개발 및 출시를 위해서는 어떠한 자원 및 활동이 필요한가?
- 창업 아이템의 개발 및 출시로 인해 얼마나 많은 수익과 비용이 발생할 것인가?

1. 비즈니스 모델의 개요

2014년 미국 벤처캐피탈 전문 조사 기관인 CB인사이트는 '스타트업이 실패한 이유'를 찾기 위해 당해연도 실패한 스타트업 101개를 대상으로 설문조사를 실시한 결과, 톱 12의 이유를 다음과 같이 정리하였다. 여기서 흥미있는 점은 두 가지이다. 첫째, 스타트업이 실패하는 가장 큰 이유는 자금 부족이 아니라 시장이 원하지 않는 제품이라는 점이다. 즉, 많은 창업기업들이 자금부족을 실패의 이유로 들면서 외부환경의 탓을 들지만, 그것보다 더 많은 이유가 시장에 맞지 않는 제품을 출시한 창업기업 내부의 문제라는 것이다. 이는 창업기업의 기술력, 제품, 서비스 자체의 문제가 아니라 고객의 문제를 올바로 이해하고 이에 맞는 가치를 담은 제품이나 서비스에 만들지 못했거나 제대로 전달하지 못했다는 점에서 비즈니스 모델의 실패라고 할 수 있다.

둘째로 스타트업이 실패한 이유에서 6위가 비즈니스 모델의 문제를 들고 있지만, 사실 12가지 이유의 대부분이 비즈니스 모델의 실패와 직접적인 연관이 있다는 점이다. 시장이 원하지 않는 제품, 나쁜 제품 · 비즈니스 모델의 문제, 가격 문제, 경쟁에 뒤져, 마케팅 부족 · 고객무시 등의 이유는 '고객에게 차별화된 가치를 제시하지 못했다는 측면'에서 비즈니스 모델과 직접적인 관련이 있으며, 자금부족, 팀원 구성문제, 원가 문제, 포커스 상실 · 팀워크 부조화, 투자자 관심 부족 · 네트워크와 멘토 미활용 등은 '차별화된 가치를 만들기 위해 내부/외부 자원을 제대로 활용하지 못했다는 측면'에서 비즈니스 모델과 직접적인 관련이 있다.

결국, 이상의 12가지 실패 이유를 한마디로 요약하자면 철저한 창업준비가 되지 않았다고 볼 수 있으며 이러한 창업준비의 실패는 비즈니스 모델을 제대로 구상 및 점검하지 않은 것에서부터 비롯된다.

순위	이유	비율
1위	시장이 원하지 않는 제품	42%
2위	자금 부족	29%
3위	팀원 구성 문제	23%
4위	경쟁에 뒤져	19%
5위	가격 · 원가 문제	18%
6위	나쁜 제품 · 비즈니스 모델 문제	17%
7위	마케팅 부족 · 고객 무시	14%
8위	타이밍 문제 · 포커스 상실 · 팀워크 부조화	13%
9위	변화 실패	10%
10위	열정부족 · 위치 문제	9%
11위	투자자 관심 부족 · 네트워크와 멘토 미활용 · 탈진	8%
12위	변화하지 못함	7%

그림 11-1 스타트업이 실패하는 이유

출처: CB Insight (2014).

'3부 창업아이템 발굴 및 검증'과 '4부 창업 환경요인 및 전략방향 분석'을 통해 창업 아이템을 찾고, 3C 분석과 거시환경 분석을 거쳐 SWOT 분석을 통해 창업기업의 전략방향을 도출하는 것의 중요성을 강조한 바 있다. 하지만 지금까지의 과정들이 잘 이루어졌어도 이러한 분석 결과들을 잘 반영하여 비즈니스 모델을 올바르게 구상하지 않았다면 창업의 성공은 기대하기 어렵다. 거꾸로 말하자면 올바른 비즈니스 모델 없이 사업아이템, 환경 분석, 전략방향만 가지고는 성공하기 어렵다.

필자는 창업기업에 적합한 신개념 비즈니스 모델로 VCM(본서 12장 참조)을 제시할 것이다. 하지만 그 이전에 대중적으로 가장 널리 알려진 비즈니스 모델인 비즈니스 모델 캔버스와 린 캔버스를 소개하고자 한다.

2. 비즈니스 모델 캔버스(The Business Model Canvas)

1) 비즈니스 모델 캔버스 개요

비즈니스 모델 캔버스(The Business Model Canvas)는 알렉산더 오스트왈더와 예스 피그누어의 주도하에 전 세계 45개국 470명의 관련 전문가들의 공동작업으로 탄생한 가장 대표적인 비즈니스 모델 작성도구이다. 이는 비즈니스와 조직에 관한 복잡한 정보들을 단순화해 재빨리 파악할 수 있도록 시각적인 형태로 바꾸는 자료로서 그 가치를 인정받고 있다.

비즈니스 모델 캔버스는 하나의 조직이 어떻게 가치를 포착하고, 창조하고 전파하는지에 관한 비즈니스 모델을 분석하고 디자인하는 핵심도구이다. 즉, 비즈니스 모델을 9가지 요소로 나누어 분석하여 비즈니스 모델에 대한 이해를 높이고 사업 모델의 변경을 용이하게 할 수 있도록 한 장의 그림으로 시각화하기 위한 틀(framework)이라고 정의할 수 있다.

비즈니스 모델 캔버스의 틀 안에서 생각하게 되는 핵심 스토리는 다섯 가지이다.

- 특정 '고객 세그멘트'를 찾아 해당 고객들의 문제에 맞는 해답을 제시하는 '가치제안'의 과정을 통해 고객이 해당 기업을 선택해야 하는 이유를 분명하게 생각하게 된다.
- 시장에서 발견된 고객의 문제의 해답인 '가치제안'을 하기 위해서는 어떤 '핵심활동'이 필요한지 그리고 활동을 위한 '핵심자원'이 무엇인지 생각하게 된다.
- 새로운 가치 제공을 실현한 제품이나 서비스를 어떤 '채널'을 통하여 특정 '고객 세그먼트'에게 전달될 것인지 생각하고, 지속적인 '고객관계'를 유지하기 위한 전략을 생각하게 된다.
- 새로운 가치를 제공하면서 어떻게 '수익'을 창출할 것인지와 제공하기 위한 '비용'은 얼마나 소요될지를 생각하게 된다.
- 지속적인 성장과 발전을 위해서는 어떤 '핵심파트너'가 필요한지를 생각하게 된다.

2) 비즈니스 모델 캔버스의 9가지 구성요소(The 9 Building Blocks)

비즈니스 모델 캔버스를 효과적으로 활용하기 위해서는 먼저 추진하려는 사업을 다음의 비즈니스 모델 캔버스에서 제시하는 9가지 요소(The 9 Building Blocks)에 필자가 제시한 순서대로 작성하는 작업이 필요하다. 이를 통해 비즈니스 모델이 매력적인지 분석하는 사업의 타당성 검토를 함으로써 더 나은 방향으로 개선할 수 있다.

|표 11-1| 비즈니스모델 캔버스의 9가지 구성요소(The 9 Building Blocks)

<table>
<tr>
<td colspan="2" rowspan="2">⑧ 핵심파트너
(Key Partners)
외부에 위탁한 특정 활동 및 자원</td>
<td colspan="2">⑦ 핵심활동
(Key Activities)
가치제공 요소들을 만들고 전달하는데 필요한 실무</td>
<td colspan="2" rowspan="2">② 가치 제공
(Value Provided)
고객의 문제를 해결 고객의 니즈를 충족</td>
<td colspan="2">④ 고객관계
(Customer Relationships)
고객과 관계 맺고 유지하는 다양한 방법</td>
<td colspan="2" rowspan="2">① 고객
(Customers)
기업의 존재이유</td>
</tr>
<tr>
<td colspan="2">⑥ 핵심자원
(Key Resources)
가치제공 요소들을 만들고 전달하는데 필요한 자산</td>
<td colspan="2">③ 채널
(Channels)
기업의 가치에 대해 고객과 소통하고 전달하는 다양한 방식</td>
</tr>
<tr>
<td colspan="5">⑨ 비용(Costs)
핵심자원을 구매하거나 핵심활동을 실행하거나 핵심파트너와 일할 때 발생하는 경비</td>
<td colspan="5">⑤ 수익(Revenue)
기업이 제공한 가치의 대가로 고객이 지불하는 돈</td>
</tr>
</table>

① 고객(Customers)

고객 없는 비즈니스는 없다. 모든 사업은 고객을 기반으로 하며 어떤 기업도 자신의 아이템을 구매하는 고객이 없다면 살아남을 수 없다. 창업기업도 마찬가지이다. 특히, 자원이 부족한 창업기업의 입장에서는 모든 고객들을 대상으로 할 수 없으며 고객층을 나누어 1단계에 공략할 특정 고객층(customer segment)을 타깃팅하는 것이 현명하다. 특정 고객층을 다른 고객층과 구분하는 기준은 그들의 니즈와 행동상으로 구분되는 스타일 등의 특성을 보는 것이 좋다. 즉, 특정 고객층은 다른 고객층 대비 제품이나 서비스에 대한 요구, 유통채널 및 고객관계에 대한 요구가 다를 수 있으며 수익성의 측면에서도 차이가 날 수 있다. 이에 따른 고객층의 분류와 특정고객층을 타깃팅하는 STP 전략은 비즈니스 모델 구성의 첫 번째 조건이다. 이때의 핵심질문은 "누가 우리의 고객인가"가 될 것이다.

모든 기업은 고객이 요구하는 제품이나 서비스를 B2B 혹은 B2C의 형태로 제공하며, 기업이 제공한 제품이나 서비스의 대가를 지불하는 유료고객뿐 아니라 무상으로 제공받는 무료고객도 기업의 비즈니스 모델 성공에 필요한 존재가 될 수 있다. 플랫폼 비즈니스 등의 경우 두 개 이상의 타깃 고객층이 동시에 존재하는 양면 플랫폼의 경우가 많으므로 이에 유의해야 한다. 예를 들어, 무료 신문을 제공하는 기업이라면 독자층과 광고주 양쪽이 동시에 고객이 될 수 있다.

이처럼 고객은 다양한 가치, 채널, 관계를 필요로 하고 있으며, 기업은 특정 고객층으로부터 주요 수익을 얻고 있다. 따라서 창업기업의 특정 고객층이 결정되었다면, 그 다음에는 해당 고객 층의 특화된 문제 등 요구사항을 제대로 파악하는 데 주력해야 한다.

② 가치 제공(Value Provided)

고객이 기업의 제품 및 서비스를 구매하는 이유는 해당 제품 및 서비스에 만족할 만한 가치가 있다고 생각하기 때문이다. 따라서 기업 입장에서는 고객이 기업을 선택하는 가장 큰 이유는 무엇인지와 제품 및 서비스에 고객이 만족할 수 있는 어떠한 가치를 담을 것인지를 생각해 보아야 한다. 해당 가치의 등급은 고객의 근본적인 문제나 고통을 해결해 줄수록 높다. 또한 기존 제품이나 서비스로는 해결하지 못한 가치일수록 고객이 기업의 제품이나 서비스를 선택할 가능성이 높아진다. 이때의 핵심질문은 "고객이 처한 문제점을 해결해주는 가치는 무엇일까?"가 될 것이다.

이러한 가치의 실체와 유형에는 딱히 정해져 있는 것은 없다. 이는 기존과는 완전히 다른 혁신적인 단일 가치가 핵심이 될 수도 있지만, 고객이 원하는 다양한 요구에 대응하는 가치들을 조합한 복합적인 기능들의 조합일 수도 있다.

창업자는 절대로 기술, 제품, 서비스 자체에 집중해서는 안 되며 고객이 원하는 가치인지를 반드시 생각해 보아야 한다. 예를 들어, 고객이 원하는 차별적 가치는 고객의 시간과 수고를 덜어주는 편리성, 고객의 구매에 쓰는 돈을 절약하여 주는 가격, 고객의 구매상품의 가치를 더욱 돋보이게 하는 디자인일 수 있다. 또한 고객에게 남들과 다른 고급스러움을 제공하는 브랜드 지위, 해당 아이템의 사용 시의 비용을 절감하도록 도와주는 비용절감, 투자에 대한 리스크를 줄여주는 리스크 절감도 중요한 가치가 될 수 있다.

③ 채널(Channels)

채널은 어디에서 고객을 만나 판매를 할 것인가에 관한 것이다. 여기에는 제품이나 서비스를 전달하는 물류, 판로와 함께 고객과 커뮤니케이션을 주고받은 인터페이스까지도 포함된다. 기업은 채널을 구축함으로써 고객이 제품이나 서비스 기능의 수준을 파악하고 가치를 평가할 수 있도록 한다. 또한 해당 채널을 통해 제품 및 서비스의 전달, 구매 및 애프터서비스까지의 모든 행위가 가능해진다. 채널에 관한 핵심질문은 "고객에게 가치를 전달하기 위해서는 어떠한 채널이 가장 적합한가?"가 될 것이다. 이는 가치전달의 측면에서 채널의 효과성 측면과 투자 대비 효율성을 모두 고려해야 한다는 의미가 함축되어 있는 질문이다.

채널의 유형에는 영업부서, 웹사이트 등 직접채널과 직영매장, 도매상 및 제휴사 매장 등을 통한 간접채널로 나눌 수 있다. 보다 구체적으로 기업은 영업사원을 통해 만나거나 전화 통화, 방문서비스 등을 통해 고객을 직접 만날 수 있으며 그외에도 직영매장, 유통사 매장, 배송, 인터넷(웹사이트 소셜미디어, 이메일 등), 전통적인 미디어 (TV, 라디오, 신문 등) 등의 다양한 방법을 통해 고객과의 직간접적인 접촉이 가능하다. 이러한 채널은 여러 방식을 동시에 진행하는 것이 가능하므로 어떻게 통합하여 고객에게 서비스할 것인가에 대한 고민이 필요하다.

④ 고객관계(Customer Relationships)

기업이 고객에게 제공하는 가치는 해당 고객으로부터 나오기 때문에 결국 비즈니스 모델의 핵심은 고객이다. 고객관계란 기업이 고객을 잘 이해하고 상호 소통하는 노력을 통해 기존 고객을 유지하고 새로운 고객을 확보하며 판매를 촉진시키는 모든 활동을 의미한다. 고객관계에 관한 핵심질문은 "우리는 고객들과 어떤 형태의 관계를 맺는 것이 가장 적합한가?"가 될 것이다.

이러한 질문에 답변하기 위해서는 기업이 고객과의 관계 맺기를 통해 얻으려는 핵심목표가 무엇인지 정의할 필요가 있다. 신규고객 유치, 기존고객 유지, 더 많은 수익 창출 등 중에 고객관계를 통해 어떤 것을 원하는지를 분명히 함으로써 기업이 고객이 어떤 형태로 관계를 맺을 것인지를 정할 수 있다. 고객관계의 유형은 판매직원 또는 콜센터 상담원 등 담당자의 직접 만남, 1 : 1 VIP고객 관리, 커뮤니티 및 소셜네트워크 등을 통한 인터넷 관계, 개인별 특성 분석을 통한 자동맞춤형 서비스, 비용효율성을 강조한 일회성 거래, 정기적 거래 및 상호교류를 통한 관계강화, 연구개발단계에서 오픈이노베이션을 추진하기 위한 고객참여 등 다양하다.

⑤ 수익(Revenue)

비즈니스 모델에서 반드시 체크해야 할 사항은 고객으로부터 어떻게 수익을 벌어들일 것인가에 대한 부문이다. 봉사활동을 하는 것이 아니라면 고객에게 가치를 제공함으로써 어떠한 형태의 수익을 얻을 수 있을지를 잘 설계하여야 한다. 즉, 고객에게 제공하는 제품이나 서비스의 대가로 받는 일회성 수익을 극대화할 수도 있으며, 이 부분의 비중은 낮추고 구매 고객들을 대상으로 필요로 하는 추가 가치를 제공하면서 지속적이고 반복적인 수익을 얻을 수도 있다. 또는 양면플랫폼을 활용하여 해당 구매고객들에 대한 정보와 구매력을 바탕으로 다른 유형의 고객들을 끌어들여 수익을 만들 수도 있다. 이러한 모든 유형의 수익을 동시에 추구할 수도 있다. 따라서 이에 관한 핵심질문은 "고객들은 무엇에 대해 어떻게 돈을 지불할 의향이 있는가?"가 될 것이다.

보다 구체적으로 수익창출의 방법을 제시하면 제품판매, 대여료 및 임대료, 이용료, 가입비, 라이센싱, 중개수수료, 광고 수익 등이 있다. 제품 판매는 고객에게 실제 유무형의 제품/서비스에 대한 소유권을 이전함으로써 얻는 판매 수익이다. 대여료 및 임대료는 제품이나 물리적 공간을 특정시간 동안 독점적으로 사용할 수 있는 권리를 제공함으로써 얻는 수익이다. 이용료는 특정 서비스의 이용량이나 이용시간에 따라 얻는 수익이다. 가입비는 지속적인 이용권한에 대한 권리 유지에 대한 댓가로 얻는 수익이며, 라이센싱은 지적재산권 등 상업적 재산권에 대한 사용료를 수익으로 얻는 것이다. 중개수수료는 둘 이상의 당사자들 간의 거래성사 수고비를 수익원으로 삼는 것이다.

⑥ 핵심자원(Key Resources)

핵심자원은 사업의 성공을 위해 반드시 투입해야 할 자원을 의미한다. 즉, 비즈니스 모델을 창조하고 가치를 전달하는 데 꼭 필요한 자산이 바로 핵심자원이다. 핵심자원은 기업 내부에 있을 수도 있지만, 외부의 공급자나 파트너들로부터 조달받을 수도 있다. 이때의 핵심질문은 "사업의 성공을 위하여 어떤 핵심자원이 필요한가?"가 될 것이다.

핵심자원의 유형은 크게 나눠서 인적자원, 물적자원, 지적자원, 재무자원으로 구분할 수 있다. 인적자원은 기업 내부의 구성원과 기업 외부의 공급업체, 파트너 등으로 구분된다. 물적자원은 토지, 건물, 기계, 시스템, 생산시설 등을 의미하며, 지적자원은 시스템, 소프트웨어, 지적재산권 (산업재산권, 저작권, 신지식재산권) 등이 해당된다. 재무자원은 현금, 신용도, 재무담보, 스톡옵션 등 자금을 조달하는 수단에 해당한다.

⑦ 핵심활동(Key Activities)

비즈니스 모델의 핵심인 고객에 대한 가치가 제대로 만들어져서 이것이 수익으로 이어지기 위해서는 반드시 수행해야 될 활동이 있다. 이러한 핵심활동은 기업마다 다르다. 하드웨어 제조회사에서는 우수한 품질의 제품을 설계, 제작하는 생산활동이 될 수도 있으며, 마이크로소프트 같은 회사에서는 S/W가 될 수 있다. 컨설팅 회사, 병원 등 많은 서비스 기업에서는 문제해결이 중요한 핵심활동이며, 이베이, 아마존 등에서는 거래가 제대로 이루어지도록 지원하는 플랫폼이나 네트워크가 핵심활동이 될 수 있다. 이때의 핵심질문은 "사업의 성공을 위하여 어떤 핵심활동이 필요한가?"가 될 것이다.

핵심활동의 유형은 크게 나눠서 생산활동, 판매활동, 지원활동으로 구분해볼 수 있다. 생산활동은 제품이나 서비스의 설계, 제조 및 전달하는 활동이며, 판매활동은 예상고객에게 제품이나 서비스의 가치를 홍보하여 구매욕구를 느끼고 구매를 하도록 촉진하는 활동, 지원활동은 기업 전체의 원활한 비즈니스모델이 실행되도록 돕는 활동에 해당한다.

⑧ 핵심파트너(Key Partners)

고객이 원하는 가치가 다양해지고 요구수준이 높아지면서 기업은 핵심역량에 집중하고 외부의 다양한 자원 및 역량을 활용하는 아웃소싱과 파트너십의 필요성이 늘어나고 있다. 핵심파트너란 비즈니스모델을 보다 효과적으로 작용할 수 있게 하는 공급자와 파트너 간의 네트워크를 말한다. 애초부터 기업이 모든 자원을 소유하고 모든 활동에 직접 참가하는 것은 불가능하기 때문에 파트너들과의 협력을 통하여 보다 견고하고 효율적으로 비즈니스 모델을 구축하는 것이 필요하다.

이때 파트너 관계는 단순히 한쪽의 가치를 제공하고 다른 한쪽이 구매하는 관계 이상의 의미와 성과를 가진다. 핵심파트너를 확보하려면 이들이 필요로 하는 것도 충족시켜 주어야 한다. 이에 관한 핵심질문은 "우리에게 필요한 자원과 역량을 조달할 수 있는 핵심파트너는 누구인가?"가 될 것이다. 핵심파트너는 리스크를 줄이고 비용을 절감하는 방어적 차원에서 필요할 뿐 아니라 고객에게 보다 효과적으로 접촉하고 다양한 가치를 효과적으로 제공하기 위한 공격적 차원에서도 반드시 필요하다.

⑨ 비용(Costs)

가치를 만들고, 채널을 통해 전달하며, 고객관계를 유지하고, 핵심자원을 획득하며 핵심활동을 수행하고 핵심파트너와 일하는 등 비즈니스 모델의 모든 요소들을 수행하면 반드시 비용이 뒤따르기 마련이다. 따라서 앞에서 벌고 뒤에서 밑지지 않기 위해서는 비용구조를 잘 설계할 필요가 있다. 특히, 핵심자원을 획득하고 핵심활동을 수행하는 데 있어 비용은 그림자처럼 따라 붙는다. 즉, 비용의 규모와 예산은 핵심자원, 핵심활동 및 핵심파트너와의 활동성 및 확장성에 따라 연계된다. 따라서 이에 관한 핵심질문은 "우리의 비즈니스 모델을 실행함에 있어 가장 중요한 비용은 무엇인가?"가 될 것이다.

고객이 얻는 가치는 가격 대비 가치를 높이는 것과 원가절감을 통해 가격을 낮춤으로써 고객의 비용을 절감하는 두 가지 방식이 있다. 이러한 가치 주도와 비용 주도 중 어떠한 전략을 선택하느냐에 따라 비용구조의 설계도 달라진다. 또한 비용은 특성상 고정비와 변동비를 낮춘다. 투자를 많이 하는 것이 중요한 비즈니스 모델이라면 고정비를 높이겠지만 반대의 경우는 변동비를 높이는 것이 현명하다. 또한 판매 수량을 늘림으로써 규모의 경제를 추구하는 전략이나 기존의 연구개발, 생산 및 판매 인프라를 활용하여 다양한 제품 또는 서비스로 다각화하는 범위의 경제를 추구하는 전략도 고려할 수 있다.

3. 린 캔버스(Lean Canvas)

1) 린 캔버스 개요

비즈니스 모델 캔버스가 모든 유형의 기업을 대상으로 한 비즈니스 모델 수립 방법론을 제시하였다면 린 캔버스의 비즈니스 모델은 창업기업에 초점을 맞추고 있다. 린 스타트업 개념을 개발한 에릭 리스(Eric Ries)는 스티븐 브랭크(Steve Blank) 교수의 고객개발론의 개념을 바탕으로 자신의 사업경험을 접목시켜 린 스타트업의 개념을 확립하였다.

스티브 블랭크의 고객개발론은 기존기업과 다른 스타트업의 특성상 고객발굴을 강조한 것이다. 신제품개발 시 '신제품의 콘셉트'를 만드는 단계에서 스타트업이 기존 기업과 달리 산업에 대한 경험이 부족하고 아직 고객이 없어 체계적으로 고객의 니즈를 파악하기 어렵다는 것과 '마케팅' 단계에 있어 영업조직과 유통채널이 없고 제품이 아직 구체적으로 나오지 않아 마케팅 자체의 추진이 어렵다는 측면이 있다.

이러한 상황 속에서 창업자는 자신의 사업 아이디어를 가지고 고객을 직접 만나 자신의 아이디어가 고객에게 필요한 것인지 검증하고 고객의 문제를 해결할 수 있도록 사업 아이디어를 전환 및 개선하는 것을 반복하여야 한다. 린 스타트업은 이러한 과정에서 창업자의 아이디어에 필요성을 느끼는 고객들을 중심으로 마케팅을 채널화하고 최소의 비용으로 최대의 투자효과를 거둘 수 있는 비즈니스 모델을 설계 및 실행함으로써 비즈니스를 확장시킨다는 방법론이었다.

핵심은 스타트업들이 신제품 콘셉트를 개발하면서 동시에 마케팅 채널을 확보할 수 있도록 고객발굴과 고객검증의 과정을 통해 고객을 창출하도록 하는 것에 초점을 둔 것이다. 이는 창업기업의 여건상 자금과 인력 및 에너지의 제한이 있어 이것이 소진되기 전에 자신의 사업 아이디어를 필요로 하는 고객을 빠르게 확보하고 이들을 대상으로 제품 및 서비스를 개발하면서 마케팅을 확산시킬 수 있도록 하려는 것이다.

이러한 린 스타트업의 절차를 도식화하면 그림 11-2 와 같다.

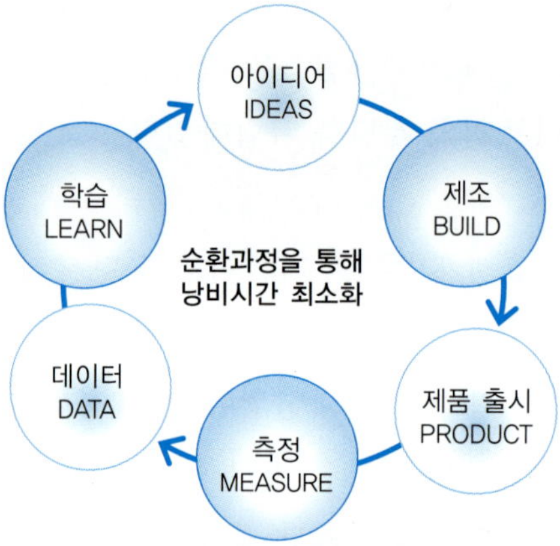

그림 11-2 린 스타트업 프로세스

출처: Eric Ries, "The Lean Startup", 2011

이는 "최소의 비용으로 어떻게 고객의 요구를 최대한 반영할 수 있을까?"라는 질문에 대한 대답으로 볼 수 있다. 린 스타트업 프로세스 순환과정을 통해 아이디어를 일단 조금이라도 만들어서 보여 주고 고객반응을 측정하여 이를 개선하여 다시 고객에게 내놓는 행위를 반복함으로써 낭비시간을 최소화하고 처음부터 제품의 완성도를 높였다가 고객의 부정적인 반응으로 시장에서 실패하는 것을 방지하려는 것이다.

2) 린 캔버스 블록(Lean Canvas Block)

스파크 59 등 다수의 창업에 성공한 애시 모리아(Ash Maurya)는 창업기업이 고객지향적인 제품 및 서비스를 개발하는 데 적합하도록 기존의 비즈니스 모델 캔버스를 변형하여 창업기업에 적합한 비즈니스 모델링 도구로서 린 캔버스 모델을 제시하였다. 이를 위해 기존 캔버스에서 핵심활동, 핵심 파트너십, 핵심자원, 고객관계 부분을 없애고 대신 문제, 솔루션, 핵심지표, 일방적 경쟁우위를 새로운 요소로 추가하였다.

이러한 전환은 기존의 비즈니스 모델 캔버스가 투자자 등 외부 이해관계자들에게 핵심적인 가치를 제안하고 이를 가능하게 하는 요소들과 재무적인 측면들을 균형 있게 다루고 있는 측면에서 강점이 있는 반면, 린 캔버스는 외부보다는 창업자의 입장을 우선시하여 문제를 해결하고 경쟁력을 높이기 위한 방법론을 빠르고 간편하게 개발하는 것에 초점을 맞춘 것이다.

이러한 린 캔버스의 9가지 구성요소(The 9 Building Blocks)를 정리하면 다음과 같다.

<table>
<tr><td colspan="2" rowspan="2">문제
대상 고객이 가지고 있는 가장 중요한 세 가지 문제</td><td colspan="2">솔루션
문제를 해결하기 위한 가장 중요한 세 가지 기능/방법</td><td colspan="2" rowspan="2">가치 제안
제품을 구입해야 하는 이유와 다른 제품과의 차이점을 설명하는 알기 쉽고 설득력 있는 단일 메시지</td><td colspan="2">경쟁우위
다른 제품이 쉽게 흉내낼수 없는 특징</td><td colspan="2" rowspan="2">고객군
기업의 존재 이유에 해당하는 목표 고객</td></tr>
<tr><td colspan="2">핵심지표
매출 발생까지의 진행과정에서 체크해야 할 중요한 지표</td><td colspan="2">채널
솔루션에 대하여 고객과 소통하는 방식 및 고객 도달 경로</td></tr>
<tr><td colspan="5">비용구조
고객 획득비용, 유통비용 호스팅, 인건비 등</td><td colspan="5">수익원
매출모델, 생애가치, 매출, 매출 총이익</td></tr>
</table>

그림 11-3 린 캔버스의 9가지 구성요소(The 9 Building Blocks)

앞서 기술한 대로 기존의 비즈니스 모델 캔버스와 차이나는 요소인 문제, 솔루션, 핵심지표, 경쟁우위 부분을 정리하고 여기에 린 캔버스에서 중심이 되는 고객에게 해당 제품 및 서비스의 선택해야 하는 이유에 해당하는 고유의 가치 제안을 추가하여 5가지 항목을 다음과 같이 정리하였다. 참고로 린 캔버스의 전체 항목 시, 제일 먼저 작성해야 하는 것은 목표고객을 설명하는 고객군이며 이를 바탕으로 문제 → 솔루션 → 가치 제안 → 핵심지표 순으로 작성한 후 나머지 항목들을 정리하면 된다.

① 문제

린 캔버스에서는 고객이 겪고 있는 힘든 문제를 해결하는 것에서부터 사업이 시작된다고 가정하고 있다. 창업기업 입장에서 모든 문제를 해결할 수 있는 것이 아니므로 고객들이 해결해주길 바라는 가장 중요한 상위 세 가지 문제점들을 여기에 적는다. 너무 많은 문제는 무엇이 진짜 중요한 문제인지 집중할 수 없게 만들기 때문이다. 문제점들을 적는 과정에서 목표 고객군이 구체화될 수도 있다. 이 경우 문제 칸과 함께 고객군의 칸을 수정하는 작업을 동시에 진행하면 된다. 주로 스타트업에게 첫 번째 타깃 고객은 이 제품을 실제로 사용할 얼리어답터일 가능성이 높다.

핵심질문은 "사람들이 불편함 또는 고통을 느끼는 진짜 문제인가?"이다. 즉, 해당 문제로 인해 가급적 고객들이 고통스럽게 생각하는 점(Pain Point)을 찾을 수 있어야 진짜 문제이다. 단, 고객의 입장에서 고통이 아닌 즐겁고 행복한 욕구에 해당하는 부분이라면 문제의 유형을 현재의 문제가 아닌 탐색형 문제로 바꾸어 기술하면 된다. 만약 문제점을 찾기 어렵다면 창업자의 산업 내 존재하는 고객의 기존 제품 또는 서비스에 대한 불만 또는 개선요구를 중심으로 문제점을 찾는 것도 요령이며, 양면 플랫폼의 경우에는 수요자뿐 아니라 공급자의 측면에서 문제를 찾아서 기술하면 된다.

② 솔루션

고객들은 늘 욕구를 해결할 수 있는 솔루션을 찾기 마련이다. 창업기업이 고객이 가진 문제점을 해결하기 위한 3가지 핵심적인 방법(기능)을 여기에 기재하면 된다. 이때 현재 고객들이 이 문제를 풀고 있는 기존 대안들이 있다면 이보다 더 나은 방법이 되도록 고심할 필요가 있다. 고객을 직접 만나 검증하는 과정에서 솔루션은 바뀌기 마련이므로 처음부터 솔루션을 완전히 정의할 필요는 없다.

핵심질문은 "문제해결에 적합한 기능을 제시할 수 있는가?"이다. 가설적으로 솔루션을 정의하고 현장에서 고객을 만나 인터뷰 및 조사를 함으로써 문제점과 솔루션을 최대한 검증한 다음 솔루션을 확정하는 것이 맞다. 검증하는 과정에서 해당 솔루션이 문제를 해결할 뿐 아니라 실제 구현이 가능한 기능인지도 판단하여야 한다.

③ 가치 제안

가치 제안은 지금까지의 고객, 문제, 솔루션에 대한 핵심을 요약하여 고객에게 해당 제품 및 서비스를 선택해야 하는 이유(독특한 이용 가치의 제안, uvp-unique value proposition)를 설명하는 내용이다. 비즈니스 모델 캔버스에서는 가치제안이 솔루션의 의미를 포함하고 있지만, 린 캔버스에서는 독특한 가치를 어떻게 하면 고객들이 기억할 수 있도록 한마디로 요약해서 설명하는 데 초점을 맞추고 있다.

핵심질문은 "이 제품 또는 서비스를 구매해야 할 이유를 한마디로 표현한다면 무엇입니까?"이다. 이는 고객의 문제를 해결해주는 솔루션이기 때문임은 물론 다른 제품 및 서비스와 차별화된 이용가치가 있기 때문이다. 이에 대해 효과적으로 답하기 위해서는 고객의 범위를 처음부터 넓히면 안되며 얼리어답터들에 초점을 맞추어 누가 무엇을 왜 써야 하는지에 대해 설명하는 것이 좋다.

해당 솔루션이 왜 좋은지, 어떻게 다른지에 대해 기능 자체보다는 기능으로 인해 고객이 얻는 이점을 강조하는 것이 좋다. 또한 기억에 남도록 참신하고 명료한 단어를 신중하게 선택하여야 한다. 이를 위해 다른 제품 및 서비스를 참고하는 것도 좋은 방법이다. 즉, '유튜브- 동영상을 공유하는 가장 쉽고 빠른 방법', '만땅 – 스마트폰 배터리 3분 충전', '직방 – 원룸, 오피스텔 구할 때'와 같이 표현하는 것이다.

④ 핵심지표

린 캔버스의 구성요소 중 가장 특징적인 것 중 하나가 바로 이 핵심지표이다. 제품 및 서비스로 구현되는 솔루션이 성공하고 있다는 것을 어떻게 알 수 있는가? 이다. 이는 고객에게 해당 제품 및 서비스가 알려지고 실제 구매 및 추천이 이루어지고 있을 때일 것이다. 이러한 비즈니스의 진행 상황에 대한 정보를 필요로 하는 사람은 창업자와 투자자일 것이다. 창업자의 입장에서는 사업이 성공을 향해 가고 있는지의 여부를 데이터로 기록하여 관리하고 자금조달을 위해 이를 투자자에게 명확하게 제시하는 것이 필요하다. 따라서 이러한 비지니스의 진행 상황을 측정할 지표들을 정리하여 두는 것은 창업의 성공을 위해 매우 중요하다.

핵심질문은 "사업의 진행 상황과 성과를 잘 나타내는 숫자들은 무엇인가?"이다. 이에 대해 린 캔버스에서는 AARRR(Acquisition 흥미, Activation 활성화, Retention 유지, Revenue 수익창출, Referral 추천)이라는 지표의 유형을 제안하고 있다.

- Acquisition : 제품을 발견한 사용자의 흥미 정도를 측정
- Activation : 흥미를 가진 사용자의 만족스런 경험 정도를 측정
- Retention : 제품에 대한 반복적인 사용이나 참여 정도를 측정
- Revenue : 구매 대금의 지불을 측정
- Referral : 새로운 사용자를 추천하여 다시 Acquisition 이 일어나는 정도를 측정

⑤ 경쟁우위

가치 제안이 차별적으로 느껴질 수 있도록 하기 위해서는 경쟁우위의 포

인트를 확인할 필요가 있다. 경쟁사보다 모든 것을 잘할 수 없으므로 경쟁에서 이기기 위한 핵심역량이 무엇인지를 찾아서 이부분을 강조하는 것이 관건이다.

핵심질문은 "경쟁사가 쉽사리 따라하지 못하는 것은 무엇입니까?"이다. 창업기업의 입장에서 경쟁사와 차별화된 부분은 돈이 아닐 것이다. 기술, 창업팀, 네트워크, 정보, 전문적 인력 및 핵심 파트너의 지원, 시간투자, 충성고객확보 등 창업기업이 시장에서 성공하고 경쟁사가 쉽게 쫓아오지 못하는 이유를 명확하게 규정하여 충분히 강조할 필요가 있다.

Practice 11-1 비즈니스 모델 캔버스

창업팀이 구상하는 아이템과 비즈니스 전개방식을 비즈니스 모델 캔버스(The Business Model Canvas)에 작성해 보자. 비즈니스 모델을 9가지 요소로 나누어 분석한 결과를 토론함으로써 비즈니스 모델에 대한 이해를 높인다.

<table>
<tr><td colspan="2">아이템명</td><td colspan="8"></td></tr>
<tr><td colspan="2" rowspan="2">⑧ 핵심파트너
(Key Partners)</td><td colspan="2">⑦ 핵심활동
(Key Activities)</td><td colspan="2" rowspan="2">② 가치제공
(Value Provided)</td><td colspan="2">④ 고객관계
(Customer Relationships)</td><td colspan="2" rowspan="2">① 고객관계
(Customers)</td></tr>
<tr><td colspan="2">⑥ 핵심자원
(Key Resources)</td><td colspan="2">③ 채널
(Channels)</td></tr>
<tr><td colspan="5">⑨ 비용(Costs)</td><td colspan="5">⑤ 수익(Revenue)</td></tr>
</table>

Practice 11-2 린 캔버스

창업팀이 구상하는 아이템과 비즈니스 전개방식을 린 캔버스(Lean Canvas)에 작성해 보자. 비즈니스 모델을 9가지 요소로 나누어 분석한 결과를 토론함으로써 비즈니스 모델에 대한 이해를 높인다.

<table>
<tr><td colspan="2">아이템명</td><td colspan="8"></td></tr>
<tr><td colspan="2" rowspan="2">문제</td><td colspan="2">솔루션</td><td colspan="2" rowspan="2">가치 제안</td><td colspan="2">경쟁우위</td><td colspan="2" rowspan="2">고객군</td></tr>
<tr><td colspan="2">핵심지표</td><td colspan="2">채널</td></tr>
<tr><td colspan="5">비용구조</td><td colspan="5">수익원</td></tr>
</table>

VCM, 신개념 비즈니스 모델을 갖춰라

CHAPTER 12

1. 창업 비즈니스 모델: 스타트업 VCM(Value Circle Model)

필자는 앞서 제시한 비즈니스 모델 캔버스, 린 캔버스 2가지 모델을 응용하여 스타트업 기업을 대상으로 보다 단순하고 적용이 간편하면서도 강력한 설득력을 갖는 비즈니스 모델을 새로 창안하고 이를 '스타트업 VCM(Value Circle Model)'으로 명명하였다.

창업을 준비하는 사람이라면 'KISS(keep it short & simple의 법칙)'에 대해서 한 번쯤 들어본 적이 있을 것이다. 창업기업은 자금과 인력이 늘 아쉬운 상황이므로 외부 이해관계자나 내부 직원에 대하여 비즈니스 모델을 간단하고 명료하게 표현하고 핵심만 전달하는 것이 필요하다. 마치 엘리베이터 스피치의 상황처럼 언제 어디서든지 중요한 이해관계자를 만났을 때 엘리베이터가 움직일 1분 이내에 상대의 마음을 움직일 수 있는 핵심메시지만 짧고 명확하게 전달할 수 있도록 준비해야 한다. 특히, 바쁜 투자자들의 입장에서는 처음 1~2분 이내에 마음이 움직이지 않는다면 상당수는 그 다음의 내용은 들으려 하지 않을 것이다.

여기서, 핵심메시지란 바로 비즈니스 모델 중에서도 이해관계자가 알고 싶은 핵심사항일 것이다. 그런데 비즈니스 모델 캔버스, 린 캔버스 2가지 모델의 경우 중요한 내용을 빠짐없이 다루려다 보니 핵심골자가 명확하게 구분되고 상호 어떻게 연계되는지 잘 보이지 않는 단점이 있다. 핵심골자란 다름 아닌 "왜 내가 당신의 제품(또는 서비스)을 택해야 하나요?"에 대한 답인 것이다. 이에 대해 사전에 철저하게 자신의 비즈니스 모델에 대해 숙고하고 이것이 매력 있고, 강력한 임팩트의 가치 제안이 될 수 있도록 요약하지 않는다면 창업자가 필요한 자금과 인력 등 지원내용을 요청할 수 있는 1~2분의 황금 같은 기회는 순식간에 지나가 버리고 만다.

1) 스타트업 VCM의 개요

비즈니스 모델에 관해 강력한 가치 제안을 하려면 창업자의 머릿속에 비즈니스 모델에 대한 명확한 그림이 그려져야 한다. 결국 비즈니스의 핵심은 '가치(value)'에 있다. 고객이든 투자자든 자신이 지불할 돈에 비해 가치가 높다고 느껴지지 않는데, 투자할리가 없기 때문이다. 그런데 기존의 대표적인 비즈니스 모델인 비즈니스 모델 캔버스, 린 캔버스 2가지 모델은 이러한 가치의 중요성과 다른 비즈니스 모델의 요소(블록)들 간의 관계가 선명하게 나타나지 않는다.

따라서 필자는 스타트업 VCM을 통해 이러한 비즈니스 모델의 가치를 중심으로 어떻게 가치가 형성되고 전달되는지를 다음과 같이 정리하였다.

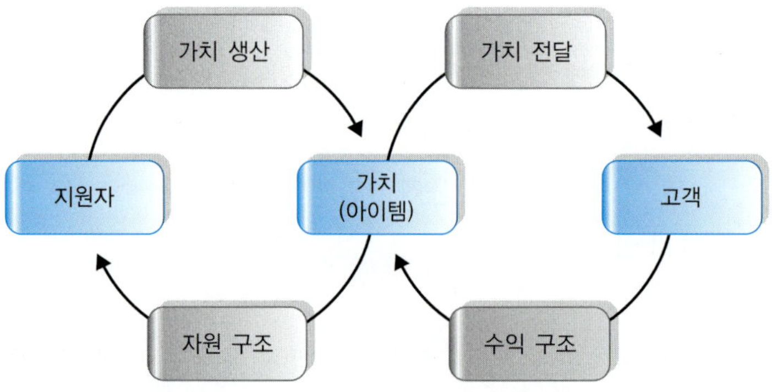

그림 12-1 스타트업 VCM(Value Circle Model)

그림 12-1 을 보는 방법은 가치로부터 시작해서 화살표 순서대로 해석하면 된다. 단, 그림에서 보듯이 비즈니스의 가치는 그 가치를 구입할 고객으로부터 나오며, 모든 비즈니스는 고객이 없이는 성립되지 않는다. 따라서 창업자는 아이템을 구상하면서 그 아이템에 담긴 가치가 고객의 니즈에 부합하는지 반드시 확인하여 어떠한 가치가 담긴 아이템을 만들 것인지를 정해야 한다. 제6장 아이템 발굴에서 설명한 것처럼 '보이지 않는 욕구에 따른 아이템 발굴'의 경우에도 고객 스스로 자신의 욕구를 모를 뿐이지 고객의 니즈는 존재하기 때문에 고객을 생각하지 않고 비즈니스를 하는 것은 자살 행위나 다름이 없다.

이러한 고객의 니즈에 부합하는 가치가 담긴 아이템의 구상이 끝났으면 해당 가치를 실현하기 위해 현재 자신이 가지고 있는 자원과 앞으로 필요한 인력 및 자금에 관한 투자를 계획해야 한다. 이는 자원구조에 대해 계획하는 과정으로 자신에게 부족한 자원과 역량은 외부 지원자를 통해 공급받아야 하며, 이를 자신의 자원과 역량과 합쳐서 가치를 생산하고 이를 고객에게 전달하는 연구개발, 생산, 마케팅, A/S 등의 활동을 단계적으로 수행하게 된다. 이로 인해 창출된 수익은 고객의 새로운 니즈와 결합되어 아이템의 가치를 개선시키는 데 쓰여져야 하며, 필요하다면 다시 새로운 투자를 받아 자원구조를 업그레이드하기 위한 구상으로 연계되어야 한다. 이처럼 스타트업 VCM은 비즈니스 모델의 요소들 간의 관계와 흐름을 나타낼 뿐 아니라 지속적으로 성장하기 위한 선순환의 구조를 설명하고 있어 지속성장을 위해 어떠한 흐름으로 비즈니스를 전개해 나가야 하는지를 한눈에 파악할 수 있는 것이 강점이다.

기존의 비즈니스 모델의 대부분은 사업의 성공을 위해 필요한 요소들을 잘 규명해 놓고는 있지만, 이러한 요소들 간의 흐름에 관해 명확하지 않다. 즉, 비즈니스 모델을 구성하고 있는 고객, 가치, 핵심활동, 핵심파트너 등의 요소들이 분절된 형태로 다소 복잡하게 나타나 있어 요소들 간의 관계가 잘 보이지 않으며, 이로 인해 가치가 계속 높아지는 선순환의 흐름이 한눈에 보이지 않는다.

창업자를 위한 비즈니스 모델인 스타트업 VCM의 또다른 장점은 가치를 중심으로 중요한 이해관계자가 선명하게 나타난다는 점에 있다. 비즈니스 모델에 있어 가장 중요한 이해관계자는 고객과 지원자로 이에 대한 개념도를 **그림 12-2** 에 나타내고 있다. 이 개념도에 따르면 고객과 함께 지원자가 중요한 축을 차지하고 있다. 이는 창업생태계를 구성함에 있어 고려해야 할 것은 가치를 만드는 창업기업과 함께 고객과 지원자를 함께 고려한다는 측면을 보다 명확하게 드러낸 것이다. 실제 고객이 니즈를 파악하여 이러한 가치를 생산하려고 할 때 지원자의 도움이 없이는 불가능하다. 여기서 지원자란 H/W나 S/W를 만드는 외주업체뿐 아니라 함께 비즈니스의 역할을 분담하는 제휴파트너, 멘토나 컨설턴트 등의 창업전문가 그룹들이 전부 포함된다. 갓 태어난 신생아와 같은 창업기업 및 예비창업자의 입장에서는 더욱더 이들에 대한 의존도는 높을 수밖에 없다.

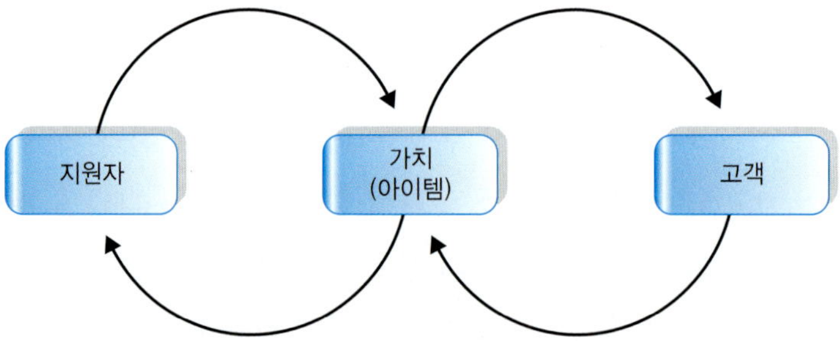

그림 12-2 고객-가치-지원자의 관계 개념도

2) 스타트업 VCM을 통한 가치창출의 흐름도

앞서 **그림 12-2** 를 보면 가치를 중심으로 고객과 지원자의 양쪽 두 축을 중심으로 두 개의 원이 있다. 오른쪽 고객을 중심으로 연결된 원과 왼쪽 지원자를 중심으로 연결된 원은 각각 기능이 다르다. 오른쪽 고객과 관련된 원은 가치를 전달하고 수익을 창출하는 기능을 하며 왼쪽은 그러한 가치를 만들기 위해 투자를 하고 지원자의 도움을 받는 기능을 한다. 오른쪽이 창업기업의 입장에서 고객을 응대하며 만들어진 가치를 외부로 내보낸다는 측면에서 Value Circle Outside라고 명명한다면, 왼쪽은 창업기업의 내부에서 가치가 만들어지는 과정을 그리고 있다는 측면에서 Value Circle Inside로 부를 수 있다.

만약 여러분이 고객이라면 왼쪽의 원에 대해서는 일차적으로 관심갖는 부분이 아니다. 보다 우선적인 고객의 관심사는 자신에게 제공할 가치가 어떤 것이며, 그 가치의 대가는 얼마이고 이를 어떻게 전달받을 수 있느냐에 몰려 있다. 이렇게 오른쪽 고객을 중심으로 연결된 원(Value Circle Outside)을 비즈니스 모델로서 상세하게 도식화하면 **그림 12-3** 과 같다.

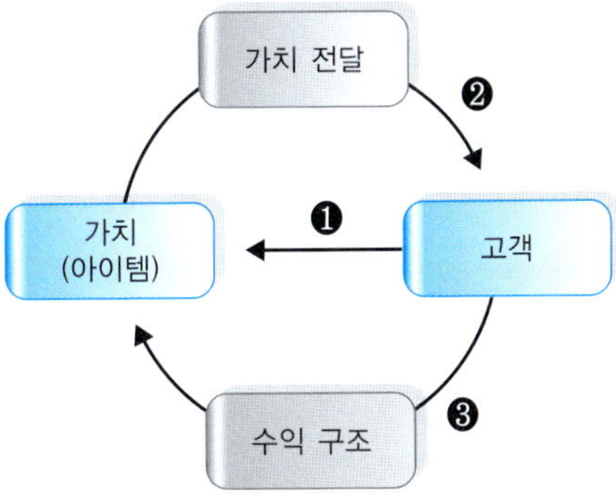

그림 12-3 Value Circle Outside

12

VCM, 신개념 비즈니스 모델을 갖춰라

Value Circle Outside는 고객과 고객이 가장 중요시 여기는 비즈니스 모델의 요소들인 가치 및 가치전달과의 관계를 의미한다. 이는 고객의 입장에서는 ① 고객의 니즈를 알고 있는가, ② 이의 해결을 위해 차별화된 가치를 어떻게 전달받을 수 있는가, ③ 해당 가치에 대해 얼마를 지불해야 하는가(창업기업의 입장에서는 수익구조) 3가지가 가장 우선적으로 찾게 되는 관심사라는 것을 의미한다. 즉, 왼쪽에 있는 Value Circle Inside에 있는 투자, 지원자, 가치생산은 고객 입장에서는 부차적이라는 것을 의미한다.

이는 투자자의 입장에서도 마찬가지이다. Value Circle Outside의 고객의 니즈, 차별화된 해결책(가치), 수익구조 3가지가 투자자의 입장에서 가장 주된 관심사이다. 이 3가지가 해결되지 않으면 대부분 Value Circle Inside에 있는 내용은 들여다보려고 하지도 않을 것이다. 이 3가지가 비즈니스 모델에서 선결되어야 할 가장 중요한 내용이기 때문이다.

Value Circle Outside의 순서에 대해 보다 자세히 설명하면, 먼저 창업기업이 추진하려는 아이템의 입장에서 고객을 정의하고 이를 바탕으로 고객의 핵심니즈(문제, 보이는 욕구, 보이지 않는 욕구)를 찾는 것이 중요하다. 그리고 이러한 고객의 문제나 욕구를 해결해주는 가치를 정의하고 이러한 가치가 담긴 기능을 수행하는 아이템을 구상하여야 한다. 이때 구상된 가치는 경쟁사와는 차별화된 내용을 담고 있어야 한다.

그 다음에 필요한 것은 이러한 가치를 고객에게 어떻게 전달할 것인가에 대한 답이다. 이는 온/오프라인, 직/간접 채널 등의 유통채널의 유형에 대한 내용이기도 하지만, 조금 더 포괄적으로는 고객에게 가치를 어떻게 인식시킬 것인가 하는 마케팅 전략 측면의 내용들이 담겨져 있을 필요가 있다. 이를 통해 고객에게 가치가 전달되면 그 결과로 창출될 수익이 어느정도가 될지를 미리 계산해야 한다. 이를 위해서는 판매대금, 수수료, 임대비, 로열티, 회원비 등 고객에게 어떤 방법으로 수익을 부과할 수 있을지를 정해야 한다. 앞서 유통채널 등 판로가 결정되어야 이러한 수익원천의 유형이 결정되므로 ②가 ③보다 선행하여 해결해야 될 이슈인 것이다.

비즈니스 모델을 사업타당성을 분석하고 사업계획서를 준비하는 전단계로 보았을 때 Value Circle Outside에서 정해놓아야 할 내용을 구체적으로 정리하면 다음과 같다.

- 고객(Customer)

창업기업에게 있어서 가장 중요한 질문 중 하나가 "우리의 가치를 제공할 고객이 누구이며, 어떻게 고객의 관점을 파악하는가" 하는 문제일 것이다. 여기서 고객은 단순히 인구통계학적인 대상을 의미하지 않는다. 고객이 안고 있는 문제나 욕구가 명확하게 드러나게 작성하는 것이 핵심이다. 따라서 다음과 같은 질문을 통해 고객을 세분화하여 각 고객층의 성향과 특성을 파악해 진짜 고객을 정의하고, 고객과 지속적인 관계를 유지할 수 있는 방법을 마련해야 한다. 참고로 창업기업이 목표로 할 수 있는 가장 적합한 세분시장은 기존의 시장 간에 형성된 틈새시장이라고 할 수 있다.

- 누구를 위해 가치를 창조해야 하는가?
- 누가 우리의 가장 중요한 고객인가?
- 누가 기꺼이 우리의 제품이나 서비스에 대해 지불할 수 있을까?
- 고객이 왜 창업자의 아이템을 구매하는가?

- 가치(Value)

창업기업의 성공과 실패는 결국 시장 변화의 흐름을 파악하여 기존 시장의 제품이나 서비스에 대해 부족함을 느끼는 고객들의 니즈를 찾아내 고객이 진정으로 필요로 하는 [표 12-1]과 같은 차별적인 가치 유형을 제공할 수 있느냐 없느냐에 따라 결정된다.

- 고객에게 어떤 가치를 전달할 것인가?
- 우리가 제공하는 가치가 고객의 부족한 점을 채워줄 수 있는가?
- 고객의 니즈를 충족시켜 주는 기능이나 솔루션은 무엇인가?
- 우리의 제품이나 서비스가 경쟁기업과 다른 점은 무엇인가?

| 표 12-1 | **차별적인 가치 유형**

구분	가치의 유형
내용	• 기존 제품/서비스에 비해 우수한 성능(Performance) • 특정 고객을 위한 제품/서비스의 개인화(Customization) • 기존 제품/서비스를 뛰어 넘는 혁신(Innovation) • 기존 제품/서비스와 구분되는 탁월한 디자인(Design) • 기존 제품/서비스와 구분될 만큼 싼 가격(Price) • 기존 제품/서비스가 제공하지 못한 편의성(Convenience) • 기존 고객에게 비용절감의 기회(Cost Reduction) • 기존 고객에게 위험 회피의 기회(Risk Avoidance) • 높은 브랜드 지위(Brand) • 무언가를 '되게' 만드는 것 • 기존 제품/서비스로 접근이 어려웠던 제품/서비스 제공

출처: 김진수 등(2015), 기술창업론.

- 가치전달(Value Delivery)

가치전달은 고객에게 제품이나 서비스를 전달하는 통로이자 고객과 소통하는 방법을 말한다. 창업기업이 고객에게 자신의 가치를 정확히 전달하기 위해서는 고객이 쉽게 접근하고 이해할 수 있는 만족할 만한 채널을 구성하고 가치를 고객에게 적절하게 소통하고 피드백을 받기 위한 방법을 정해야 한다.

- 고객은 어떤 채널을 통해서 자신에게 가치가 전달되기를 원하는가?
- 우리는 고객과 어떻게 소통하는가?
- 어느 채널 및 소통방식이 가장 효과적이고 효율적인가?

• 수익구조(Revenue Structure)

창업기업이 고객과 가치를 잘 전달한다고 하더라도 수익이 나지 않으면 아무런 소용이 없다. 이를 위해 최소한 3년간의 매출액, 매출원가, 매출이익, 판매관리비를 계산하여 이로 인한 영업이익이 적정한 수준이 되도록 해당 사업을 계획 및 운영해야 한다. 이를 위해서 매출 규모가 크면 좋겠지만 이와 함께 가격 및 비용구조를 적정한 수준으로 가져가는 것이 중요하다.

또한 수익이 나기 위해서는 수익을 창출시키는 다양한 유형, 즉 수익 모델을 알고 활용하는 것이 중요하다. 단순한 판매 외에도 렌탈, 경매, 역경매, 플랫폼, 광고수익, 수수료 등 다양한 방식의 수익 모델이 있다는 점을 기억하고 이를 활용하는 것이 핵심이다. 예를 들어, 처음에는 수익의 수준을 낮추어 고객을 확보하지만 시간이 흐를수록 다양한 부가가치가 제공되면서 더 많은 수익 모델이 붙도록 하는 것도 좋은 전략이 될 수 있다.

- 매출을 늘리기 위한 방안은 무엇인가?
- 창업기업의 아이템에게 적합한 가격 및 비용구조는 어느 정도인가?
- 사업운영 시 어떤 활동에 가장 많은 비용이 드는가?
- 다양한 수익 모델 중 어떤 것이 창업아이템에 적합한가?
- 다양한 부가가치에 따른 수익모델로는 어떤 것들이 어울리는가?

이렇게 오른쪽의 원(Value Circle Outside)을 채우고 나면, 창업기업은 이제 이러한 가치를 만들기 위해서 보다 현실적인 고민을 해야 한다. 가치를 만들기 위해 필요한 인력, 원자재, 인프라, 자금 등의 자원구조와 외부의 지원자를 통해 동원 가능한 자원과 역량은 무엇인지를 구상하고 이들 간의 최적의 믹스를 통해 어떠한 활동을 함으로써 가치를 생산해 낼지를 구상할 필요가 있다. 고객이나 투자자의 입장에서 오른쪽의 원(Value Circle Outside)을 가장 주의깊게 보겠지만 창업기업의 지속적인 경쟁우위를 결정짓는 것은 사실 왼쪽의 원(Value Circle Inside)에서 나온다. 고객이나 투자자도 시작은 아이템의 가치를 보겠지만, 결국은 창업팀을 포함한 창업기업의 자원이 이러한 가치를 만들 수 있는 경쟁력이 있는지 파악하고 나서야 구매 및 투자 의사결정을 할 것이다. 이렇게 왼쪽의 지원자를 중심으로 연결된 원(Value Circle Inside)을 비즈니스 모델로서 상세하게 도식화하면 그림 12-4와 같다.

Value Circle Inside는 창업기업과 지원자를 중심으로 가치를 만들기 위해 필요한 요소들과 이들 간의 관계를 의미한다. 이는 창업기업의 입장에서는 ④ 어떤 자원을 얼마나 준비해야 할 것인가?, ⑤ 창업기업의 외부에 있는 누구로부터 어떠한 지원을 받을 수 있는가?, ⑥ 가치생산을 위해 핵심적인 활동은 무엇인가? 3가지가 앞서 Value Circle Outside ①, ②, ③의 다음으로 해결해야 할 주된 관심사라는 것을 의미한다.

이때 유의할 것은 경쟁사이다. 앞서 Value Circle Outside에서는 고객에게 제공하는 가치의 차별화 측면에서 비교 분석이 필요하다. 하지만 창업기업 입장에서의 지속적인 경쟁우위는 결국 핵심역량에서 차별화될 때 오래 지속될 수 있다는 측면에서 Value Circle Inside가 중요한 것이다. 이러한 핵심역량은 자금, 인력 등 자원을 투입하고 외부 지원자의 도움을 받으며 핵심활동을 지속적으로 전개하여 가치를 만들 때 구축될 수 있다.

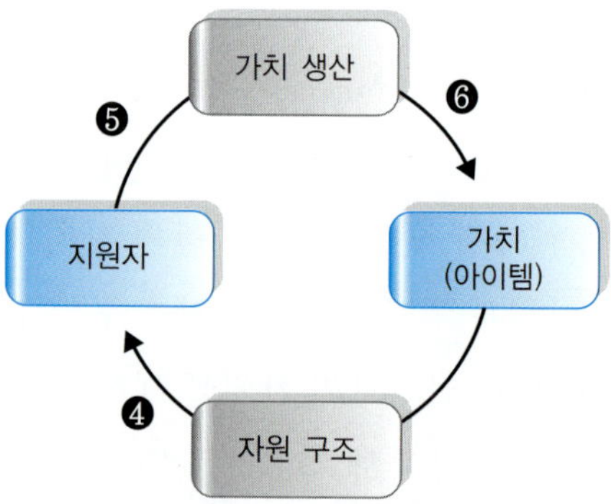

그림 12-4 Value Circle Inside

Value Circle Inside의 순서에 대해 보다 자세히 설명하면, 먼저 창업기업이 가치를 만들기 위해 현재의 자원과 추가로 갖추어야 할 자원을 생각하여 무엇에 대한 투자를 얼마나 할지 결정하는 것이 중요하다. 이는 다시 시설투자와 운영투자 등의 소요자금과 필요인력이 어떻게 되는지를 산정한 다음, 이를 충당하기 위해 내부 및 외부에서 조달 가능한 가용자금과 인력의 규모 및 시기를 산정하여 조정하는 것이 순서이다.

Value Circle Inside의 흐름상 그 다음 순서로 고려해야 할 것이 바로 지원자에 해당하는 부분이다. 우리나라 창업기업의 현실상 지원자를 찾아내고, 유지하고 활용하느냐에 따라 창업기업의 성패가 갈릴 만큼 매우 중요한 요소이다. 제조업체의 외주 공급업체의 예를 들면 초기 제품디자인 업체와 기구설계 또는 전자회로 설계 업체를 어떻게 대하느냐에 따라 개발되는 제품의 성능이 완전히 달라지게 된다. 제품 디자이너는 제품 외관의 감성적인 측면을 책임지게 되며, 기구설계자는 제품 내부의 부품들의 현실적인 제약요건들을 고려하여 잘 구성함으로써 효과적인 성능이 나오게 하는 것에 책임을 진다. 그런데 제품 디자이너의 입장과 기구설계자의 입장은 종종 상충되기 마련이다. 따라서 창업기업의 입장에서는 만들려는 제품과 그것이 제공하는 가치를 고려할 때, 제품디자인과 기능 설계 중 어떤 것이 얼마만큼 더 중요한 비중을 차지하는지를 결정하고 이에 따라 외주를 맡겨야 한다. 또한 디자인과 기능설계에 대한 사전지식을 가지고 미리 예방적인 관점에서 커뮤니케이션을 해야지 나중에 사후약방문식으로 소통하게 되면 결국 책임회피식 대화로 빠지기 십상이다.

이 외에도 H/W업체는 S/W업체와의 제휴가 중요한 경우가 많으며 멘토, 컨설턴트, 교수 등의 인맥을 통한 지원을 효과적으로 받을 수 있느냐에 따라 R&D 및 생산을 위한 외부 자금 및 인맥수혈과 효과적인 마케팅방안에 까지 영향을 미치기 때문에 지원자와의 관계를 제대로 활용하지 못한다면 해당 창업기업의 성공은 기대하기 어렵다. 이는 스타트업 기업의 여건과 우리나라 창업생태계의 현실상 외부 지원이 반드시 필요하기 때문이다.

그 다음에 필요한 것은 고객에게 필요한 가치를 어떻게 만들 것이냐에 대한 답이다. 창업기업의 활동단계는 기획, R&D, 생산, 마케팅, A/S 등의 순서대로 전개되며 이중에 어떤 부분을 창업기업의 핵심역량으로 가져갈 것인지는 시장과 정책의 변화를 포함한 외부환경과 창업기업의 내부적 여건에 따라 달라진다. 핵심은 경쟁사 대비 차별화된 역량을 구축하는 방향으로 잘 결정함으로써 창업기업이 시장에서 지속적으로 살아남고 조직의 가치가 점차 커질 수 있도록 하는 것이 중요하다.

이상의 Value Circle Inside도 사업타당성을 분석하고 사업계획서를 준비하는 전 단계로 보았을 때 비즈니스 모델의 내용을 다음과 같이 구체적으로 정리하는 것이 중요하다.

- 자원 구조(Resources Structure)

창업기업이 원활히 사업을 영위해 나가기 위해서는 여러 유형의 자원이 필요한데, 이러한 자원의 유형에는 인적자원, 기계나 설비, 공장과 같은 물적자원, 브랜드나 특허권과 같은 지적 자산, 현금은 물론 신용한도 등을 포함하는 재무적 자원, 창업기업의 부족한 자원과 역량을 보완할 수 있는 협력자원 등이 있다. 여기에서는 창업기업이 아이템을 만드는 데 있어 꼭 필요한 자원은 무엇인지와 해당 자원 중에서 내부적으로 이미 보유하고 있는 자원이 무엇인지를 구별하는 것이 중요하다.

- 창업기업이 고객에게 가치 있는 아이템을 만들기 위해 필요한 자원은 무엇인가?
- 내부적으로 이미 확보하고 있는 자원은 무엇인가?
- 해당 아이템과 관련 창업자가 잘하는 핵심역량은 무엇인가?

• 지원자(Supporter)

기업이 가치를 전달하는 대상에 있어 가장 중요한 것이 고객이라면, 기업의 내부자원과 함께 해당 가치를 만들기 위해서 가장 중요한 것이 지원자라고 할 수 있다. 앞서 자원 구조를 냉철하게 계산해 본다면 창업자의 자원이 턱없이 부족하다는 것을 알 수 있다. 따라서 외주 공급업체, S/W개발업체, 멘토, 컨설턴트, 해당 산업의 협회, 정부기관 등 어떤 외부 지원자와 협력을 이루어 가치를 만들어 낼지 결정하고 외부 지원자의 협력을 받아내는 과정은 필수적이다.

특히, 성공적인 창업을 위하여 정부기관의 지원은 매우 중요하다. 정부기관을 통해 창업기업이 창업활동을 영위하면서 필요한 자금을 외부로부터 조달하는 형태는 크게 융자자금, 지원자금, 출연자금, 투자자금 등 4가지로 구분할 수 있으며, 창업기업의 자격 및 여건에 맞게 효과적으로 조달하는 노력이 필요하다.

- 가치를 만들어 내기 위해 누구의 지원이 반드시 필요한가?
- 누가 우리의 가장 중요한 지원자인가?
- 지원자가 우리를 지원하는 대가로 얻는 것은 무엇일까?
- 지원자가 왜 창업자를 지원하는가?
- 정책자금 조달은 어떤 자금을 활용할 것인가?

12

VCM, 신개념 비즈니스 모델을 갖춰라

• 가치생산(Value Generation)

창업기업이 계획하거나 추진하는 사업 내용이 아무리 혁신적이라 할지라도 실제로 개발할 수 없으면 무용지물이다. 고객이 원하는 가치를 만들어 내기 위해서는 핵심적인 연구활동, 개발/양산 활동 및 각종 지원활동이 필요하다.

특히, 이러한 가치생산과정은 자원구조와 함께 경쟁자 대비 차별화될 수 있는 부분이므로 창업기업이 무엇을 잘하는지에 대한 질문으로 경쟁력 있는 요소를 파악하고 타 경쟁기업과의 비교우위를 점검하여 사업의 차별성을 높이려는 노력을 해야 한다.

- 아이템이 제대로 만들어지기 위해서는 어떠한 프로세스가 필요한가?
- 고객이 원하는 가치를 만들기 위해서 우리가 잘할 수 있는 활동은 무엇인가?
- 자원들을 어떻게 효과적이고 효율적으로 운용할 것인가?

지금까지 설명한 Value Circle Outside과 Value Circle Inside의 두 가지 원에 의한 흐름도를 종합하면 스타트업의 가치창출을 위한 비즈니스 모델 작성의 순서도가 완성된다.

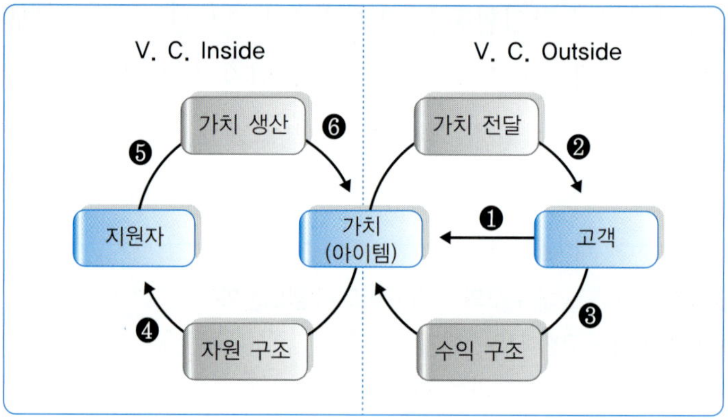

그림 12-5 스타트업 VCM, 비즈니스 모델 작성의 순서도

Value Circle Outside와 Value Circle Inside의 두 가지 원(Circle)을 서로 연결하고 화살표의 순서대로 흐름을 따라가면 처음 스타트업 VCM을 설명할 때 언급했듯이 끊임없는 가치창출이 가능한 선순환 성장모델이 완성된다. 단, 이를 위해서 마지막으로 유념해야 할 것이 있다. 고객을 중심으로 한 Value Circle Outside의 가치가 Value Circle Inside에 연결되기 위해서는 고객과 시장을 대상으로 어떤 가치가 고객의 근본적인 문제 또는 욕구를 해결해주는 최적의 해답일지에 대해 일정기간 이상 끊임없는 탐구가 전제되어야 한다.

비즈니스 모델도 결국 창업가의 머릿속에 있는 가설에 불과하다는 것을 잊지 말아야 한다. 이 가설이 고객을 만족시킴과 동시에 현실에 바탕을 둔

실현 가능성을 높이기 위해서는 아이템에 대한 시장과 고객의 의견을 반영한 철저한 분석 및 개선활동이 반드시 선행되어야 한다. 초기에 설정한 아이템이 시장과 고객의 반응을 분석하고 이에 따라 기존 아이템의 내용물, 형태 뿐 아니라 콘셉트 자체까지 획기적인 수준으로 바뀌는 시행착오를 여러 번 수행할 각오를 해야 한다.

이처럼 시장에 대한 반응과 분석을 토대로 기존 사업 아이템의 방향전환 여부를 검토 및 결정하는 것을 피보팅(pivoting)이라고 한다. 이렇게 피보팅을 거쳐야 하는 이유는 명확하다.

첫째, 피보팅을 거치지 않고 초기에 생각한 아이템을 그대로 출시하면 성공할 확률이 매우 낮기 때문이다. 아이템에 대한 정답은 창업자의 머릿속이 아니라 고객의 머릿속을 파악할 때 나온다는 점을 기억해야 한다.

둘째, 피보팅하는 과정에서 정리한 시장 데이터와 아이템 개선 데이터는 사업계획서 작성 및 이해관계자 설득을 위한 객관적인 근거자료가 된다. 이는 반드시 투자자뿐 아니라 외부 개발자에게 외주를 맡길 때에도 피보팅한 근거자료를 제시함으로써 해당 아이템이 시행착오를 거쳐 성공 가능성이 매우 높아져 있음을 보여 주는 데이터로 활용할 수 있다.

셋째, 피보팅하는 고객에서 잠재고객을 발굴하고 시장을 넓힐 수 있다. 창업기업이 1단계 고객을 발굴하는 가장 현실적인 방법은 직접 고객을 만나는 것이다. SNS로 구전효과를 보려면 이미 아이템의 성공 가능성이 입증이 되어야 가능하다. 그 전까지는 시간이 걸리는 것 같아도 고객을 만나서 문제를 듣고 아이템을 꾸준히 개선하는 현장 속에서 창업기업의 아이템을 선호하는 고객을 확보하는 것이 지름길이다. 피보팅을 몇 번 하는 과정에서 타깃시장이 달라지고 아이템의 기능과 특성이 달라진다면 이로 인해 해당 아이템을 수익으로 전환시킬 수 있는 시장의 범위가 넓어질 가능성이 있다. 최소한 기본적인 시장도 확보하지 못하고 아이템 선정 또는 시제품 단계에서 사장되는 많은 스타트업 기업의 오류를 최대한 줄일 수 있을 것이다.

Practice 12-1 창업 비즈니스 모델, 스타트업 VCM(Value Circle Model) 작성하기

아래와 같은 스타트업 VCM 양식을 활용하여 창업자와 창업팀이 구상 중인 비즈니스 모델을 구체적으로 작성해 보자.

스타트업 VCM 양식은 먼저 가치를 발굴하고 전달하는 것에 주안점을 두고 Value Circle Outside 부분을 작성하고 나서, 그러한 가치를 생산하기 위한 Value Circle Inside 부분을 작성하는 순서대로 차례로 진행한다(스타트업 VCM은 이러한 가치의 선순환이 지속적으로 일어나는 것이 핵심임을 기억한다). 아직 창업팀만의 비즈니스 모델이 없는 경우 자신이 속한 업종 또는 관심 아이템과 연관된 업종의 창업 사례를 찾아 비즈니스 모델을 작성하는 연습을 해볼 것을 권장한다.

[스타트업 VCM 실습]

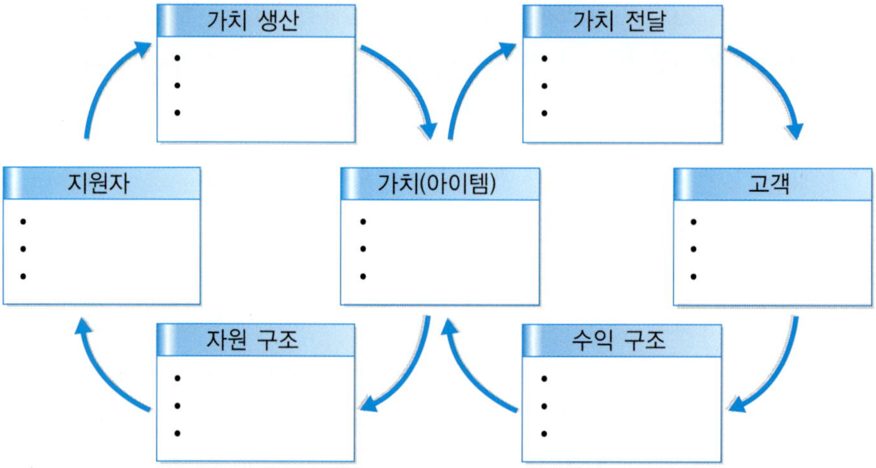

PART 06

실행:
창업계획서 작성 및 실행

사업계획서, 성공 가능성이 높은 탐험계획을 세워라

CHAPTER 13

사업계획서는 글자 그대로 사업을 추진하기 전에 사업 목적의 달성을 위한 체계적인 계획을 세워서 이를 구체적인 근거와 함께 표현한 문서이다. 앞서 비즈니스 모델을 제대로 작성하였으면 이미 사업목적, 방향 및 사업 성공을 위한 주요 요소들이 잘 포함되어 있을 것이다. 비즈니스 모델이 뼈대라면 사업계획서는 여기에 살을 입히는 것과 같다. 사업계획서는 이러한 비즈니스 모델의 주요 메시지들이 논리적으로 잘 전개되도록 사업계획서의 목차와 내용을 구성하고 실제 실행과정에 필요한 마케팅, 인력 및 투자와 자금소요계획을 구체화하며, 설득력을 높이기 위해 객관적이고 구체적인 근거 자료들을 포함시킨 것이다.

이렇게 사업계획서를 작성하는 과정에서 창업기업은 추진하고자 하는 사업이나 그 방향을 구체적으로 점검할 수 있으므로 실행을 목전에 두고 사업목표 달성을 위한 체계적인 준비가 가능하다.

1. 사업계획서의 정의 및 필요성

"사업 + 계획 + 서"라는 어원을 분해하여 보면 사업계획서가 가지고 있는 의미를 쉽게 이해할 수 있다.

|표 13-1| **사업계획서 어원분해**

사업 (事業, Business)	계획 (計畫, Plan)	서 (書)
• 영리목적을 달성하고자 하는 경제활동 • 수익을 벌어들이기 위한 활동 • 수익을 벌어들이기 위한 비즈니스 모델	• 앞으로 할 일에 대한 절차, 방법, 규모를 헤아려 작성 • 일정한 기간 내에 목적을 효과적으로 달성하기 위한 구체적인 절차와 방법	• 서류 , 문서

사업계획서는 사업운영에 필요한 제반사항을 담은 내용으로 사업을 위해 작성하는 공식적인 기록이며, 사업목표를 달성하는 데 필요한 핵심 내용을 일목요연하게 정리한 문서이다. 이를 위해 현재 시점부터 미래의 특정 시점까지 달성하고자 하는 목표와 실행 절차를 구체적으로 정리하여 계수화 하고, 사업의 전반적인 내용과 흐름을 쉽게 파악할 수 있도록 구성한다. 사업계획서는 단순히 비즈니스 모델만 작성하는 것보다 사업타당성을 보다 심층적으로 검토하고 내용의 체계성 및 객관적인 설득력을 보완할 수 있는 수단이다. 이러한 사업계획서의 의미를 다음과 같이 요약할 수 있다.

- 사업을 개선시키고 업그레이드하여 수정 · 보완할 수 있다.
- 사업의 방향성과 계획성을 보다 견고히 할 수 있다.
- 사업이 가지고 있는 사업성을 보다 전체적으로 조망할 수 있으며 객관화할 수 있다.
- 사업의 내용과 가치를 보다 쉽게 전달할 수 있다.

이와 같이 사업계획서가 갖는 의미들을 종합해 보면 "사업계획서란 창업기업이 추진하려는 사업에 대하여 구체적인 내용을 담은 것으로, 사업의 목표를 세우고, 이 목표를 달성하기 위한 체계적이고 구체적인 방법을 정리하고 기록해 놓은 문서이다."라고 정의할 수 있다.

사업계획서는 설득하려는 대상이 명확하다. 이는 외부 이해관계자들과 창업기업의 구성원으로 구분할 수 있다. 우선, 사업계획서는 금융기관, 정부기관, 투자자 등 외부의 다양한 이해관계자들로부터 자금을 조달받는 등 창업기업이 필요한 소기의 성과를 창출하기 위해서도 사업계획서는 필요하다. 또한 창업기업의 사업목표와 방법을 체계화하는 목적 이외에도 내부 구성원들 간 사업의 내용, 비전, 전략 등을 공유함으로써 구성원들과 함께 목표를 달성할 수 있게 한다. 이처럼 사업계획서는 창업기업의 내부적인 방향성 설정의 측면과 외부적인 성과 창출의 측면을 동시에 만족시키기 위해 작성하는 것이다.

사업계획서를 작성하기 위해서는 오랜 기간의 준비와 노력이 필요하다. 창업학자 제프리 티몬스(Jeffry Timmons) 교수는 체계적이고 효과적인 사업계획서를 준비하고 작성하기 위해서는 최소 200~300시간이 필요하며, 매일 2시간씩 사업계획서 작성에 시간을 투자한다고 가정할 때 3~5개월 정도가 소요될 것이라고 말했다. 사실 기존에 비즈니스 모델만 잘 작성하였다면 구상한 내용을 바탕으로 사업계획서라는 문서 자체만 작성하는 데는 생각보다 오랜 시간이 걸리지 않을 수도 있다.

하지만 사업계획서가 창업자의 머릿속에 있는 가설 수준을 넘어 설득력을 갖추고 객관적인 검증을 거치기 위해서는 창업자가 현장에서 고객조사 및 경쟁사조사 등을 먼저 수행하여야 한다. 가장 객관적이면서도 효과적인 설득 논거와 근거자료는 구매의향을 가진 고객으로부터 나온다. 이렇게 사업계획서에 많은 시간을 투자하는 이유는 빠르게 변화하는 시장 환경과 고객의 니즈를 파악하고, 예상치 못한 변수들을 반영하기 위함이며, 창업을 준비하는 단계부터 실행까지 창업활동 전 과정에서 계획서를 지속적으로 수정 · 보완하면서 성공적인 사업활동을 진행할 수 있기 때문이다.

2. 사업계획서의 유형

사업계획서는 사업계획 작성의 목적과 용도에 따라 구분할 수 있는데, 먼저 작성 목적에 따른 구분으로는 요약용, 내부용, 외부용 사업계획서로 구분할 수 있으며, 사업계획서의 형태에 따라 표준 형태를 가진 정형 사업계획서와 작성 내용과 목차의 형태가 자유로운 비정형 사업계획서로 구분할 수 있다.

또한 사용 용도에 따라 회사소개용, 자금신청용, 투자유치용, 기술평가용, 인허가용, 주요 인증용 및 입찰제안용 등의 내용으로 나눌 수 있다.

먼저, 목적과 형태에 따른 사업계획서와 그 세부 내용에 대해서 알아보면 [표 13-2]와 같다.

| 표 13-2 | **목적에 따른 사업계획서 구분 형태**

목적 구분		내용	형태
요약용 사업계획서		• 간단, 명료 명확한 내용으로 구성 • 핵심 내용 중심으로 구성	최대 5 Page 내외 분량 정형/비정형 사업계획서
내부용 사업계획서		• 임직원 이해, 운영 및 추진 목적으로 구성 • 사전 사업계획 검토 및 수렴 내용으로 구성	비정형 사업계획서
외부용 사업계획서	자금조달용	• 중진공, 신보, 기보, 은행 등 금융 및 보증기관 융자 보증/대출 자금조달 목적으로 구성 • 중기청, 서울시 등 정부/지자체 기술 및 제품 개발 지원자금 조달목적으로 구성 • 산업부, 서울시 등 정부/지자체 기술사업화 출연자금 조달목적으로 구성 • 엔젤, 벤처캐피탈, 투자기관 등 투자자금 유치 목적으로 구성	정형 사업계획서
	사업인허가용	• 창업 시나 창업운영 시 각종 승인 및 인허가 내용으로 구성	정형 사업계획서
	기술평가용	• 기술담보가치 평가 내용으로 구성 • 벤처기업/이노비즈기업 등 기업평가 내용으로 구성 • 코스닥 예비심사를 위한 기술평가 내용으로 구성	정형 사업계획서
	대외업무용	• 사업제안, 전략적 제휴, M&A, 협약 등 내용으로 구성 • 공공기관 입찰 및 등록 내용으로 구성	정형/ 비정형 사업계획서
기타		• 창업 보육/지원기관 입주나 창업경진대회 및 공모전 신청 내용으로 구성	정형 사업계획서

다음으로, 용도에 따른 사업계획서 작성 시 참고할 수 있는 필수 항목과 권장 항목의 내용을 보면 [표 13-3]과 같다.

|표 13-3| 용도에 따른 사업계획서 구분 형태

구분	회사 소개용	자금 신청용	투자 유치용	기술 평가용	인허가용	주요 인증용	입찰 제안용
회사개요	●	●	●	●	●	●	●
사업개요	●	◎	●	◎	◎	◎	●
제품 및 기술 현황	●	●	●	●	●	●	●
시장환경	●	◎	●	●	◎	◎	◎
개발계획	●	●	●	●	●	●	◎
투자계획	●	●	●	◎	●	●	●
마케팅계획	●	●	◎	◎	◎	◎	●
생산계획	●	●	◎	◎	●	●	●
조직 및 인원 계획	●	◎	◎	◎	◎	●	◎
이익 및 재무계획	●	◎	●	◎	◎	◎	●
투자제안	●	◎	●	●	◎	◎	◎

* ● 필수 항목, ◎ 권장 항목

출처: 김진수 등(2015), 기술창업론.

3. 사업계획서의 작성 목적

사업계획서를 작성하는 목적은 사업을 추진하는 창업기업의 내부적인 측면과 외부적인 측면으로 크게 나눌 수 있으며, 내부적인 내용은 자기확신, 계획수립, 비용절감 및 사업준비 등을 위한 것이며, 외부적인 내용은 대외인정과 사업홍보 등을 위해 사업계획서를 작성하게 된다.

이들 사업계획서 작성목적을 나타내면 그림 13-1 과 같다.

그림 13-1 사업계획서 작성목적

① 자기확신

사업계획서를 작성하는 창업기업의 가장 중요한 목적은 기업 스스로가 사업계획의 기술성 및 사업성에 대하여 자기확신을 가지도록 지원하는 데 있다. 계획서를 통해 사업의 방향성을 시각화하여 사업이 가지고 있는 가치와 내용을 보다 효율적이고 체계적으로 분석하고 평가할 수 있다. 성공창업을 막연하게 마음으로만 확신하기보다는 구체적이고 현실적인 사업계획서를 작성해봄으로써 사업에 대한 성공 의지를 다지는 계기를 마련할 수 있다.

② 계획수립

사업에 대한 준비 및 향후 사업활동을 보다 체계적이고, 구체적으로 실행하기 위하여 사업계획서를 작성하게 된다. 이때 사업계획은 기업 내부 구성원들로 하여금 추진사업에 대한 참여를 유도하여 비전과 목표를 공유함으로써 조직 커뮤니케이션 도구로 활용할 수도 있다.

③ 비용절감

창업을 준비하고, 사업을 수행하게 되면서 가장 중요하게 고려해야 하는 부분 중 하나가 자금 활용과 기업운영에 관한 문제로 창업기업이 보다 효율적으로 사업을 추진하기 위해서 사업계획서를 작성하게 된다.

④ 사업준비

기업이 고객이나 시장, 경쟁 등에 대한 가설 설정 및 그에 대한 검증을 통하여 보다 현실적이고, 실현 가능한 사업을 추진하기 위한 준비단계로 사업계획서를 작성하게 된다. 창업기업의 목표를 달성하기 위한 방법 및 절차를 보다 구체적으로 설정하여 사업운영에 대하여 최종 점검할 수 있다.

⑤ 대외인정

사업 관련 파트너 혹은 투자자 등 사업을 추진함에 있어서 지원받을 수 있는 외부고객들로부터 창업기업에 대한 인정 및 신뢰를 얻기 위하여 사업계획서를 작성하게 된다. 사업계획서는 협력방안이나 관련 기업과의 이해증진, 전략적 제휴를 위한 제안서 제출 등 사업 내용에 대하여 설명하기 위한 목적으로 작성하기도 하며, 사업을 추진함에 있어 각종 인·허가 신청을 위한 기초자료로 활용되기도 한다.

⑥ 사업홍보

사업계획서는 효과적인 대외 홍보 및 광고수단으로서 작성을 하게 되는데, 이를 통해 좀 더 많은 사람들에게 지원 및 후원을 받을 수 있으며, 판로개척을 위한 수단으로서도 활용 가능하다.

4. 창업 사업계획서 작성

1) 사업계획서 핵심요소

모든 사업계획서의 형태에서 사업계획을 작성함에 있어 가장 기본적이고 중요한 핵심요소 4가지는 그림 13-2 에서와 같이 기술성, 시장성, 경쟁성 및 수익성이다. 여기서 기술성은 창업기업의 사업 내용에 따라 제품성이나 혹은 서비스성으로 이해해도 좋다.

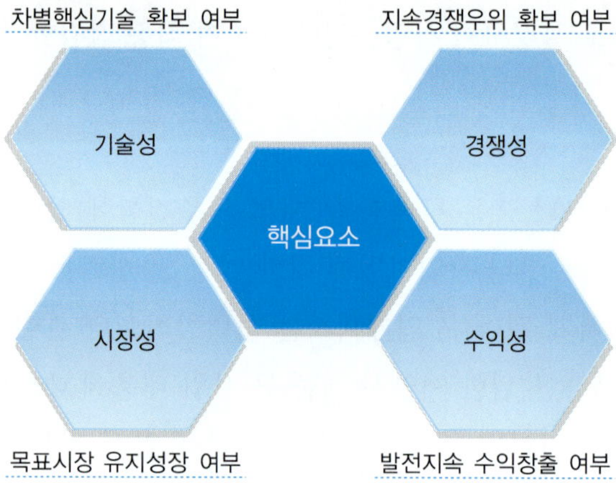

그림 13-2 사업계획서 핵심요소

사업계획의 핵심 작성요소인 기술성, 시장성, 경쟁성 및 수익성에 대한 내용을 좀 더 구체적으로 설명하면 다음과 같다.

첫 번째, 기술성은 창업기업이 보유하고 있거나 혹은 향후 확보하고자 하는 유무형의 차별적이고 구체적인 기술, 제품 및 서비스에 관한 내용으로, 현재 가지고 있거나 개발 가능한 기술이나 제품, 서비스를 고객과 시장의 요구에 맞게 혹은 적시에 효과적으로 개발하고 공급하여 고객들에게 새로운 가치를 제공할 수 있는지를 확인하는 내용으로 생각하면 된다.

두 번째, 시장성은 창업기업이 사업에 대한 시장규모나 특성을 분석하고 예측하기 위해서는 관련 경쟁사의 매출자료에 기반하거나, 혹은 관련 시장의 통계자료나 인구통계학적인 내용을 통해 시장 규모나 특성을 추정 및 분석하게 된다. 이 과정에서 활용하게 되는 도구들이 **그림 13-3** 의 SWOT 분석, **그림 13-4** STP전략, **그림 13-5** 페르소나 고객전략 등의 기법들이다.

내부요소 / 외부요소		1. 강점(S) ① ② ③ ④ ⑤	2. 약점(W) ① ② ③ ④ ⑤
3. 기회 (O)	① ② ③ ④ ⑤	**SO 전략** **우선 수행내용** 주어진 기회에 강점을 최대한 활용하는 전략	**WO 전략** **우선 보완내용** 기회를 활용하여 약점을 보완하는 전략
4. 위협 (T)	① ② ③ ④ ⑤	**ST 전략** **위험 해결내용** 강점을 활용하여 위협요인을 회피하는 전략	**WT 전략** **장기 보완내용** 약점을 보완, 극복하면서 위협요인 회피하는 전략

그림 13-3 SWOT 분석

이중 SWOT 분석은 3C 분석을 포함한 환경 분석단계를 끝낸 후 창업아이템의 전략방향을 도출하기 위해서 활용한다고 한 바 있다. 즉, SWOT 분석은 창업조직의 상대적 강점과 약점인 내부자원과 외부환경인 시장의 기회와 위협을 고찰하여 전략적 사업추진방안을 검토하는 분석활동으로 분석결과를 사업계획서의 시장성 분석 차원이나 마케팅 추진방안의 핵심적인 요소로 포함시킬 수 있다.

STP 전략은 시장을 세분화(Segmentation)하고 표적(Targeting)시장을 선정한 후, 타깃 고객에 맞추어 포지셔닝(Positioning)하는 전략활동이다. 페르소나 고객전략은 창업기업의 역량과 능력에 맞게 세분시장을 더욱 구체화하고 세밀화하여 특정인물을 대표고객, 즉 제품이나 서비스의 최초 구매가능고객으로 정의하는 것이다. 이를 통해 창업기업의 제품이나 서비스를 보다 고객지향적 콘셉트로 이해하고 분석하는 것이 가능하다.

세분화 [Segmentation]	유사/신규 창업제품인 경우, 현재 관련 시장/고객은 가시적으로 구분하는 것이 어렵기 때문에, 잠재/가망의 시장/고객을 예상하고 이를 가능한 한 세분화하는 것임
타겟팅 [Targeting]	세분화된 시장/고객 분야 중에서 창업제품이 가장 성공적으로 진입할 수 있다고 판단되는 시장/고객의 영역부문을 결정하는 것임
포지셔닝 [Positioning]	타겟팅된 시장/고객 영역부문에 대하여 창업제품을 홍보하고 광고하고, 성능과 기능을 맞추고, 가격과 서비스를 결정하는 것임

그림 13-4 STP 전략

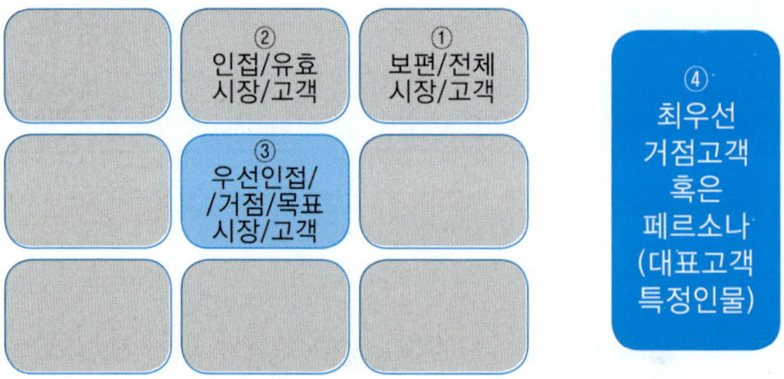

그림 13-5 페르소나 고객전략

세 번째, 경쟁성은 제품이나 서비스의 경쟁요소에 대한 비교 분석을 통해서 창업기업이 계획하고 있는 사업 내용의 경쟁적 차별성과 우수성은 물론 사업의 시장성과 수익성도 보유하고 확보할 수 있다는 내용으로 작성하게 된다.

그림 13-6 는 경쟁력 분석에 많이 활용되는 5-Force 모델로서 5가지의 경쟁 요소들에 대한 경쟁강도의 요인들을 검토하여 창업기업의 사업 내용에 대한 경쟁성을 분석해 볼 수 있다.

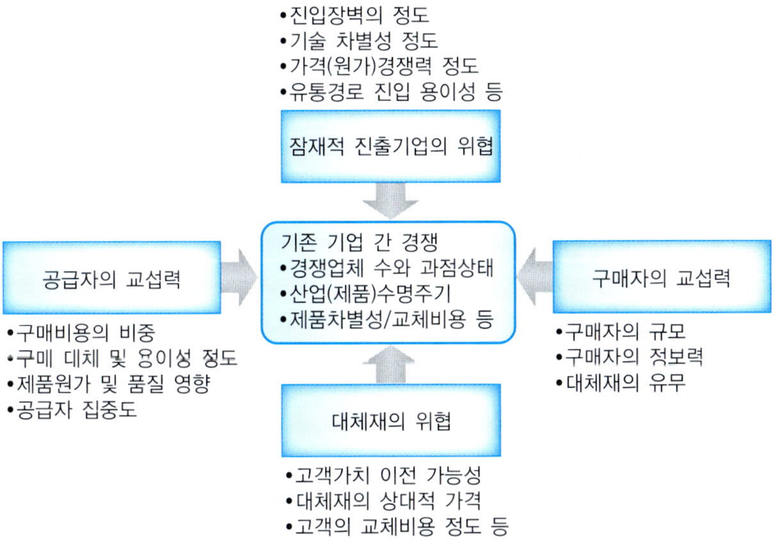

그림 13-6 5-Force 경쟁력 분석 모델

마지막으로 수익성은 사업수행을 통해 창출할 수 있는 매출과 수익을 예상하는 내용이며, 시장성의 수치와 연계해서 매출계획을 수립하는 내용으로 작성하게 된다.

[표 13-4]는 창업기업이 창업 초기에 사업실적을 예상하고 수익성을 검토하기 위한 기본적인 추정손익계산서의 작성사례이다.

| 표 13-4 | 추정손익계산서 작성사례

(단위: 백만원, %)

구분	2026년		2027년		2028년	
	금액	비율	금액	비율	금액	비율
매출액	100	100	300	100	500	100
매출원가	50	50	141	47	225	45
매출이익	60	60	159	53	275	55
판관비	45	45	129	43	200	40
영업이익	5	5	30	10	75	15

2) 사업계획서 작성 내용

창업기업은 사업계획서를 작성하는 시작단계에서 목차를 구성하게 되는데, 이를 위해 간단하면서도 필수적으로 구성되어야 할 사업계획서의 작성 목차와 내용에 대해서 설명하고자 한다.

그림 13-7 에서와 같이 사업계획서 작성을 위한 목차 프레임워크는 크게 3단계 모듈, 즉 사업계획 개요모듈, 사업계획 핵심모듈 그리고 사업계획 실행모듈과 이에 따른 9가지의 세부 내용으로 구성되어 있다.

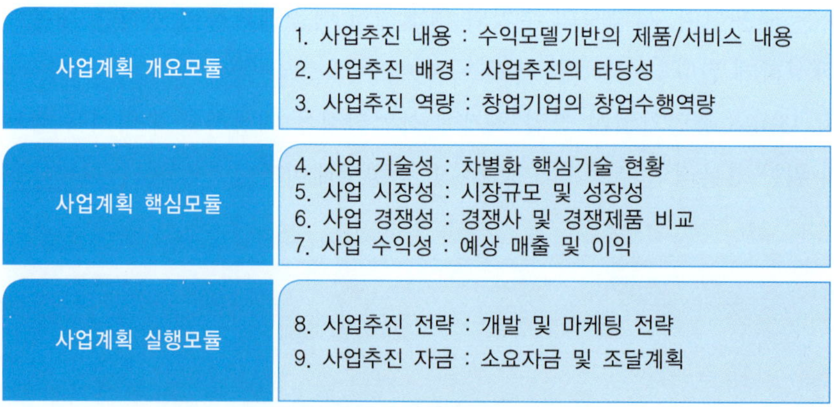

그림 13-7 사업계획서 작성목차

먼저, 첫 번째 모듈에서는 사업 준비나 실행에 대한 사업추진 내용, 사업추진 배경 그리고 사업추진 역량의 3가지 세부 내용으로 구성되며, 두 번째 모듈에서는 사업의 기술성, 시장성, 경쟁성 및 수익성의 내용으로 구성되고, 마지막 세 번째 모듈은 사업추진 전략인 제품/서비스 개발전략 및 마케팅 추진전략에 대한 세부 내용과 사업추진 자금에 대한 내용인 소요자금 및 조달계획에 대한 세부 내용으로 구성된다.

첫 번째 사업계획 개요모듈의 '사업추진 내용'에서는 실제적으로 사업환경에서 차별성의 확보와 수익성의 창출이 가능한 사업 내용으로 정의하는 것이고, '사업추진 배경'에서는 추진하려는 사업의 타당성, 합리성, 필요성 및 중요성의 측면에서 보다 객관적인 관점과 시각으로 사업에 대한 내용을 정리해서 고객이나 일반인 누구든지 사업추진의 당위성을 받아들일 수 있도록 설득력 있게 설명하는 내용이며, '사업추진 역량'에서는 사업활동을 수행하는 창업기업이나 구성원들이 사업 내용과 연관된 창업 및 경영 역량을 보유한 확인 자료나 확보를 위한 계획 내용을 정리하는 것이다.

두 번째 사업계획 핵심모듈은 사업계획서의 핵심적인 4가지 작성요소이기도 한 사업의 기술성, 시장성, 경쟁성 및 수익성에 대한 내용으로, 먼저 '기술성'에 대해서는 핵심기술이나 제품 및 서비스의 차별성 있는 내용들을 기술적이고 체계적으로 작성하고, '시장성'에서는 시장규모와 시장의 성장성 및 고객에 대한 분석 등의 내용을 작성하며, '경쟁성'에서는 경쟁대상(유사나 잠재대상을 포함한다)에 있는 기업이나 제품을 비교분석하여 추진사업이 보다 객관적인 경쟁력과 차별성 및 우수성이 있다는 내용을 정리하는 것이다. 마지막으로 '수익성'에 대해서는 실제적으로 사업을 추진함에 있어서 매출계획이나 예상수익 등 추정손익계산서의 내용을 기반으로 사업의 예상실적 내용을 정리하는 것이다.

세 번째 사업계획 실행모듈에서는 이러한 사업 내용과 요소 등을 통해서 실제적으로 사업을 추진함에 있어서 점진적으로 해결해 나가야 할 제품/서비스의 개발과정, 양산화과정 그리고 사업화과정뿐만 아니라 제품/서비스의 홍보, 판로, 영업 등에 대한 전반적인 '사업추진 전략'의 내용을 작성하며, '사업추진 자금'에서는 사업을 준비하고 실행하여 손익분기점까지 도달하는 과정에 소요되는 총 창업자금의 내용과 그에 따른 조달계획에 대한 내용을 작성하게 된다.

계속해서 사업계획서 작성을 위한 목차 프레임워크의 3단계 모듈을 구성하는 9가지의 세부 내용에 대해 구체적으로 설명하고자 한다.

① 사업추진 내용

먼저 '사업추진 내용'은 추진하고자 하는 사업 내용을 간단하고 명확하게 서술하는 것으로 제품이나 기술의 내용과 창업기업만이 가지고 있는 차별성, 경쟁성, 수익성에 대한 내용을 개략적으로 서술하고, 작성된 내용을 보다 간단하고 명료하게 설명할 수 있도록 도표나 그림 등의 표현방식을 활용한다. 다음에는 제품이나 서비스에 대한 특징과 장점을 중심으로 기술하면서 기존의 제품이나 서비스와 차별화된 내용이나 우수성의 내용을 중심으로 작성한다.

이를 그림으로 나타내면 그림 13-8 과 같다.

▣ 사업(제품/서비스) 정의:

▣ 사업(제품/서비스) 개요:

▣ 사업(제품/서비스) 기능/성능 특징:

그림 13-8 사업추진 내용 프레임워크

결국 사업추진 내용은 사업에 대한 설명을 제공하는 요소로서 사업이 가지고 있는 사업적 의미와 가치를 전달하는 데 목적이 있으며, 사업이 가지고 있는 차별성과 강점 등의 특징에 대한 구체적인 설명을 통해 추진사업이 경쟁력이 있고 필요한 사업이라는 사실을 부각시키는 데 목적이 있다.

일반적으로 사업추진 내용을 소개하기 위한 항목과 구성은 [표 13-5]와 같다.

그런데 창업기업의 사업추진 내용은 최종적으로 고객이 느끼고 경험할 수 있는 형태로 제공되어야 하는데, 그 생산물은 제공 형태에 따라 제품 또는 서비스로 구분할 수 있다. 따라서 [표 13-5]에서 볼 수 있듯이 사업을 통해서 제공되는 생산물의 형태가 제품이 중심이 되면 제품 기반 비즈니스 모델에 대한 내용으로 작성하고 서비스가 중심이 되면 서비스 기반 비즈니스 모델로 선택하여 작성하면 된다.

| 표 13-5 | 사업추진 내용의 항목과 구성

구분	항목과 구성
사업추진 내용	• 사업의 주요 내용 설명 – 사업의 명칭 내용 – 사업의 개요, 차별성, 경쟁성 및 수익성 내용
	• 제품기반 사업 내용 설명 – 제품의 명칭 및 설명 – 제품의 주요 기능과 특징 및 사양 등 – 제품의 이미지(사진, 설계도, 개략도 등) 표현 – 기술적인 특성과 효과를 수치적으로 표현 – 제품의 차별성과 우수성 표현
	• 서비스기반 사업 내용 설명 – 서비스의 명칭 및 설명 – 서비스의 특징, 장점 및 차별요소 등 – 전체적인 서비스 프로세스 그림이나 표 등의 표현 – 서비스의 효과 및 필요성 표현 – 서비스의 차별성과 우수성 표현

그러나 최근 들어 제품과 서비스가 결합된 비즈니스 모델의 형태가 계속적으로 증가하고 있고, 제조와 서비스가 융합화의 추세에 있으므로 창업기업은 사업추진 내용에서 이러한 사업이 가지고 있는 제공가치를 고객이 충분히 이해하고 공유할 수 있도록 설명하는 것이 필요하다.

사업추진 내용 작성 시 제품의 기능이나 사용을 설명함에 있어 도표나 이미지를 삽입하여 내용을 쉽게 이해할 수 있도록 하며 서비스의 경우도 서비스의 전체 과정을 프로세스나 흐름도 형태로 전달하여 서비스가 어떠한 과정을 거치며 어떻게 진행되는지를 도식적으로 전달하는 것이 중요하다.

② 사업추진 배경

두 번째로 '사업추진 배경'에서는 추진사업의 타당성을 보다 객관적이고, 좀 더 설득력 있게 작성할 수 있도록 크게 3단계로 내용을 정리하여 서술한다.

먼저 추진하고자 하는 관련 사업의 산업, 제품, 기술, 서비스에 관련되는 긍정적인 현황, 즉 관련되는 산업이 성장·발전하고 있으며, 고객이나 시장의 니즈(needs), 원츠(wants)가 충분히 많아서 제품의 수요가 크게 증가할 것으로 예측되므로 성공 가능성이 확실한 사업 분야임을 설명한다.

다음 단계로 그럼에도 불구하고 고객이나 시장이 기존 제품이나 서비스에 만족하지 못한 문제점, 개선요구사항 및 불편사항들이 있음을 설명하고, 마지막으로 새로 창업활동을 준비하고 실행함으로써 고객의 불편해소와 행복 및 가치 제공을 실현할 수 있다는 사업추진의 필요성 및 중요성에 대한 내용들을 중심으로 작성한다.

그림 13-9은 사업추진 배경의 프레임워크 내용을 나타내고 있다.

▣ 관련 산업/제품/기술 현황:

▣ 제품 문제점/요구사항/불편사항:

▣ 사업추진 필요성/중요성:

그림 13-9 사업추진 배경 프레임워크

③ 사업추진 역량

세 번째로 '사업추진역량'은 창업기업의 창업자 및 구성원의 사업활동에 필요한 역량을 서술한 내용으로 먼저 내부인력에 대한 기본역량, 창업역량, 기술역량 및 경영역량 등 사업추진에 필요한 역량에 대하여 작성한다. 내부인력에 대한 활용이나 확보 역량이 부족할 경우, 외부의 인력 네트워크를 언제, 어떻게 활용할 것인가에 대한 내용 중심으로 작성하면 된다.

▣ 내부 인력 기본역량:

▣ 내부 인력 활용역량:

▣ 외부 인적 네트워크 확보역량:

그림 13-10 사업추진 역량 프레임워크

한편, 사업추진 역량을 작성할 때 창업기업 소개에 대한 작성 항목과 구성은 [표 13-6]을 참조하면 된다.

|표 13-6| 사업추진 역량의 항목과 구성

구분		항목과 구성
사업추진 역량	창업자 및 구성원	• 창업자 및 구성원 소개 – 주요 경력과 이력 사항 – 인력의 핵심역량과 강점/장점 사항 – 창업 추진 배경, 의지 및 목표 사항
	창업기업	• 창업기업 소개 – 회사명, 연혁, 사업자등록번호, 주소 등 일반사항 – 조직도 구성과 담당업무, 주주 현황 – 주요 실적사항 및 핵심 사업 분야 – 보유 및 확보 자원 및 역량 – 회사 비전, 미션 및 목표

④ 사업 기술성

네 번째로, '기술성'에서는 사업 내용에 따라서 제품성이나 서비스성으로도 설명될 수 있으며, 추진하는 사업의 핵심적인 내용들이 기술적 측면, 제품적 측면 또는 서비스적 측면에서 경쟁 · 유사 · 잠재적인 사업에 비해 우수성 및 차별성을 보유하고 있거나 확보할 수 있음을 나타내야 하며, 이를 위해 [표 13-7]의 사업 기술성 프레임워크를 활용할 수 있다. 이와 관련하여 다음과 같은 핵심질문을 던져보아야 한다. "경쟁이 가능하거나 탁월할 정도의 핵심요소 기술의 차별성 확보가 가능한가?"

보다 구체적으로 기술성과 관련 확인해야 할 것은 확보한 기술과 제품, 서비스가 고객과 시장의 요구에 맞게 적기에 효과적으로 개발 및 공급되어 고객에게 새로운 가치를 줄 수 있는지의 여부이다. 이를 상황별로 구분하여 보면 국산화 및 수입대체 기술이 필요한 경우는 기술 및 제품화의 현실성을 확인하여 기술력 확보 여부를 확인해야 한다. 국내 혹은 세계 최초 최고의 기술과 제품화를 계획한다면 기술 및 제품의 구체성을 검토하고 아울러 시장과 고객 확보가 가능한지 확인해야 하며, 기존 기술을 개량 또는 개선한 기술이나 제품화의 경우는 기술 및 제품의 차별성을 확인하고 기술의 차별화 확보 여부를 확인해야 한다.

|표 13-7| **사업 기술성 프레임워크**

핵심요소기술	핵심요소기능/성능

⑤ 사업 시장성

다섯 번째인 '시장성'에서는 현재와 미래의 시장규모를 금액과 수량 혹은 단위별로 예측하는 작업이 중요하며, 시장규모를 예측할 때 보통 과거에 대한 자료를 근거로 현재와 미래의 시장규모를 추정한다. 이와 관련된 핵심 질문은 "시장성 및 판매전망이 우수하며 경쟁력을 확보하고 있는가?"이다.

사업의 핵심은 제품이나 서비스를 원만히 생산 또는 전달하여 소비자에게 많이 판매하는 것이지만 제품을 생산하여 시장에 내놓거나 서비스를 전달하려고 할 때 소비자들에게는 창업 초기 기업의 제품과 서비스가 생소하게 와 닿는 것이 보통이다. 이렇게 생소한 제품은 품질이 확인되기 전까지는 판매하기가 결코 쉽지 않다. 따라서 사업 성공의 갈림길이 바로 시장과 판로확보, 즉 구매고객의 확보인 것이다. 따라서 창업 제품에 대한 시장성 분석 및 정확한 판매 예측 없이는 사업을 성공적으로 이끌 수 없으므로 시장 및 판매전망의 정확한 분석은 사업타당성 검토의 핵심요소가 됨을 기억해야 한다.

또한, 이러한 시장예측의 기본이 되는 시장규모 예측방법으로는 아래와 같이 크게 3가지가 있다.

첫째, 관련 통계자료나 언론자료 등 비교적 공식화된 자료를 이용함으로써 현재와 미래시장의 규모를 예측하는 방법이 있다.

둘째, 경쟁기업이나 유사기업의 매출자료를 통해서 현재 국내와 해외시장의 규모를 예측하는 방법이 있다.

셋째, 고객 및 시장 그리고 인구 통계학적 수치를 근거로 가정과 예측을 함으로써 미래 시장규모를 추정하는 방법으로, 이때 주의해야 할 점은 과거자료가 아닌 현재와 미래의 자료를 산정함으로써 현재와 미래의 시장규모를 측정하고, 예측하는 것이다.

그리고 시장 분석을 한 이후에는 그 안에 있는 고객을 분석함으로써 궁극적으로 타깃고객, 더 나아가 페르소나고객을 정의하여 보다 구체적인 시장에 대한 고객목표를 설정해야 한다. 한편, 이러한 고객 분석의 결과가 향후 마케팅 및 영업활동과 연계되도록 효율적인 방안을 모색해야 할 것이다.

[표 13-8]에 사업 시장성에 대한 작성 프레임워크를 표현하였다.

|표 13-8| 사업 시장성 프레임워크

1. 시장규모:

(단위: 백만원, EA)

구분		현재시장(2025년)	미래시장(2030년)
국내	금액		
	수량		
국외	금액		
	수량		
합계	금액		
	수량		

2. 산출근거:
3. 고객분석:

⑥ 사업 경쟁성

여섯 번째는 '경쟁성'에 대한 내용으로 경쟁기업 그리고 추진사업과 유사 · 경쟁 · 잠재사업에 대하여 비교하여 정략적인 내용을 중심으로 분석을 해야 한다. 이렇게 함으로써 추진사업에 대한 제품이나 서비스 경쟁력 그리고 시장성, 수익성에 대해서 명확하게 설명될 수 있도록 하고, 가능한 경쟁 요소에 대해 비교 · 분석이 가능하도록 작성해야 한다.

[표 13-9]에 사업 경쟁성 프레임워크 작성 양식을 나타내었다.

| 표 13-9 | **사업 경쟁성 프레임워크**

구분 / 항목	A 제품	B 제품	우리 제품
제품 외형			
제조판매사			
가격			
시장점유율			
성능			
기능			
기타			

⑦ 사업 수익성

일곱 번째는 '수익성'에 대한 내용으로 추정손익계산서를 작성함으로써 매출, 비용 및 수익에 대한 계획을 설명한다. 즉, 수익성 분석을 위해서는 창업자 혹은 창업조직이 창업아이템을 가지고 창출할 수 있는 매출계획과 손익계획을 수립하고 정리해야 한다. 이와 관련된 핵심질문은 "제품의 생산 및 서비스가 효율적이며 수익성 확보가 가능한가?"이다.

매출 및 손익계획을 세울 때 함께 고려해야 하는 것은 자금조달 및 수익의 실현 가능성 및 효율성이다. 아무리 계획한 제품이 성공적으로 생산되어 적정량이 판매되더라도 소요자금이 적기에 조달되지 못한다든가 적정 수익을 제대로 실현하지 못한다면 최종적으로 사업은 가능성이 없는 것으로 판정될 수밖에 없다. 아울러 한번 정해진 생산 또는 서비스 전달체계가 정착되지 못하고 자주 변경된다면 효율성이 떨어지고 경제성은 낮아지게 된다. 따라서 창업 추진의 여건에 따른 창업 시뮬레이션 분석을 통하여 사업의 긍정적인 시나리오와 부정적인 시나리오를 같이 고려하면서 아이템의 수익성을 기획해 나가는 것이 좋다.

수익성을 추정하기 위해서는 예상매출을 설정하고 사업에 투입되는 원가를 산정하여 비용을 가감하는 계산 공식을 사용한다. 정확한 계산 공식은 [표 13-10]을 참조하면 된다.

| 표 13-10 | **수익성 계산 공식**

항목	계산공식
A. 매출액	① 매출이익=매출액−매출원가 ② 영업이익=매출이익−판매관리비
B. 매출원가	
C. 매출이익(A−B)	
D. 판매관리비	
E. 영업이익(C−D)	

실제 사업계획의 작성과정을 살펴보면 보통 3개년도 예상매출을 작성하는데, 1차 연도는 보수적인 관점, 2차 연도는 보통, 그리고 3차 연도는 희망적인 관점에서 내용을 예측하는 것이 보다 타당할 것이다. 또한 수치적인 내용뿐만 아니라 비율적인 측면도 함께 고려하여 작성하면 보다 타당하고 현실적인 수익성 계획수립이 이루어질 수 있을 것으로 판단된다. [표 13-11]에 수익성에 대한 작성 프레임워크 양식을 나타내었다.

| 표 13-11 | **사업 수익성 프레임워크**

(단위: 백만원, %)

항목 \ 연도	2026년		2027년		2028년	
	금액	비율	금액	비율	금액	비율
매출액						
매출원가						
매출이익						
판매관리비						
영업이익						

⑧ 사업추진 전략

여덟 번째는 '사업추진 전략'에 대한 내용으로서 먼저, 개발 전략은 제품이나 서비스를 개발하고 그 개발된 내용을 검증하는 단계로, 그 수행계획이 기술이나 제품 혹은 서비스를 개발하는 과정이라면, 개발 기간을 설정하여 간트 차트 형태로 기획, 시제품개발, 평가 등 일련의 개발추진계획을 효율적이고 체계적으로 수립하여 작성하여야 하며, 이를 [표 13-12]에 개발 전략에 대한 작성 프레임워크 양식과 작성사례 내용을 나타내었다.

| 표 13-12 | **사업추진 전략(개발) 프레임워크**

개발 내용	개발 기간(개월)											
	01	02	03	04	05	06	07	08	09	10	11	12
01. 계획수립 및 자료조사	↔	↔	↔									
02. 설계도면 작성		↔	↔	↔								
03. A부품 제작				↔	↔	↔						
04. 성능평가						↔						
05. B부품 제작					↔	↔	↔					
06. 성능평가							↔					
07. 부품 최종 평가								↔				
08. 시제품 제작									↔	↔	↔	
09. 평가 및 수정, 보완											↔	
10. 최종 시제품 제조												↔

여기에서 중요한 점은 개발과정을 가능하면 짧게 핵심적인 내용만으로 정의하여 신속하게 수행하고 시장과 고객들을 대상으로 평가와 검증 단계를 거친 후에, 다시 사업 내용을 수정하고 보완하는 과정을 반복할 수 있도록 개발 기간을 가능하면 축소하여 진행하는 것이다.

다음으로 마케팅 전략은 매출실현 1차 연도에 대한 매출액과 매출수량을 정리하고 매출실현을 위한 실제적이고 정확한 목표고객을 설정하고 4P Mix(Product; 제품, Price; 가격, Place; 유통, Promotion; 촉진) 실행을 위한 제품전략, 가격전략, 유통전략 및 촉진전략의 내용을 작성함으로써 실행력과 구체성의 내용을 현실적으로 작성해야 할 것이다.

제품전략은 초기 목표고객이 요구하고 원하는 제품의 내용을 파악하여 제품 특성, 콘셉트, 포장, 기능 및 디자인 등 목표 고객이 구매하지 않을 수 없도록 제품화를 추진하는 내용을 작성한다.

가격전략은 제품가격을 내부적인 원가개념의 원가마진 가격전략이 아닌 시장이나 고객이 원하는 시장고객가치 가격전략을 수립하고 추진하는 내용을 중심으로 작성한다.

유통전략은 크게 온라인과 오프라인 방식을 활용해서 고객에게 제품을 공급할 것인지, 직접유통 또는 간접유통 경로를 통하여 판매할 것인지 등에 대한 계획에 대하여 보다 구체적이고 현실적으로 작성한다.

촉진전략은 통합적 마케팅 커뮤니케이션(IMC; Integrated Marketing Communication)의 개념으로 생각하여 시장이나 고객과의 소통을 꾀할 수 있는 구체적인 수단을 활용하여 고객에게 사업의 내용과 제품을 알릴 수 있는 방안과 창업기업이 수행할 수 있는 방안을 모색하여 광범위한 내용보다는 한정된 범위에서 일관성 있게 지속적으로 집중 공략하는 방안을 수립하여 작성한다.

이러한 내용을 작성하기 위한 프레임워크 양식을 [표 13-13]에 나타내었다.

| 표 13-13 | 사업추진 전략(마케팅) 프레임워크

<table>
<tr><th colspan="3">사업연도 :</th><th>매출액 :</th><th>매출수량 :</th></tr>
<tr><td colspan="2">예상고객</td><td colspan="3"></td></tr>
<tr><td rowspan="4">판매
전략</td><td>제품</td><td colspan="3"></td></tr>
<tr><td>가격</td><td colspan="3"></td></tr>
<tr><td>유통</td><td colspan="3"></td></tr>
<tr><td>촉진</td><td colspan="3"></td></tr>
</table>

⑨ 사업추진 자금

마지막으로 '사업추진 자금'에 관한 내용으로서 특히 창업기업이 사업활동을 수행함에 있어서 가장 힘든 요소가 지속적으로 자금을 조달하여 운영하는 것이기 때문에 창업자금의 개념뿐 아니라 창업부터 시제품을 개발, 그 이후 제품을 양산하고 판매하여 수익을 창출할 때까지 필요한 모든 소요자금의 규모와 내용들을 정리해야 한다.

그리고 이러한 소요자금을 단계적으로 어떻게 조달할 것인가를 생각하고, 자기자금의 확보 또는 타인자금의 유치 등 소요자금의 조달방식도 고민해야 한다. 특히, 타인자금은 융자, 지원, 출연 및 투자자금들의 개요, 요건, 시기 및 규모 등을 고려하여 적절한 시기에 조달하여 운영할 수 있는 계획을 수립하고 준비해야 할 것이다.

| 표 13-14 | **사업추진 자금 프레임워크**

<table>
<tr><th colspan="4">소요자금</th><th colspan="6">조달계획</th></tr>
<tr><th colspan="2">창업준비과정
(25.01~25.12)</th><th colspan="2">창업실행과정
(26.01~26.12)</th><th colspan="3">창업준비과정
(25.01~25.12)</th><th colspan="3">창업실행과정
(26.01~26.12)</th></tr>
<tr><td></td><td></td><td></td><td></td><td rowspan="2">자기
자금</td><td></td><td></td><td rowspan="2">자기
자금</td><td>자본금</td><td></td></tr>
<tr><td></td><td></td><td></td><td></td><td></td><td></td><td>이익금</td><td></td></tr>
<tr><td></td><td></td><td></td><td></td><td rowspan="4">타인
자금</td><td>융자
자금</td><td></td><td rowspan="4">타인
자금</td><td>융자
자금</td><td></td></tr>
<tr><td></td><td></td><td></td><td></td><td>지원
자금</td><td></td><td>지원
자금</td><td></td></tr>
<tr><td></td><td></td><td></td><td></td><td>출연
자금</td><td></td><td>출연
자금</td><td></td></tr>
<tr><td></td><td></td><td></td><td></td><td>투자
자금</td><td></td><td>투자
자금</td><td></td></tr>
<tr><td>합계</td><td></td><td>합계</td><td></td><td colspan="2">합계</td><td></td><td colspan="2">합계</td><td></td></tr>
</table>

이러한 내용을 작성하기 위한 프레임워크 양식을 [표 13-14]에 나타내었다.

경우에 따라서는 이러한 조달능력과 역량에 따라서 추진하고자 하는 사업 내용과 규모 등이 수정, 보완 될 수 있으므로 좀 더 효율적이고 체계적으로 사업활동을 추진할 필요가 있음을 명심해야 한다.

5. 창업 사업계획서의 활용

창업 사업계획서를 작성하는 근본적인 목적은 사업추진의 구체적인 목적을 달성하기 위한 이정표를 제시하고 창업을 실행하는 동안에 수시로 점검하여 방향이 제대로 가는지 수시로 점검할 수 있도록 체계적으로 계획을 세워서 문서로 표현하는 것에 있다. 하지만 보다 현실적으로 창업기업가 창업 사업계획서를 필요로 하는 이유는 앞서 요약한 것처럼 자금조달, 사업인허가, 기술평가, 기타 대외업무 등의 여건상 사업계획서가 있어야 하는 것이다.

이 중에서도 창업기업의 생존을 위해 사업계획서가 요구되는 가장 큰 이유는 '자금조달'일 것이다. 창업기업이 자금조달하는 방법은 크게 융자자금, 출연자금, 지원자금 및 투자자금의 4가지 유형으로 나눌 수 있다.

융자자금은 기업의 담보를 근거로 하여 일정한 금리가 붙은 자금을 대출받아 일정기간 동안 분할 상환하는 것을 말한다. 융자를 위한 사업계획서와 함께 현실적으로는 기업 보유의 담보를 근거로 하는 경우가 많으며, 정부기관에서는 운영시설, 창업, 기술개발 등 다양한 융자자금을 지원해 주고 있다.

출연자금의 경우 대개 창업기업에게 예산으로 배정된 자금의 상당부분을 출연을 통해 지원하고 개발 성공 후 지원금의 일부(10%)를 분할 상환받는 형식을 취한다. 이는 주로 기술개발자금으로 과제 형태로 수행하며 지원한다.

지원자금은 창업자금에 배정된 자금의 일부 또는 전부를 무상으로 지원하는 형태로 많은 경우 예비창업자 및 창업기업 제품화 과정을 지원한다. 이 역시 출연자금과 마찬가지로 자금을 지원할 창업기업을 선정하는 과정에서 사업계획서 작성을 필요로 한다.

투자자금은 주로 벤처캐피탈, 금융기관, 기존 기업 등이 투자기관이 되어 자기 자본에 대해 투자하며 투자를 위한 사업계획서를 검토하여 심사를 진행하여 대략 3~12개월 후 투자가 결정되면 창업기업은 신주 발행, 주식인수 등 주식을 대가로 지급하며 자금을 조달받게 된다.

이상의 창업기업의 자금조달에서 정부 및 공공기관이 많은 관여를 한다. 실제로 벤처투자를 받는 경우도 TIPS(Tech Incubator Program for Start-up Korea)처럼 엔젤투자 1억 원에 대해 정부의 주도하에 최대 10억 원의 자금이 투자될 수 있도록 매칭펀드를 조성하는 프로그램이 있을 정도이다. 창업기업의 입장에서도 융자, 출연, 지원, 투자자금을 통칭하는 정부의 정책자금 이용을 적극 고려해볼 필요가 있다. 이러한 정부의 정책자금의 특징을 요약하면 다음과 같다.

| 표 13-15 | 정책자금 유형에 따른 자금조달전략 및 사업계획서 작성방향

자금 유형	지원대상	특성	자금조달전략
융자 자금	창업 및 중소기업	• 정부의 정책적 필요에 의한 재정이나 지방자치단체 등에 의한 조성된 자금의 지원 • 기업이 보유하고 있는 네 가지 담보(부동산, 기술, 신용, 매출)를 근거로 은행이나 중소기업진흥공단 직접 대출 방식의 지원 • 기금, 신용보증기금 또는 지역신용보증재단의 보증서를 활용한 간접 대출방식의 지원	• 융자자금은 기업의 담보 능력 제고를 위하여 보유기술의 특허등록, 시제품 개발, 양산품 제조 및 제품 판매실적 확보 등 기술 완성도를 높이는 방향으로 준비해야 함 • 기업 대표 및 임원들의 신용을 유지하는 한편, 매출, 이익 확보를 통한 기업담보력 제고를 중심으로 경영활동을 추진해야 함 • 융자절차 및 융자조건(금리)을 감안하여 중소기업진흥공단(중진공) 직접대출 가능함
지원 자금	예비창업자 또는 창업기업(7년 이내)	• 예비창업자 및 창업기업의 제품화 과정의 개발자금 일부(70%) 또는 전부를 무상으로 지원 • 이는 주관기관이 위탁하여 예산에 의해 항목을 구분, 집행하는 것이 특징이며, 통상 신청 이후 1~3개월의 선정 작업 소요	• 대부분 상반기에 지원자금사업이 시행되므로 적어도 직전 연말까지 사업계획을 준비 • 1차 서류심사, 2차 발표평가 등 지원기관의 선정절차에 따른 준비 • 사업공고 시 명시한 선정절차별 평가기준 및 세부항목 반영이 중요
출연 자금	창업 및 중소 기업	• 창업 및 중소기업의 초기 기술개발에 필요한 개발자금을 최고 90%까지 무상으로 출연 • 주로 중소기업청이나 미래창조과학부 등 정부기관이 시행하고 한국산업기술평가관리원과 중소기업기술정보진흥원 등이 주관 • 과제 종료 후, 중소기업은 지원받은 출연자금의 10% 정도를 3년 무이자 상환방식으로 기술료 납부	• 사업(과제)신청서의 구성이 구체적인 기술개발 내용을 요구하므로 직전 연도 4분기부터 기술개발 과제에 대한 구상과 준비 • 사업구분: R&D 행태(단독/공동개발), 개발과제 지정형태(지정, 자유응모) 및 성장단계(유망기술의 선택과 집중, 기술개발 저변 확대, 기술개발 인프라)에 따라 신청기업에 적합한 사업 선정

자금 유형	지원대상	특성	자금조달전략
투자 자금	창업 및 중소 기업	• 개인, 법인 및 기관 등으로부터 대개 주식을 대가로 자금조달 • 대표적인 투자 주체로는 개인 엔젤투자, 벤처 캐피탈, 금융기관, 투자희망기업 등 • 3년 이내 중소기업을 대상으로 하는 모태펀드, 엔젤투자 형태로 투자활동 및 기술개발 지원을 위한 투자연계 멘토링 과제 등이 활성화됨	• 투자자금을 조달하기 위한 기업의 역량이 모든 면에서 투자금 환수가 빠른 시일 내에 가능할 수 있다는 신뢰성을 제공해야 함 • 기업의 생존역량은 물론, 한 단계 도약할 수 있는 가능성을 보여 주는 내용으로 준비 • 사업 초기 기업의 경우에는 개인이나 법인 투자주체보다는 정책금융기관이나 신규 사업 추진기업, M&A 관심기업 등 투자관심기업과 청년창업투자기금 운영기관으로부터 자금을 조달하는 전략이 바람직함

사업계획서를 효과적으로 활용하는 창업기업이라면 이러한 4가지 유형별 창업자금의 특징을 이해하고 이를 활용해서 효과적으로 자금조달을 받을 수 있어야 한다.

본 장에서는 창업기업이 사업계획서를 보다 실전의 상황에 대해 효과적으로 활용할 수 있도록 유형별 사업계획서 작성을 위한 평가기준을 소개한다. 지면의 한계상 유형별 사업계획서의 내용을 싣지는 않았지만 이는 인터넷에서 검색하면 손쉽게 찾아볼 수 있으므로 해당 평가기준에 따라 사업계획서 항목의 구성을 이해하려고 노력한다면 유형별 사업계획서 작성방향을 빠르게 습득 및 활용할 수 있을 것이다.

1) 융자자금 조달 사업계획서 작성방향

① 융자자금용 사업계획서 작성요령

기업이 융자를 잘 받기 위해서 핵심은 담보가치를 높게 인정받는 것이다. 담보의 유형은 창업기업의 신용이나 매출규모, 부동산 근저당권, 기술이 대상이 된다. 이 중 창업기업이 이용 가능한 방법 중의 하나는 기술가치를 평가받아서 이의 담보가치를 인정받는 방법이다. 하지만 일반 금융기관이 주도하여 기술을 담보로 하여 대출해줄 가능성은 낮다. 여기에 기술보증기금 및 중소기업진흥공단의 역할이 있다. 기술보증기금의 경우 기술평가보증을, 중소기업진흥공단의 경우 중소벤처창업자금, 개발기술사업화자금 등의 명목으로 창업기업의 보증을 서주며, 중소기업진흥공단의 경우 직접대출도 해준다. 융자를 위한 사업계획서 작성은 금융위원회와 KDB산업은행이 설립한 사이트인 '기업금융나들목'에 사업계획서 항목들이 정리되어 있으므로 이를 중심으로 기술보증기금 및 중소기업진흥공단 등의 대출 및 보증관련 양식을 참조하는 것을 권장한다.

| 표 13-16 | 금융 지원을 받기 위한 사업계획서 작성방향

항목	세부항목	작성방향
사업요약	사업모델, 시장전망, 적용기술, 투자금액, 사업비전 등	• 사업과 무관한 사람도 쉽게 이해할 수 있도록 작성 • 제품과 서비스에 대한 독창성과 경쟁우위성 부각 • 목표시장, 시장 추세 및 성장성 등에 대한 핵심사항
회사개요	일반현황, 주요 연혁, 비전, 경영이념, 조직, 지적재산권, 주주현황, 재무현황 등	• 사실에 근거하여 최대한 성실히 작성하는 것이 핵심 • 경영 조직의 핵심역량 부각 • 회사의 비전 및 목표에 대한 정량(수치)적인 기재
사업개요	사업필요성 및 효과, 사업영역, 사업배경 및 방향, 사업전략 등	• 사업의 핵심역량 및 사업목표(정량 · 정성)를 강조 • 사업의 목적, 필요성 및 효과, 사업분야 및 영역 부각 • 단계별 사업방향 및 전략 기재
제품 및 기술 현황	제품개요, 제품구성, 제품특징 및 효과, 제품 관련 기술, 기술 우위성 등	• 경쟁제품과의 비교 · 분석을 통한 경쟁 우위점을 강조 • 자사 제품의 특징 및 차별성 기재 • 핵심 기술 내용을 타 업체와 비교하여 작성
시장환경	시장 현황, 시장규모, 시장전망, 경쟁 현황, 고객동향, SWOT분석 등	• 환경분석 결과 사업성공 가능성이 높음을 제시 • 제시된 시장 분석자료에는 반드시 출처 및 근거를 기재 • 경쟁 현황은 반드시 자사와 경쟁사를 비교 분석하여 작성
개발계획	개발 현황 및 방향, 개발 인력 및 비용, 개발 일정 등	• 사업포트폴리오와 연계된 기술개발 로드맵 강조 • 지금까지의 연구개발 성과와 향후 연구 방향 부각 • 향후 연구개발에 소요되는 비용 및 일정 기재
투자계획	사업장 및 시설공사, 설비 및 비품계획, 기타 투자계획 등	• 투자금액에 대한 명확한 산출 내역(근거) 제시 • 시설 및 설비의 상세 내역 및 구매처 기재 • 무형자산(특허권, 영업권 등)에 대한 계획 기재

항목	세부항목	작성방향
마케팅계획	마케팅 콘셉트, STP전략, 4P 믹스전략(제품/가격/유통/판촉) 등	• 마케팅 계획의 실현 가능성에 초점을 맞추어 작성 • 구체적인 마케팅 예산 책정 및 기재 • 경쟁사와의 차별화된 전략 부각
생산계획	생산공정, 레이아웃, 생산계획, 구매계획, 자재계획, 품질계획 등	• 가능한 한 상세하게 단계별 실행계획 및 예산 기재 • 연도별 생산계획(규모) 및 산출근거 제시 • 구체적인 품질 목표 및 관리 방안 기재
조직 및 인원계획	조직계획, 인력계획, 인건비 계획 등	• 사업규모 및 경영환경에 적합한 조직구성이 포인트 • 핵심 인재 구성 내역 및 확보 방안 기재 • 사업 단계별 조직 · 인력계획을 상세하게 작성
매출 및 이익계획	작성항목 : 매출계획, 제조원가계획, 비용계획, 추정 손익계산서, 추정 대차대조표 등	• 재무 관련 수치는 반드시 산출근거를 제시 • 손익계산서 및 대차대조표의 연계성 확보 • 연도별 매출액 및 순이익의 추세 부각

이러한 사업계획서 항목은 반드시 융자를 떠나 모든 유형의 사업계획서에서 기본적으로 갖추어야 할 사항을 정리해 놓은 것에 가깝다. 이는 그만큼 융자가 기본적으로 현재 기업의 역량이 되는지를 다면적으로 평가한다는 것을 의미한다.

② 융자자금용 사업계획서 평가지표

이렇게 융자 사업계획서에서는 다양한 항목작성을 충실하게 준비해야 하지만, 특히 심사에 대비하여 중시해야 항 항목을 선별한다면 이는 '상환가능성'이 될 것이다. 기본적으로 대출해주는 입장에서는 창업기업이 고속으로 성장하여 매출규모가 급격하게 늘어나는 것보다는 해당 기업이 빌려준 원금을 충실하게 갚을 능력이 되는지를 심사하는 것에 주안점을 두기 때문이다. 따라서 창업기업이 단순히 기술가치가 높은 것을 넘어서 당장 매출이 현재 없더라도 구매의향서 및 거래처리스트 등의 증빙서류를 구체적으로 첨부하는 것이 중요하다. [표 13-17]은 벤처기업확인을 위한 기술보증기금의 벤처기업 평가표에 해당한다.

| 표 13-17 | 벤처기업 평가지표(기술평가보증 · 대출기업용)

<table>
<tr><th>구분</th><th>평가항목</th><th>심사항목</th><th>배점</th></tr>
<tr><td rowspan="4">경영주 기술능력
(25점)</td><td rowspan="2">기술지식 수준 및 경험수준</td><td>기술지식수준</td><td>6</td></tr>
<tr><td>기술경험수준</td><td>9</td></tr>
<tr><td rowspan="2">경영능력</td><td>기술인력관리</td><td>5</td></tr>
<tr><td>경영의지 및 사업수완</td><td>5</td></tr>
<tr><td colspan="3">소계</td><td>25</td></tr>
<tr><td rowspan="9">기술성
(52점)</td><td rowspan="2">기술개발환경</td><td>개발전담조직</td><td>7</td></tr>
<tr><td>개발인력 현황</td><td>7</td></tr>
<tr><td rowspan="2">기술개발실적 등</td><td>기술개발 및 수상(인증)실적</td><td>7</td></tr>
<tr><td>지식재산권 등 보유 현황</td><td>7</td></tr>
<tr><td rowspan="5">기술의 우수성 및 제품화 능력</td><td>기술의 선도성</td><td rowspan="3">18</td></tr>
<tr><td>기술의 완성도</td></tr>
<tr><td>기술의 확장성</td></tr>
<tr><td>생산시설확보수준</td><td>3</td></tr>
<tr><td>생산인력확보수준</td><td>3</td></tr>
<tr><td colspan="3">소계</td><td>52</td></tr>
<tr><td rowspan="5">사업성
(32점)</td><td rowspan="2">신청기술(제품)의 경쟁력</td><td>인지도</td><td>4</td></tr>
<tr><td>대체품과의 비교우위성</td><td>6</td></tr>
<tr><td rowspan="3">사업계획의 타당성</td><td>판매계획의 타당성</td><td>4</td></tr>
<tr><td>판매처의 다양성 및 안정성</td><td>4</td></tr>
<tr><td>글로벌 시장 진출 가능성</td><td>5</td></tr>
<tr><td colspan="3">소계</td><td>23</td></tr>
<tr><td colspan="3">합계</td><td>100</td></tr>
</table>

참고) 배점은 신청기업에 해당되는 평가등급(A~E)별 가점 부여
등급별 가점(A: 배점 × 5/5, B: 배점 × 4/5, C: 배점 × 3/5, D: 배점 × 2/5, E: 배점 × 1/5)

2) 지원자금 조달 사업계획서 작성방향

① 지원자금용 사업계획서 작성요령

무상환, 무담보, 무이자의 정부 지원자금을 받기 위해서는 위의 금융 지원 사업계획서의 항목들을 기본으로 하되 신청과제의 공고문을 잘 읽고 신청과제의 경쟁성(차별성), 시장성, 기술성 및 수익성에 대한 정량적, 정성적

자료를 제시하는 데에 초점을 맞추어 핵심 내용에 대한 키워드(Keyword)가 잘 나타나도록 사업계획서를 작성하는 것이 중요하다.

예를 들어, 창업선도대학 [창업아이템 사업화] 사업계획서 목차를 참고하면 지원사업의 내용과 취지를 잘 파악하여 창업자의 전문성(창업배경/보유역량), 창업아이템의 기술성(기술의 구체성, 기술의 차별성, 기술의 독창성, 제품·서비스의 구현계획), 창업아이템의 시장성(홍보 및 판매전략/경쟁 및 판매가능성, 수익성), 사업 추진일정, 자금 조달계획 등의 요소들이 키워드를 중심으로 명확하고 구체적으로 잘 나타나도록 작성하는 것이 중요하다.

② 지원자금용 사업계획서 평가지표(창업선도대학 사업계획서 평가지표)

지원자금용 사업에도 여러 가지가 있지만 가장 대표적인 것이 창업선도대학 사업이다. 이는 융자자금과는 달리 장래의 유망한 기술인지와 사업적 측면의 성장성에 중점을 두고 평가한다. 즉, 사업계획서 자체가 논리적으로 타당한지를 검토하고 이의 기반 위에 기술성 및 개발능력, 성장성을 검토하는 것에 주안점을 두고 있다.

| 표 13-18 | **창업선도대학 사업계획서 평가지표(지원자금용)**

구분	평가 항목	배점
사업계획의 적정성 (30점)	사업계획서의 충실성 및 입교 후 활동계획	10
	창업의지/동기 및 신청사유의 명확성	10
	사전준비성 및 시장(고객) 분석의 타당성	10
기술성 및 개발능력 (40점)	기술(제품, 서비스)개발 성공 가능성(목표 명확성)	10
	기술(제품, 서비스)의 우위성 및 차별성	10
	창업자(팀)의 기술확보 수준 및 역량	10
	기술(제품, 서비스)의 응용 및 확장 가능성	10
성장성 (30점)	고용창출 효과 및 성장 가능성	10
	기술창업으로서의 정부 지원의 타당성	10
	시장진입 가능성 및 경쟁강도, 고객확보	10
합 계		100

참고) 가점 2점 별도 배점

3) 출연자금 조달 사업계획서 작성방향

① 출연자금용 사업계획서 작성요령

출연자금 조달을 위한 사업계획서는 앞서 지원자금의 경우와 본질적으로는 유사하다. 다만, 정부가 기술에 대해 출연하고 이의 성과에 대해서는 기술료 명목으로 납부받는 만큼 보다 체계적이고 구체적으로 신청과제의 공고문의 요구사항에 맞춰 사업계획서에 필요한 기술성, 시장성, 경쟁성 및 수익성에 대한 내용 정리가 필요하다.

예를 들어, 창업기업을 위한 대표적인 출연자금용 사업계획서인 창업성장기술개발사업 [창업과제] 사업계획서 목차를 살펴보면 특허 등록, 기업부설연구소 등록, 벤처기업 및 이노비즈기업 확인 등 기술 중심 기업의 이미지 구축이 중요하다는 것을 알 수 있다. 또한 신청과제의 선정 가능성을 높이기 위해 작성해야 할 항목으로 개요 및 현황(기술개발의 개요, 관련 기술 현황), 기술개발 준비 현황(선행연구 결과 및 애로사항, 지식재산권 확보 · 회피 방안, 기술유출 방지대책), 기술개발 목표 및 내용(기술개발 최종목표, 기술개발 내용, 수행기관별 업무분장, 세부 추진일정), 연구인력 주요 이력, 연구시설 · 장비 보유 및 구입 현황, 개발기술 활용 및 사업화방안(국내외 시장 현황, 개발기술 활용 및 제품개발 계획, 양산 및 판로 확보 계획) 등 구체적인 항목들을 가독성이 있도록 잘 정리하는 것이 관건이다.

② 출연자금용 사업계획서 평가지표(창업성장기술개발사업 사업계획서 평가지표)

| 표 13-19 | 창업성장기술개발사업 사업계획서 평가지표(출연자금용)

구분	평가 항목	평가지표	적합 여부 확인	
창의성 · 도전성(25)	1. 기술개발과제의 창의성	1-1 개발과제의 독창성 및 차별성, 권리확보 가능성(신규성, 진보성 충족 여부, 우수특허산출 가능성 등)	10	
	2. 기술개발과제의 도전성	2-1 기술개발목표의 도전성(기술적 난이도) 및 기술적 파급 효과	10	
	3. 기술개발 과제의 공익성	3-1 개발과제를 통해 삶의 질 향상 등 국민이 체감할 수 있는 개발 효과의 정도	5	

구 분	평가항목	평가지표	적합여부 확인	
기술성 검토 (40)	4. 기술개발 필요성	4-1 기술개발의 필요성 및 사전준비 • 기술개발의 정부 정책방향 • 기술트렌드 부합성 • 기술개발 준비수준 (지식재산권 확보/회피방안 포함)	10	
	5. 기술개발과정 및 방법	5-1 핵심기술 개발방법의 적정성 • 기술개발 내용의 타당성 및 체계성 • 기술개발 기간 및 세부추진 일정의 적정성 • 기술개발 관련 연구장비 보유 및 확보 계획의 적정성	10	
		5-2 기술개발 수행팀 구성의 적정성 • 연구인력의 전문성 확보 여부 • 주행기관별 역할분담방안		
		5-3 사업비 규모 및 집행계획의 합리성		
	6. 목표달성도 평가 방법	6-1 최종 개발목표 수준의 적정성 및 정량적 측정 가능성	10	
	7. 기술역량	7-1 기술개발역량	5	
		7-2 경영자 능력 • 해당 분야에 대한 경영(창업자)의 전문성 • 기술개발 및 사업화에 대한 의지 등 기업가 정신	5	
사업성 검토 (35)	8. 목표시장의 규모(성장성) 및 진입 가능성	8-1 국내외 목표시장 현황 • 착수시점(평가시점) 시장규모 • 시장 성장 가능성 • 목표시장 설정 및 분석의 정확성	10	
		8-2 목표시장 경쟁 상황 • 시장구조의 중소기업 적합성		
	9. 사업화 계획의 타당성	9-1 사업화 계획의 경제성 • 정부지원금 대비 예상매출규모 • 경제적 파급효과 (수출/수입대체 효과, 고용창출 효과 등)	15	
		9-2 사업화 실행계획의 실현 가능성 • 진입장벽 극복방안 • 양산 및 판로 확보 계획		
	10. 사업화 능력	• 제품개발 및 기술상용화 실적 • 생산시설 보유 여부	10	

구 분	평가항목	평가지표	적합여부 확인
합 계			점
평가의견	□ 우수한 점 : □ 미흡한 점 : □ 보완할 점 :		

4) 투자자금 조달 사업계획서 작성방향

① 투자자금용 사업계획서 작성요령

투자자금용 사업계획서의 경우 앞서 융자, 지원, 출연자금을 위한 사업계획서와는 달리 정해진 양식은 없다. 그럼에도 불구하고 투자를 받기 위해서는 투자자의 의사결정을 이끌어 내야 하며, 이를 위해 중요한 것은 앞서 비즈니스 모델에서 강조한 것처럼 고객의 문제(원하고 있는 것)와 이를 해결하는 솔루션 및 가치제안, 관련된 시장의 규모 및 경쟁전망, 우리 회사만의 차별화된 핵심역량과 인력, 기술, 팀에 대한 명확한 설명, 현재까지의 성과와 앞으로의 성과를 명확하게 수치화해서 보여 주는 부분을 놓치지 말아야 한다. 특히, 투자자는 융자와는 달리 사업의 성장성, 수익성과 함께 사업의 장애요소와 관련된 위험성에 대해서도 명확하게 설명해주기를 바란다. 수익성과 성장성을 보여 주기 위해서는 이미 확보한 고객 및 이를 근거로 한 명확한 매출추정이 필요하며, 위험성에 대해서는 경쟁 및 각종 외부 환경으로 인해 예상되는 사업적 문제와 이를 해결 하기 위한 창업기업의 역량을 구체적으로 보여 주는 것이 필요하다. 이와 함께 창업자 자신이 능력과 인성의 측면에서 투자자에게 믿음을 심어줄 수 있도록 지속적으로 노력하여야 한다.

② 투자자금용 사업계획서 평가지표

투자자금 유치를 위한 사업계획서 평가지표도 표준 양식은 없으나 [표 13-20]의 중소기업기술개발사업(혁신기업기술개발) IR 투자성 평가지표를 보면 투자를 받기 위해 중요한 사항이 무엇인지 짐작할 수 있다.

| 표 13-20 | 중소기업기술개발사업(혁신기업기술개발) IR투자성 평가지표(투자자금용)

평가 항목		평가지표	평점				
			탁월	우수	보통	미흡	불량
기술성 검토 (20)	1. 핵심기술의 창의성 · 도전성	1-1 개발과제의 타당성, 독창성, 차별성, 경쟁우위, 지재권 권리확보 가능성	10	8	6	4	2
		1-2 기술의 개발난이도 및 진입장벽(지재권 등 보유기술의 보호 유무 등)	10	8	6	4	2
시장성 검토 (30)	2. 시장규모 및 성장성	2-1 국내외 시장규모 및 성장성	15	12	9	6	3
	3. 산업경쟁상황 및 매력도	3-1 목표시장 내 경쟁력 보유여부	10	8	6	4	2
		3-2 기술개발을 통해서 기존시장을 개선 또는혁신하는 새로운 시장 창조 가능성	5	4	3	2	1
사업성 검토 (30)	4. 영업 현황 및 매출 · 손익추정	4-1 영업 현황 및 매출 · 손익 추정의 적정성	15	12	9	6	3
	5. 수익 모델의 적정성	5-1 비즈니스 모델 및 사업화전략의 적정성	10	8	6	4	2
	6. 투자유치규모 및 회수방안	6-1. 투자유치규모 및 회수방안의 타당성	5	4	3	2	1
경영 현황 검토 (20)	7. 주요 경영진 및 핵심인력	7-1 CEO, 개발인력구성의 우수성	15	12	9	6	3
	8. 주주구성 및 관계사 현황	8-1 주주 현황 및 관계사 현황	5	4	3	2	1
합 계			점				
평가 의견	□ 기술성: □ 시장성: □ 사업성: □ 경영 현황:						

Practice 13-1 창업 사업계획서 작성 실습하기

창업 사업계획서 작성능력을 높이기 위해서는 먼저 사업계획서의 핵심 구성요소에 대한 핵심적인 사항을 1페이지로 요약하여 표현하는 연습을 할 필요가 있다. 아래의 사업계획서 작성 프레임워크를 바탕으로 구체적인 사업계획서의 내용들을 작성해 보자.

<table>
<tr><td colspan="3">사업명</td><td colspan="9"></td></tr>
<tr><td colspan="4">사업추진내용</td><td colspan="4">사업추진배경</td><td colspan="4">사업추진 역량</td></tr>
<tr><td colspan="3">기술성</td><td colspan="3">시장성</td><td colspan="3">경쟁성</td><td colspan="3">수익성</td></tr>
<tr><td colspan="6">사업추진 계획</td><td colspan="6">사업추진 자금</td></tr>
</table>

창업실행,
이제 보물을 찾으러 떠나라

CHAPTER 14

1. 창업실행, 난관을 극복하는 방법

지금까지 모든 창업단계를 차례대로 성공적으로 수행하고 창업계획까지 마쳤으면 적극적으로 아이템을 개발하고 시장을 공략하여야 한다. 충분한 준비와 검증을 거쳤기에 자신감을 갖고 적극적인 사업실행에 임해도 좋다. 지금까지의 과정을 거쳤다고 창업성공이 보장되는 것은 아니지만, 창업의 실패 가능성은 최소화하고 성공 가능성은 최대화하기 위한 방법들을 배운 것이다.

물론, 실제 창업을 실행하는 과정에서 예상치 못한 많은 난관들을 만날 수 있다. 실제 창업을 위한 실무들을 현장에서 수행하는 과정에서 제품개발, 마케팅, 자금조달, 판로개척, 고객관리 등에 있어 다양한 문제들이 여기저기 일어날 것이다. 하지만, 지금까지 체계적으로 차분히 준비해왔다면 당황할 필요가 없다. 하나하나씩 차분히 해결하려는 노력을 하면 된다.

창업의 실행에 있어 당장 아쉬운 것은 돈과 사람이다. 대기업에 비해 자원이 부족한 창업기업이 달성하고자 하는 고지가 이제 눈앞에 보이는데, 자금이 부족하고 기술을 가진 사람이 부족해서 일이 진행이 되지 않는 것만큼 속상한 일도 없을 것이다. 즉, 돈과 인력, 기술과 아이디어 한계에 직면하여 앞으로 나아가지 못하는 것이다. 또한 생각지도 못한 난관들이 불쑥 불쑥 튀어나오고 이를 해결하는 과정 속에서 처음에는 산도 옮길 수 있다는 열정이 점차 줄어들게 된다. 즉, 창업자 자신의 동기부여도 점차 한계에 부딪치게 된다. 창업 계획을 세우는 과정에서 예상했던 것보다 3배의 시간, 3배의 자금, 3배의 노력이 더 들어가야 정상적인 창업활동이 수행될 수 있다는 현실도 이해할 필요가 있다.

무엇보다 돈과 인력이 부족한 창업기업은 그 만큼의 시간과 노력이 더 많이 필요하다. 따라서 성공의 기회가 사라지기 전에 시간과 노력을 줄이는 것이 창업실행을 성공으로 이끄는 매우 중요한 관문이다. 이를 위해 필자는 시간과 노력을 절약하고 창업을 성공으로 이끄는 3가지 방안을 제시하고자 한다.

- 돈과 인력의 한계, 인적 네트워크를 효과적으로 활용하라.
- 기술과 아이디어의 한계, 모순을 적극적으로 해결하라.
- 동기부여의 한계, 열정에 끊임없이 불을 지펴라.

1) 돈과 인력의 한계, 인적 네트워크를 효과적으로 활용하라

창업기업이 실행과정에서 일차적으로 느끼는 아쉬운 부분은 돈과 인력에 관한 것이다. 돈이 부족하다는 것은 내부에 자금이 떨어져 간다는 것이고 인력이 부족하다는 것 역시 내부에 마땅히 일을 처리할 인력이 부족하다는 것이다. 내부에서 해답을 찾을 수 없다면 외부에서 해결을 해야 하며 이때 가장 소중한 것이 돈과 정보를 가져오는 인맥, 즉 인적 네트워크이다.

이렇게, 난관에 부딪혀서 급하게 돈이 필요하거나 다른 사람이나 조직의 정보가 필요한 경우에 외부의 인맥을 통해 아쉬운 소리를 하게 되지만 급작스러운 부탁에 대한 대답이 좋을 가능성은 많지 않다. 소셜네트워크와 각종 온라인상의 블로그와 커뮤니티, 모바일 홈페이지 등을 운영하거나 활발하게 참여하더라도 정작 급할 때 도움을 받기는 쉽지 않다. 나만의 네트워크를 구축하여 급할 때 도움을 받기 위해서는 평상시부터 꾸준히 인맥을 관리하고 활용하는 습관을 들여야 한다.

창업자가 평상 시 인맥관리가 잘되어 있지 않다면 이는 다음의 항목 중에 하나 이상에 해당할 가능성이 높다.

- 외부 네트워크를 활용해 달성하고 싶은 목표가 없거나 작다.
- 낯선 사람을 불편해 하고 친숙하고 익숙한 사람들하고만 있으려 한다.
- 자신의 목표와 일을 중심으로 생각하고 주위사람과의 관계는 급하게 생각하지 않는다.
- 외부 네트워크 형성을 위해 오랜 시간 동안 정성을 쌓을 생각을 하지 않는다.
- 사람을 진정성 있게 대하는 습관이 되어져 있지 않다(말그대로 인맥을 관리할 생각만 한다).
- 사람과 어울림에 있어 나의 부족한 성품이나 성향이 무엇인지 찾으려 하지 않는다.
- 사람을 대할 때 어떻게 대화를 풀어나가야 할지 익숙하지 않다.
- 구체적인 외부 네트워크 구축 및 활용방법을 모른다.

이러한 항목을 점검함으로써 나의 인맥관리상의 문제를 파악했다면 이에 대한 해법도 자연스럽게 나올 것이다. 만약 너무 일적으로 사람을 대하고 있다면 사람 자체를 보고 10년을 넘어 교제를 하려는 생각을 갖는 것이 중요하다. 반대로 너무 가족과 같이 사람을 대하고 있다면 인간관계의 친밀함만을 중요시한 나머지 정작 사업상 필요한 부분의 시너지를 만들어 가는 것에는 소홀하지 않는지를 확인해 보아야 한다. 그리고 무엇보다 창업에 조금씩 자신감이 붙어가고 있는 상황이라면 창업자로서 어찌할 바를 몰라 고민하던 초심을 잃지 말고 사람을 대하는 것이 필요하다. 사람을 어떻게 대하면 좋을 지 스스로에게 자문하고 신뢰를 쌓아가도록 노력해야 한다.

신뢰를 만들고 이를 유지하기 위해서는 적절하게 자기를 공개하고 상대를 진정성 있게 대하면서도 상대에 대한 호감을 표현하는 것이 중요하다. 현실적으로 상대가 필요로 하는 것을 채우면서도 너무 무겁지 않게 함께 있는 시간이 즐겁고 유익하도록 신경을 쓰는 배려심도 필요하다. 이와 함께 상대와 약속한 것은 지키고 실행하는 습관이 중요하다. 이와 같은 노력들을 일관성 있게 꾸준하게 할 수 있다면 상대방과 시너지를 내기 위한 신뢰가 점차 쌓여가고 있다는 것을 느낄 수 있을 것이다.

마지막으로 창업자의 사업성공을 위해 가장 소중한 인맥은 고객이라는 점을 기억해야 한다. 중요한 고객들과의 관계가 유지되어야 이를 바탕으로 투자도 받고, 필요한 기술 지원도 얻을 수 있는 것이다. '고객만족'이라는 단순한 표현으로 고객을 대할 것이 아니다. 필자는 '고객은 왕이다'라는 표현은 너무 과장된 측면이 있다고 생각한다. 고객을 왕처럼 떠받들며 모든 것을 해결해주는 것은 불가능하며 오히려 자원만 고갈하게 되는 결과를 낳을 수 있다.

실질적으로 고객과 보다 깊숙하고 의미있는 관계를 구축하기 위하여 다음의 항목들을 가지고 성찰해 볼 필요가 있다.

- **고객을 만들기보다는 고객이 되어라**: 모든 사람이 행동하는 동기는 욕망의 추구나 고통의 회피에 있다. 내가 고객의 가장 필요한 욕망을 해결해주고 고통을 없애줄 수 있다면 반대로 고객이 나를 자신의 중요한 고객인 것처럼 대접할 것이다. 고객과 파트너가 될 생각으로 밀착해서 도움을 주고받아 보자. 고객에게 필요한 것을 요청할 수 있다면 내가 고객이 된 것이다.

• **고객의 수와 고객에게 줄 것을 한정하라**: 고객이 필요한 모든 것을 다 해결해 주기 위해서는 자원이 부족하다는 사실을 기억하라. 평생 고객관리를 하며 함께 성장할 수 있는 고객의 수는 정해져 있다. 그 이상 늘리는 것은 무리이다. 이를 위해 특정한 고객 층에게 자신이 도움을 줄 수 있는 것은 무엇인지 포지셔닝해야 한다. 이를 위해서 다음의 3가지를 늘 질문하라. ① 왜 이 고객에게 팔아야 하는가?, ② 이 고객에게 왜 이 제품(서비스)을 판매해야 하는가?, ③ 왜 이 고객은 나에게 이 제품(서비스)을 구입해야 하는가?

• **영원한 고객은 없다**: 고객도 인간이고 내가 줄 수 있는 것도 한계가 있다. 무엇을 자꾸 주고받는 교환에만 집착하지 말고 서로의 만족, 성과 및 발전을 위해 진실된 믿음과 가치를 공유하려고 노력하라. 고객과 나와의 관계는 언젠가는 또 다른 관계로 발전할 수 있음을 기억해야 한다.

2) 기술과 아이디어의 한계, 모순을 적극적으로 해결하라

창업팀과 외부의 네트워크 구축으로 모든 일이 해결되면 좋겠지만, 창업자 혼자서 고독한 가운데 의사결정을 하고 문제를 해결해야 할 일도 많다. 결국 창업자가 일으킨 기업이고 이를 실행하는 가운데 발생한 문제해결의 최종 책임은 창업자가 지는 것이다.

특히, 아이템(기술이나 아이디어)과 관련된 문제나 외부협상과 조직 내부의 갈등 상황에 직면해서 부딪쳤을 때 창업자가 겪는 고민은 크게 두 가지로 나뉜다. 너무 바빠서 문제를 해결할 시간이 부족하다는 것과 문제해결 자체가 어렵다는 것이다.

첫 번째, 문제를 해결하기에 시간이 너무 부족한가? 그렇게 생각하는 창업자를 위해서는 10분 짜투리 시간의 활용을 권장한다.

구 소련에는 소위 '시간을 정복한 남자'라고 불리는 생물학자 류비셰프가 있었다. 다닐 그라닌의 책에 따르면 그는 26세 때부터 시작해 죽을 때까지 무려 56년 동안 매일 자신이 시간을 어떻게 썼는지 기록하고 통계를 냈다고 한다. 심지어는 줄을 서서 기다리는 시간이나 버스나 기차 등 교통수단을 이용한 시간도 측정하였다고 한다. 왜 그는 이렇게 지독하게 정밀한 시간기록을 했을까?

답은 그의 '자투리 시간' 활용에 있다. 그는 자투리 시간 활용을 위해 세세한 계획을 세워 실천한 결과, 살아 생전에 무려 곤충분류학, 과학사, 농학 등을 비롯해 정치, 종교, 사상 등 거의 모든 학문을 공부했으며 이와 관련되어 70권의 저서와 1만 2,500장에 달하는 연구논문 및 자료들을 남길 수 있었다고 한다. 류비셰프의 이야기는 시간관리의 극단적인 사례이다.

필자가 이야기하는 것은 이렇게까지 시간관리를 철저하게 하라는 것은 아니다. 다만, 우리가 바쁘다고는 하지만 의식하지 못한 채 버리는 자투리 시간이 많다는 점을 이야기하고 싶다. 이를 위해 대표적인 시간 단위가 10분이다. 아마 10분이라고 하면 학창시절 쉬는 시간이 연상될 것이다. 그리고 우리 일상에는 '10분만 쉽시다'라는 표현이 배어 있다. 이는 사람들이 무의식중에 10~20분의 시간을 그냥 흘려보내고 있다는 사실을 반증한다.

그런데 10분의 가치를 주목하는 사람은 많지 않다. 일전에 공영방송에서 하루 10분의 기적이라는 제목으로 방송을 한 적이 있다. 10분에 할 수 있는 가치를 강조한 것인데, 인간 두뇌의 구조상 10분 정도가 가장 집중할 수 있는 시간의 한계라고 말하고 있다. 이러한 '10분'의 효과를 극대화하기 위해서는 의식적으로 전체 시간을 잘게 쪼개서 10분 단위로 집중을 반복시켜 나가는 것이 문제를 붙잡고 반나절 이상 늘어져 있는 것보다 훨씬 생산적일 수 있다는 것이다.

10분이라는 시간이 6개가 모이면 1시간이 되고, 144개가 모이면 하루가 되기 때문에 하루에 아침, 점심, 저녁으로 10분씩만 시간을 낸다고 해도 1년이면 대략 10일의 시간을 낼 수 있다. 만약 창업자가 아침, 점심, 저녁으로 10분씩 시간을 내기로 결심하고 이를 어떻게 실행한다면 1년에 10일 정도에 해당 하는 시간을 문제 해결에 전념할 수 있다. 쉬지 말라는 뜻이 아니다. 하루에 세 번 10분만 시간을 내어서 문제해결에 집중해 보자는 뜻이다.

이 10분을 효과적으로 보내기 위해서는 평상시에 해결해야 될 과제를 정확하게 정의하고 이를 해결하기 위해 문제를 단계별로 쪼개서 해결해야 될 최소단위의 질문을 정리해 놓는 습관을 들이는 게 중요다고 생각한다. 이후에 10분 동안 그 문제의 해결을 위해 초 집중을 한 후 평상시 수행해야 하는 다른 일로 옮겨 가 본다면 질적으로 시간관리의 활용성이 늘어나고 있음을 깨닫게 될 것이다.

두 번째, 창업자가 직면하는 상황은 문제 자체의 난이도가 높아 해결하기 너무 힘들다는 것인데, 보통 문제해결이 힘들다는 것은 두 가지 상황이 대립되는 것에서 나온다.

예를 들어, 팀원 A는 품질을 개선하여 가격을 높이자고 하고, 팀원 B는 수량을 늘려 가격을 낮춰 양산하면서 문제점을 고쳐도 된다고 주장한다. 이 두 가지 상황은 상호 대립되며 이를 해결하는 것은 전적으로 창업자의 결정에 달린 것이다. 벤처창업을 하는 것은 기업가정신을 가지고 혁신적인 목표를 달성하자는 것이고 그러한 과정에서 조직의 문제뿐 아니라 기술과 아이템에 있어 모순되는 문제를 해결해야 제품개발 및 판매활동의 난관을 풀 수 있는 경우가 허다하다.

이처럼 양자택일이 필요한 모순된 상황을 돌파하는 방법으로 중요한 것은 관점의 전환이다. 각각의 대안에서 이야기하는 수단이 아니라 목적 자체에 집중하는 것이 필요하다. 팀원 A가 품질을 개선하여 가격을 높이자고 한 것과 팀원 B가 수량을 늘려 가격을 낮추자고 한 것처럼 수단은 서로 다르지만 목적은 결국 고객이 지불하는 가격 대비 아이템이 주는 가치를 높이자는 것으로 다르지 않다.

그렇다면 이 경우 문제 해결의 관점은 가격을 낮추면서도 가치를 높이는 방안을 찾는 것에서 시작해야 한다. 예를 들어, 고객이 원하는 몇 가지 핵심적인 요구에 집중하고 나머지는 아웃소싱을 통해 해결함으로써 가치는 높이지만 가격은 낮춘 제품이나 솔루션을 만들 수도 있는 것이다. 이를 고객에게 알려 구전 마케팅의 효과가 일어나게 한다면 자연스럽게 수량을 늘리는 문제도 해결된다.

핵심은 팀원 A와 B가 각각 문제 자체에 대해 표면적으로 제시하는 대립적인 부분에 집착하지 말고 본질적으로 이들이 원하는 것은 무엇인지를 생각해서 양자 모두의 의도에 공통적인 부분을 발견하는 데에 있다. 이러한 방식으로 대립적인 부분의 모순을 돌파하는 문제해결방법을 브레이크스루(Break Through)의 발상방법이라고 한다.

보다 자세한 내용에 관심 있는 사람은 제약이론(TOC: Theory of Constraints)이나 트리즈 기법을 공부하기를 권장한다. 제약이론은 혁신기법의 일종으로 이처럼 눈에 보이는 문제점 또는 결점들이 많아 보이나 정말 핵심이 되는 문제(constraints)는 일부에 불과하다는 사상을 가지고 있다. 이는 문제점들의 인과관계를 분석함으로써 도출하므로 핵심적인 문제를 찾는 데 먼저 집중하라고 제시한다. 또한 모순을 해결하기 위한 현재 최고의 방법론 중의 하나가 트리즈(TRIZ)기법이다. 이 책에서는 아이템 발굴단계의 기법으로 사용하였지만 원래는 모순이 있는 난제해결의 방법론으로 많이 활용되고 있다.

중요한 것은 남들이 불가능하다고 생각하고 양립할 수 없다고 생각하는 모순을 그대로 인정하지 말고 윈윈(win-win)의 지점을 찾으려고 노력하는 발상의 전환이다. 창조적 사고란 바로 이처럼 모순을 그대로 인정하지 않고 새로운 각도에서 해결하려는 것에서 시작된다. 그리고 그러한 사고의 결과가 혁신으로 나타나는 것이다.

3) 동기부여의 한계, 열정에 끊임없이 불을 지펴라

창업실행을 위해 마지막으로 이야기하고 싶은 것이 바로 '끊임 없는 열정과 실행력'이다. 우리가 동기부여되지 않는 것은 비전을 공감하고 이를 추구하려는 마음이 약해져서이기도 하지만, 의외로 일단 시작도 하지 않고 주저하는 습성(습관적 속성) 때문이기도 하다.

이 책의 서두에서 설명하듯이 사람들은 불확실성과 혼돈에 직면했을 때 회피하는 본성을 가지고 있다. 안개 속에서 걸어가다 어떤 일을 당할지 불안한 것이다. 일단 시작을 하고 나면 사실상 별것이 아닌 것으로 고민하면서 스스로의 열정의 불꽃만 죽이고 있는 경우도 많다. 진지하게 고민하고 방향을 정한 후 움직여야겠지만, 어느 정도 생각했는데도 계속 망설여지면 일단 실행을 한 뒤에 다시 생각하는 것이 현명하다.

이와 관련된 사례로 박성진이란 청년의 성공 사례를 소개하고자 한다. 그는 대학에 입학은 했지만 노스펙(지방대, 공모전 수상 전무, 토익점수 0점)의 핸디캡을 가지고 맨몸으로 사회에 진출해야만 했다. 30대가 된 어느날, 여느 직장인과 같이 쳇바퀴 도는 듯한 일상을 바꾸자는 결심을 한다. 이후의 그는 이전과는 완전히 다른 행보를 보였다.

스펙을 쌓는 대신 입사하려는 유통 회사의 문제를 해결함으로써 취직하기로 결정하고 업계 소식을 꾸준히 모았으며, 매장을 돌며 직접 고객을 만나고 상품을 철저히 분석했다. 그 결과로 나온 솔루션을 자기소개서에 담았으며, 이를 통해 이랜드리테일, BGF리테일, GS리테일, KT 등 유통기업에 속속 합격하여 서류전형 합격률 70%라는 기적을 만들어 냈다.

이후 국내 최고 유통업체의 어느 지방에서 최하위 매출을 기록하고 있는 점포로 내려가 전국 1위의 실적을 달성하는 신화를 만들어 냈다. 이를 가능하게 했던 비결은 바로 현장 중심의 발로 뛰는 분석과 실행력이었다. 철저한 신문스크랩, 현장 탐방과 현장 근무자 인터뷰를 통해 문제점을 분석하고 이를 해결하려고 노력하였다.

대덕대학교 안에 들어선 100평짜리 CU 카페테리아점 역시 그의 손에서 만들어졌다. 그는 대형업체들과의 경쟁에서 이기기 위해 PT를 한 달간 준비했다. 당일엔 주방장 옷을 입고 빵과 커피를 준비해 열정적이고 참신한 발표로 눈길을 사로잡았다. 일주일 뒤, 심사위원으로부터 합격 통보를 받았다. 이러한 노력은 지속적인 실적으로 이어져 전국 매출 다섯 손가락 안에 드는 매장이 됐다.

"눈으로 보지 않은 기업은 지원을 하지 말자는 게 제 원칙이었어요. 신세계 면접 때는 이마트, 신세계백화점을 직접 돌아본 경험을 말했고 BGF리테일 면접 때는 CU편의점 100군데에서 고객을 만났던 이야기를 했어요. 이랜드리테일 자기소개서에는 1호점과 매출이 높은 두 엔씨백화점 매장을 방문한 소감을 말했죠."

박성진이 제안하는 실행의 단계는 일단 엉덩이를 떼는 것이다. 예상할 수 없는 미래, 언제 어떻게 바뀔지 모르는 상황 속에서 목표만 바라보고 가만히 있는 것이 아니라 이를 향해 일단 움직이는 것이 중요하다. 그 다음은 실행을 강제하는 것이다. 의지가 약하고 행동하기 힘들다면, 실행이 강제로 되게 만든다. 목표가 생겼다면 주변에 최대한 빨리, 많이 알려야 한다. 실행에는 강한 동기부여와 에너지가 필요하다. 지치지 않고 달리기 위해 꼭 필요한 것이 바로 실행을 강제하는 것이다. 마지막으로 포기하고 싶은 순간, 한 번 더 움직이는 끈기가 필요하다.

필자는 박성진의 사례를 통해 무조건 실행하라고 촉구하는 것은 아니다. 기획(企劃)이라는 단어에서 기(企)의 의미처럼 사람이 멈추고 생각하는 시간 없이 실행만 한다고 좋은 결과를 얻는 것도 아니다. 하지만 불확실성의 시대에 생각하기만 해서 답이 나오는 것은 아니다. 어느 정도 생각했으면 과감하게 움직여서 결과를 보고 이를 바탕으로 다시 생각할 때 좋은 결과를 얻을 수 있다. 무엇보다도 현장에서 직접 관찰하면서 얻은 에너지는 상당하다. 생각과 실행이 병행이 된 창업준비가 바람직한 창업 실행과 성공을 이끈다.

무엇보다 창업실행의 에너지는 결국 현장의 힘을 유지하는 것에서 나온다는 것을 반드시 기억하기 바란다. 이는 동기부여뿐 아니라 고객개발 및 시장확산의 지연으로 인한 문제를 해결할 수 있는 지름길이기 때문에 더욱 그렇다.

Practice 14-1 창업 실행준비 실습하기

지금까지 창업계획을 수립하는 과정이 이상이라면 창업을 실행하는 과정에서는 현실적으로 부딪힐 난관들을 인정하고 이에 대해 미리 대비하는 자세 및 습관을 기르는 것이 중요하다. 본 장에서 기술하였듯이 창업 실행단계에서는 돈과 인력의 한계, 기술과 아이디어의 모순, 고객개발 및 시장확산의 지연, 동기부여의 한계 등의 주요 문제에 직면할 가능성이 크다. 아래의 실습표를 활용하여 예상되는 난관과 이에 대한 극복방안을 토의해보자.

예상 장애요인영역	예상되는 장애요소	극복방안
돈과 인력의 한계		
기술과 아이디어의 모순		
고객개발 및 시장확산의 지연		
창업자(팀) 동기부여의 한계		

Practice 14-2 창업 자금 예상해보기

제대로 된 창업실행을 위해서는 창업 자금을 미리 예상하고 이를 준비하는 과정이 필요하다. 아래의 양식을 활용하여 창업준비단계와 창업실행단계에 각각 어떠한 항목의 창업자금이 얼마나 필요할지를 미리 예상해 보자.

창업준비단계				창업실행단계	
기획단계		개발단계			
항목	금액	항목	금액	항목	금액
• 시장조사 • 설문조사 등		• 시제품 개발 • 양산초도 제품 등		• 사업화 추진비 • 원재료비 • 기타 운영비 등	
합계		합계		합계	

14

창업실행, 이제 보물을 찾으러 떠나라

참고문헌

권도균(2015). 권도균의 스타트업 경영수업. 로고폴리스.

김상수 외(2015). 기술창업사업계획서 매뉴얼. 도서출판청람.

김위찬, 르네 마보안(2005). 블루오션전략. 교보문고.

김진수 외(2016). 기술창업론. 탑북스.

나가타 도요시(2011). 아이디어 창조기술. 스펙트럼북스.

다닐알렉산드로비치그라닌(2004). 시간을 정복한 남자 류비셰프. 황소자리.

박성완(2008). [글로벌 이슈 분석] 30년만에 재조명받는 마이클 포터의 '5가지 경쟁요소'. 한국경제.

박성진(2015). 미친 실행력. 라온북.

박흥수, 하영원, 우정(2009). 신상품마케팅. 박영사.

빌올렛(2014). MIT 스타트업 바이블. 비즈니스북스.

서상혁, 이형곤 외(2015). 창업마케팅. 북코리아.

알렉산더 오스터왈더, 예스 피그누어(2011). 비즈니스 모델의 탄생. 타임비즈.

에릭 리스(2013). 린 스타트업. 인사이트.

윤상원(2014). 실전으로 배우는 발명 · 특허. 한빛아카데미.

윤한술, 유진혁 외(2016). 화장품 R&D 투자방향 및 사업기획 연구. 보건복지부.

은종성(2010). 쇼핑몰 사업계획서 만들기. e비즈북스.

이춘우 외(2014). 기업가정신의 이해. (재)한국청년기업가정신재단.

이형곤 외(2016). 창업 사업계획 작성실무. 신보.

이형곤 외(2016). 창업아이템 선정 및 사업화. 신보.

정원일(2015). 창의적 문제해결 방법 '스캠퍼'. 경산신문 칼럼.

조동진(2015). [벤처] 부동산 중개 앱 '직방', '다방'. 주간조선.

조성주(2014). 린스타트업 바이블. 새로운 제안.

진미석 외(2014). 창조적 직업설계. 한국직업능력개발원.

최중석, 이형곤(2013). 창업실무. 고즈넉.

피터 드러커 & 이재규(2003). 넥스트 소사이어티. 한국경제신문.

피터 드러커(2004). 기업가정신. 한국경제신문.

한국트리즈협회(2009). 비즈니스 트리즈. 교보문고.

황희수(2003). 아이디어 발상 A To Z. 내하출판사.

Bateman, A.(1990). Team Building: Organizing a Team. University of Nebraska-Lincoln and Institute of Agriculture and Natural Resources. Nebraska Cooperative Extension CC351.

Glenn, J. C.(1994). The futures wheel. Washington, DC: United Nations University(Part of Glenn 1994a).

Johnson, S.(2000), MD(1998). Who moved my cheese.

Michael Michalko.(1991). Thinkertoys: A Handbook of Business Creativity. Ten Speed Press.

Schwab, K.(2016). The fourth industrial revolution. Geneva: World Economic Forum.

저자약력

이형곤

(주)지엔에스파트너스 대표이사

- 국립강원대학교 외래교수
- 한국경영기술지도사회 중부지회 고문
- 한경협 중소기업협력센터 경영자문단 자문위원
- 창의콘텐츠교육원 회장, 협동조합사회가치경영연구원 회장
- 기업가정신학회 부회장, 한국벤처창업학회 이사
- 한양대학교 공과대학 및 동대학원 졸업(공학석사), 호서대학교 벤처대학원 졸업(경영학박사)
- 기술지도사, 창업지도사, 기술거래사, 기업기술가치평가사, 창직컨설턴트, ESG컨설턴트, AI 프롬프트활용능력2급
- LG금속(주) 선임, (주)삼진메탈이엔지 부장, (주)메타텍 사업부장, (주)한국기술무역 컨설팅사업본부장, 서울시 하이서울창업스쿨 벤처융합교육과정 담임교수, 한국경영기술지도사회 중부지회 회장, FKI파트너스(주) 대표이사, 비채나창업보육센터 센터장 등 역임
- 단국대, 인천대, 서울과기대, 삼육대, 중앙대 산업창업경영대학원, 신한대, 성신여대 겸임교수 및 외래교수 역임
- 창업실무(2013,고즈넉,공저), 창업마케팅(2015,북코리아,공저), 창업아이템 선정 및 사업화(2016,신보,공저), 창업사업계획 작성실무(2016,신보,공저) 저술
- 중소기업청장 표창(2012, 우수지도사상), 미래창조과학부장관 표창(2015, 우수멘토상), 중소벤처기업부장관 표창(2020, 우수지도사상)

유진혁

벤처인사이트 대표

- 융합콘텐츠플랫폼 (주)쉼콘텐츠 퍼실리테이터
- 글로벌엑셀러레이터 (주)유사코그룹 등기이사
- 도시재생커뮤니티운영 (주)공감나무디자인연구소 전문위원
- K-Startup 창업진흥원 멘토, 서울창조경제혁신센터 창업멘토, 경기콘텐츠진흥원 문화창업플래너
  - 공감디자인씽킹 및 시나리오플래닝 기반 창업교육프로그램 기획/코칭
    (주)실전전략연구소, 한국행정연구원, (주)메타비경영연구원, (주)쌍용 등
  - 창업~중소기업 컨설팅 경력 10년, 기업교육 경력 10년
- 호서대학교 벤처정보경영학 박사, 성균관대학교 경영학과 및 동대학원 졸업(MBA), 기업R&D 지도사, 미공인회계사(AICPA)
- [창업강의, 심사 및 멘토링] 경기콘텐츠진흥원, 서강대, 서울시립대, 서울과학기술대, 서울창업허브, 성균관대, 아주대, 중소벤처기업진흥공단 등
- [공공기관 강의, 코칭 및 컨설팅] 한국콘텐츠진흥원 비즈니스모델 워크샵, 한화그룹 비즈니스모델 워크샵, 인사혁신처 Future Planning 워크샵, 미래창조과학부 R&D현장기획지원 멘토링 및 경제성분석, 보건복지부 화장품 R&D사업기획 연구, 전경련 국제경영원 미래사업기획 워크샵 진행

4차 산업혁명시대와 인공지능시대의
창의적 · 도전적 혁신인재 육성의 지침서
기업가정신과 창업실무

1판 1쇄 발행—2018년 1월 15일
2판 1쇄 발행—2026년 1월 15일

저　　자 - 이형곤 · 유진혁
발 행 인 - 강철원
발 행 처 - 양성원
주　　소 - 경기도 파주시 검산로 173번길 29-12
전　　화 - 031-946-3861(代)
팩　　스 - 031-946-3864
이 메 일 - tnwpub@naver.com
홈페이지 - tnwpub.co.kr
출판등록 - 2015년 8월 31일 제2015-000211호

ISBN 979-11-6126-664-0

정가 22,000원